Birkhäuser

Baukonstruktionen
Band 1

Herausgegeben von
Anton Pech

Anton Pech
Christian Pöhn

Bauphysik

zweite, aktualisierte Auflage

Birkhäuser
Basel

Dipl.-Ing. Dr. techn. Anton PECH
Dipl.-Ing. Dr. techn. Christian PÖHN
Wien, Österreich

Projektmanagement: Mag. Angelika Heller, Birkhäuser Verlag, Wien, Österreich
Layout und Satz: Dr. Pech Ziviltechniker GmbH, Wien, Österreich
Korrektorat: Monika Paff, Langenfeld, Deutschland
Reihencover: Sven Schrape, Berlin, Deutschland
Druck und Bindearbeiten: BELTZ Bad Langensalza GmbH, Deutschland, Bad Langensalza

Library of Congress Cataloging-in-Publication data
A CIP catalog record for this book has been applied for at the Library of Congress.

Bibliografische Information der Deutschen Nationalbibliothek
Die Deutsche Nationalbibliothek verzeichnet diese Publikation in der Deutschen Nationalbibliografie; detaillierte bibliografische Daten sind im Internet über http://dnb.dnb.de abrufbar.

Der Abdruck der zitierten ÖNORMen erfolgt mit Genehmigung des Austrian Standards Institute (ASI), Heinestraße 38, 1020 Wien.
Benutzungshinweis: ASI Austrian Standards Institute, Heinestraße 38, 1020 Wien
Tel.: ++43-1-21300-300, E-Mail: sales@austrian-standards.at

Dieses Buch ist auch als E-Book (ISBN PDF 978-3-0356- 0574-7) erschienen.

ISSN 1614-1288
ISBN 978-3-0356-0573-0 (2. Auflage, Birkhäuser)
ISBN 978-3-211-21496-8 (1. Auflage, Springer, 2004)

9 8 7 6 5 4 3 2   www.birkhauser.com

Vorwort früherer Auflagen

zur 1. Auflage

Die Fachbuchreihe Baukonstruktionen mit ihren 17 Basisbänden stellt eine Zusammenfassung des derzeitigen technischen Wissens bei der Errichtung von Bauwerken des Hochbaues dar. Es wird versucht, mit einfachen Zusammenhängen oft komplexe Bereiche des Bauwesens zu erläutern und mit zahlreichen Plänen, Skizzen und Bildern zu veranschaulichen. Der vorliegende Band „Bauphysik" soll die Grundlagen und ein bauphysikalisches Verständnis von Vorgängen in Bauteilen vermitteln sowie als Basis für die Folgebände der Reihe dienen.

Den Autoren ist wohl bewusst, dass der vorliegende Band viele Gebiete der Bauphysik unbeachtet lässt und als erste Einführung in die bauphysikalische Nachweisführung gedacht ist. Er ist als Grenzgang zwischen historischen und modernen Zugängen zum Thema Bauphysik anzusehen. Diesem Grundgedanken eines Basisbandes stand daher die Aufnahme aktueller Themen wie die thermische Gebäudesimulation, die Luftdichtheit der Gebäudehülle, die quantitative Wärmebrückenberechnung, die Raumakustik und Schallausbreitung, die brandschutztechnische Planung und das bauphysikalische Prüfwesen entgegen. Da dies aber wichtige bauphysikalische Problempunkte und Fragestellungen sind, werden bereits Erweiterungsbände mit den Themen „Energiekennzahlen – Umsetzung der EPBD", „Bauphysikalisches Rechnen mit EXCEL", „Schallschutz – von der Schallausbreitung zur Bau- und Raumakustik", „Bauphysikalisches Prüfen im Labor und auf der Baustelle" und „Vorbeugender und baulicher Brandschutz" geplant.

Der Herausgeber

Vorwort zur 2. Auflage

Die zweite Auflage des Bandes Bauphysik in der Fachbuchreihe Baukonstruktionen, immerhin 13 Jahre nach der ersten Auflage, versucht dem Umstand gerecht zu werden, dass seither die Anforderungen an die Integration der bauphysikalischen Planung doch wesentlich höher und umfassender geworden sind. Waren in der Zeit vor 2004 primär U-Werte, Schalldämm-Maße und allenfalls die Vermeidung sommerlicher Überwärmung nachzuweisen, hat sich das Bild mittlerweile erheblich gewandelt. Da ist einerseits der Energieausweis hinzugekommen und andererseits der Wunsch, nicht mehr Laborwerte im Bereich des Schallschutzes nachzuweisen, sondern vielmehr die Wirkung der Bauteile im eingebauten Zustand. Insbesondere die Europäische Normung hat hier ganz wesentlich die methodischen Entwicklungen an die Bauschaffenden zur Anwendung weitervermittelt. Dabei kommt naturgemäß Nationalen Anwendungsdokumenten eine besondere Rolle zu, verwenden diese doch die gewohnte „Sprache". Genau dieses gewohnte Umfeld spricht auch das gegenständliche Buch an, versucht es doch, Methodik auf einfachstem Niveau zu vermitteln, gibt an manchen Stellen auch nachvollziehbare Beispiele zur Anwendung und versäumt nicht, auch einen Ausblick zu geben, was möglicherweise in den nächsten Jahren an methodischen Änderungen oder Erweiterungen auf die Themenfelder der Bauphysik in Österreich zukommen wird. Dabei ist die klare Zielgruppe die der Anwendenden, Lernenden und Studierenden, denen das Buch Hilfe für ein rasches Update, ein verlässliches Nachschlagen oder eine leicht fassbare Einführung sein soll und sein wird, wobei nicht unerwähnt bleiben soll, dass die wesentlichen Inhalte des Buches seit nunmehr 20 Jahren in der Lehre erprobt sind.

Die Autoren

Fachbuchreihe BAUKONSTRUKTIONEN

Inhaltsverzeichnis Band 1: Bauphysik

Die Bauphysik ist ein auf naturwissenschaftlichen Grundlagen beruhendes Arbeitsgebiet, dessen einzelne Disziplinen die gemeinsame Aufgabe haben, ein funktionsfähiges wirtschaftliches Bauwerk zu erstellen und die auf den Baukörper einwirkenden physikalischen Kräfte zu kontrollieren oder abzuwehren. Die Auswirkungen der bauphysikalischen Maßnahmen auf ein Gebäude sind vielfältig, sie haben jedoch alle die gleiche Zielsetzung:

> *„Für die Nutzung und für Personen ein behagliches Raumklima auch bei extremen Außentemperaturen zu schaffen und das Gebäude vor zerstörenden Einflüssen zu schützen."*

Mit sowohl gänzlich neu entwickelten als auch mit klassischen Baustoffen können diese hohen Anforderungen an den Wärme- und Schallschutz eines Gebäudes in unserer Zeit erfüllt werden. Jedoch bereitet gerade die Vielzahl der Baustoffe und Bautechniken meist Schwierigkeiten bei der Bauplanung, sodass Bauschäden ursächlich bereits durch eine bauphysikalisch falsche Kombination in der Planung entstehen können, insbesondere dort, wo der wichtigste Ratgeber – die baupraktische Erfahrung und die nutzungstechnische Wirkung – der Bauplanung fehlt. Bei Wärmedämmmaßnahmen kann man sich eben nicht nur auf die Berechnung der Dicken der Wärmedämmschicht beschränken. Es müssen auch die Wasserdampfdiffusion einschließlich Kondensation und eine mögliche Verminderung der Schalldämmung durch Resonanzeffekte berücksichtigt werden. Dazu kommen noch die Auswirkungen auf den Brandschutz.

Allein die Tatsache, dass bauphysikalische Problemstellungen völlig anders diskutiert werden als beispielsweise Probleme aus dem Bereich der Tragwerksplanung, lässt schon erahnen, an welchem Brennpunkt der verschiedensten Wissenschaftssphären sich die Bauphysik – vermutlich sollte man besser Gebäudephysik sagen, zumal sich Gebäudetechnik und Bauphysik kaum voneinander getrennt betrachten lassen – befindet. So würde wohl heute niemand darüber diskutieren, ob ein Gebäude gewissen Lastannahmen standhalten sollte oder nicht. Dies ist in den Teilgebieten der Bauphysik völlig anders. Hier wissen nahezu alle am Tag nach einem Unglück, wem fehlerhaftes Wirken zuzuschreiben ist, oder im Falle eines mit der Bauphysik im Zusammenhang stehenden Schadens, wie man es richtig und schadensfrei hätte machen können. Man erinnert sich dabei möglicherweise eher weniger an die wenigen Physikstunden in der Schulzeit, sondern folgt vielmehr einem allenfalls durch Werbung aufgebesserten oder verzerrten Wissen mit Stehsätzen wie:

- *„Man weiß ja, dass so viel Wärmedämmung nichts bringt."* – Was ist „so" viel? Woher weiß „man" das? Kann die Methode der Wissensbegründung genannt werden?

- *„Eine Kältebrücke war schuld."* – Was bitte ist eine Kältebrücke? Erinnern wir uns noch an den ersten Hauptsatz der Wärmelehre?

- *„Eine Dampfsperre hätte man einbauen müssen."* – Hat irgendjemand die eingebaute Dampfbremse auf Schadensfreiheit geprüft? Und wie definiert man Dampfsperre?

oder als Kombinationskritik an Bauphysik und Gebäudetechnik:

- *„Man weiß ja, dass ein Gebäude ohne Lüftungsanlage nicht funktioniert."* – Hier reicht offensichtlich nicht einmal der Erfahrungsschatz, dass doch immerhin über einen sehr langen Zeitraum durchaus Verhaltensmuster gefunden wurden, auch ohne Lüftungsanlage auszukommen.

– *„Ohne Klimaanlage geht heute nichts mehr."* – Hier hilft es oftmals zur Erfassung der Unsinnigkeit, die Urlaubsdestinationen zu erfragen.

Nun sind einige dieser Aussagen sehr pointiert formuliert, was nicht heißen soll, dass sie nicht schon so gehört wurden, und keinesfalls stellen sie eine vollständige Liste möglicher derartiger Aussagen dar, aber die wahre Frage ist doch: *„Warum kommt es zu derartigen Aussagen?"*

Ein Ansatz könnte sein, dass hier Naturwissenschaften, Technik, Wirtschaft, Medizin, Sozialwissenschaften und Medien einen Brennpunkt gefunden haben, der jeden – und zwar wirklich jeden – betrifft, und von enormer Wichtigkeit dabei ist, dass nahezu jede der aufgezählten Disziplinen oder Fakultäten mehrstimmig in Erscheinung tritt, teilweise auch aus existenziellen Motiven.

Bleibt man vorerst bei den technischen Wissenschaften, ist hier wohl das Bauingenieurwesen die primär betroffene. Mittlerweile hat aber wohl der Maschinenbau über die Gebäudetechnik auch begonnen, einen ganz schönen Teil des bauphysikalischen Kuchens an sich zu ziehen. Selbstverständlich ist über die Verfahrenstechnik auch die Baustoff-produktion interessiert, den Anteil für sich nicht zu klein werden zu lassen. Ebenfalls hat die Elektrotechnik, Elektronik und Informatik nach jahrelanger Konzentration auf den Automobilmarkt, in dem mittlerweile nicht mehr beworben wird, wie gut und mit wie wenig Aufwand eine Distanz von A nach B überwunden werden kann, sondern ob man während dieser Zeit auch online die sozialen Medien bedienen kann, nun mittlerweile über das Attribut „smart" den Zugang in die Gebäude gefunden.

Die Wirtschaft tritt mit ebensolchen Multiinteressen an, so möchte die Immobilienwirtschaft wohl am liebsten neben einem ausgiebigen Neubau auch den Ersatzbau und, wenn dieser nicht möglich ist, doch „wenigstens" eine aufwertende Sanierung bzw. Renovierung. Ähnliche Interessen verfolgt wohl die Bauwirtschaft, die aber wiederum mit Anforderungen des Gesetzgebers zu kämpfen hat, zumal der Immobilienmarkt, für den sie „produziert", ein sehr enges Preisspektrum aufweist, das für die Gesamt-bevölkerung leistbar ist, womit auch die Kunden als Teil der Wirtschaft Erwähnung gefunden haben.

Die Medizin tritt in allererster Linie durch die Umweltmedizin in Erscheinung, die gleichsam Anforderungen festlegt, die zur Vermeidung von Schäden im Fall der Nichteinhaltung dienen.

Die Sozialwissenschaften haben wohl eine der schwierigsten Aufgaben zu erfüllen. So würden die Bauplaner von ihnen sehr gerne „das" übliche Verhalten der Nutzer erfahren, also die „wahren" Nutzungsprofile, „scheitern" dabei aber an der Heterogenität der Antwort. Darüber hinaus liefern sie auch das Maß für die Leistbarkeit.

Diese Kurzanalyse ist mit Sicherheit völlig unvollständig und folgt einer sehr willkürlichen Aneinanderreihung von tatsächlichen Betroffenheiten. Allerdings versucht sie die Komplexität ein wenig aufzuzeigen und möge zum Nachdenken anregen.

Um nun wiederum zur Bauphysik im engeren Sinne zurückzukehren, sei klar festgehalten, dass auf die ganzheitliche Integration der Bauphysik in einen Planungsprozess heute nicht mehr verzichtet werden kann. Alle Teile der

Auf die ganzheitliche Integration der Bauphysik in den Planungsprozess kann heute nicht mehr verzichtet werden.

Bauphysik können deshalb nicht getrennt behandelt werden. Sie müssen bereits bei dem Entwurf eines Gebäudes bzw. bei der Konzeption einer Renovierungsmaßnahme zusammen mit der Tragwerksplanung gesamtheitlich in Betracht gezogen werden.

Und darüber hinaus stellt heute die technische Gebäudeausstattung ihrerseits Anforderungen an die bauphysikalische Planung und Umsetzung eines Gebäudes und umgekehrt. Dies führt mittlerweile dazu, dass Bauphysik und Gebäudetechnik ineinanderfließen und mittlerweile zur Gebäudephysik verschmelzen. Trotzdem ist es unumgänglich, sich mit den Grundpfeilern der Bauphysik – Wärmeschutz, Feuchteschutz, Schallschutz, Raumakustik und Brandschutz – etwas näher zu beschäftigen bzw. sie zu aktualisieren.

Behaglichkeit und Raumklima

Auf das Behaglichkeitsempfinden des menschlichen Körpers wirkt sich eine Reihe von Einflussgrößen aus:

- die Art der körperlichen Betätigung und die körperliche Konstitution
- die Raumlufttemperatur und die Luftbewegung
- die Bauteiloberflächentemperatur von Wänden und Decken
- die Oberflächentemperatur des Fußbodens
- die Raumluftfeuchtigkeit
- die Erneuerung der Raumluft
- der Schallpegel im Raum

Bei den Stoffwechselprozessen im menschlichen Körper wird überschüssige Wärme über die Haut durch Strahlung, Leitung und Verdunstung wieder an die Umgebung abgegeben. Ist dabei die Temperaturdifferenz zwischen Körpertemperatur und Raumlufttemperatur zu gering, kann die Überschusswärme nicht schnell genug abgeführt werden, und man empfindet es als zu warm. Ist sie zu groß, ist die Wärmeabgabe ungewollt hoch, es ist zu kalt. Der Wärmeaustausch zwischen dem menschlichen Körper und seiner Umgebung erfolgt über die Mechanismen der Wärmeleitung, der Konvektion, der Wärmestrahlung, der Wasserverdunstung auf der Haut und durch die Atmung (Erwärmung und Befeuchtung der Atemluft).

Bei Stoffwechselprozessen im menschlichen Körper wird überschüssige Wärme durch Strahlung, Leitung und Verdunstung wieder an die Umgebung abgegeben.

Abbildung 010|1-01: Wärmeabgabe des menschlichen Körpers

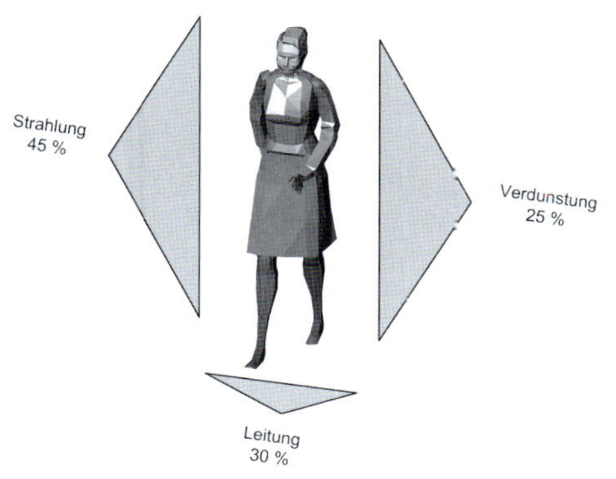

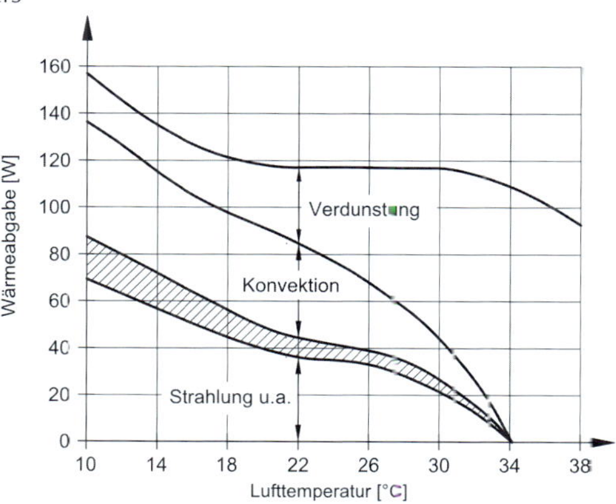

Bedingt durch die Anordnung der Heizkörper und die Wärmeableitung der Außenbauteile, ergeben sich Temperaturveränderungen in horizontaler Richtung und durch die thermisch bedingte Luftbewegung in vertikaler

Richtung. Als Grenzwert für die Behaglichkeit kann eine Temperaturdifferenz von 2 °C angenommen werden, und zwar horizontal zwischen kältester und wärmster Stelle im Raum, vertikal je Meter Höhenunterschied, als Unterschied der empfundenen Temperatur auf verschiedenen Körperseiten.

Abbildung 010|1-02: Behaglichkeit – körperliche Aktivität und Luftbewegung [33]

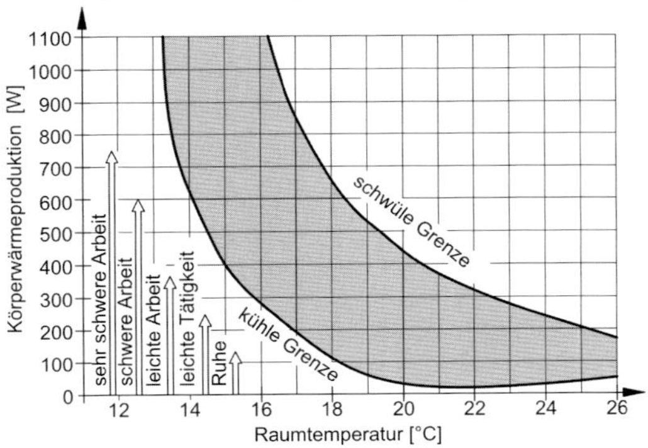

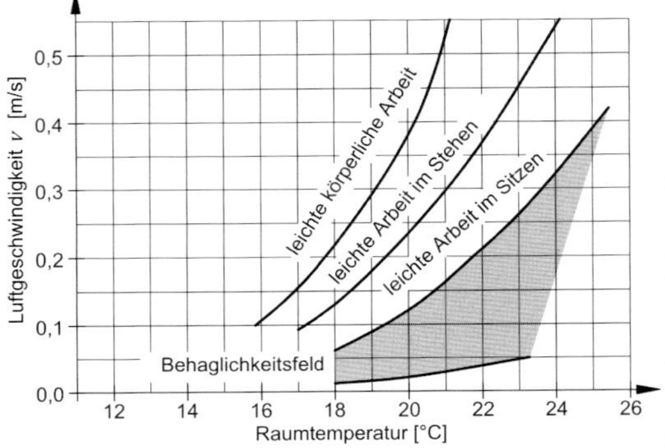

Durch Luftbewegung wird die Wärmeabgabe der Haut an die Luft erhöht. Luftbewegungen machen sich daher besonders bei niedrigen Temperaturen sowie in Fällen, in denen die betroffene Person sich unbekleidet in einem Raum aufhält, unangenehm bemerkbar. Wie bei der Lufttemperatur ist auch die Wirkung der Luftbewegung von der Art der Tätigkeit der betroffenen Person abhängig. Durchschnittlich kann eine Luftbewegung bis zu 0,20 m/s bei 20 °C noch behaglich genannt werden.

Die empfundene Temperatur wird nicht allein durch die Wärmeleitung bzw. Wärmefortführung durch die Raumluft bestimmt, sondern ebenfalls durch die Wärmestrahlung der Raumoberflächen, vor allem der Außenwände, der Fenster und des Fußbodens. Für ein behagliches Klima sollte die Innenoberflächentemperatur eines Bauteils im Winter nicht mehr als 3 °C unter der Raumlufttemperatur, im Sommer nicht mehr als 3 °C darüber liegen.

Abbildung 010|1-03: Behaglichkeit – Oberflächentemperatur, rel. Luftfeuchtigkeit [33]

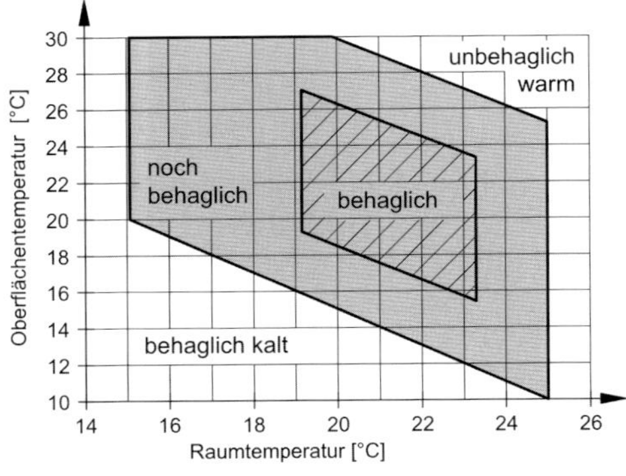

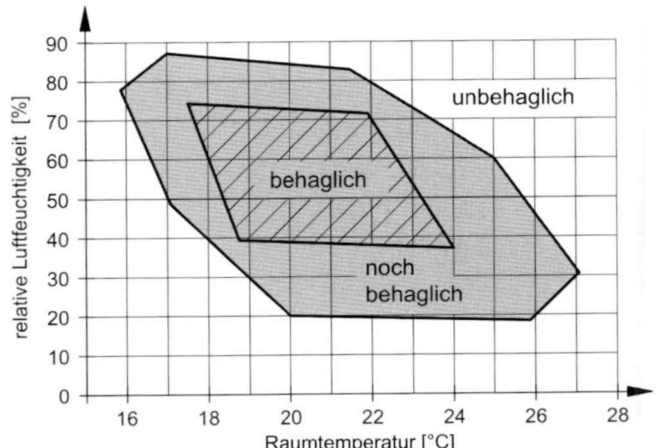

Für die Behaglichkeit der Temperaturen von Fußböden ist es bedeutsam, ob sie mit bekleidetem oder nacktem Fuß betreten werden. Werden kalte Bauteiloberflächen bzw. Fußböden mit der nackten Hand bzw. Fuß berührt, so erfolgt eine Wärmeableitung in Richtung der Bauteiloberfläche. Es entsteht so die Kontakttemperatur. Sie bestimmt, ob eine Oberfläche als kalt oder warm

empfunden wird. Insgesamt lässt sich feststellen, dass mit zunehmender Raumlufttemperatur die notwendige Fußbodenoberflächentemperatur sinken darf.

Neben der Lufttemperatur bestimmt die relative Luftfeuchtigkeit der Raumluft die Grenzen der Behaglichkeit, da die Temperaturregulierung des Körpers auch über die Verdunstung von Feuchtigkeit erfolgt. Je höher die relative Luftfeuchtigkeit, desto eher wird bei gleichbleibender Temperatur ein Klima als „zu warm" empfunden. Der obere Behaglichkeitsgrenzwert für die relative Luftfeuchtigkeit ist stark temperaturabhängig, er sinkt mit steigender Lufttemperatur. Der untere Behaglichkeitsgrenzwert liegt bei ca. 30 % relativer Luftfeuchtigkeit. Bei 20 °C sollte die relative Luftfeuchtigkeit etwa 45 % bis 60 % betragen.

Durch die unterschiedlichen Nutzungen der Räume ergeben sich stark schwankende Raumklimaverhältnisse. Für Wohnräume kann baupraktisch mit Temperaturen von 18 bis 24 °C bei relativen Luftfeuchtigkeiten zwischen 40 und 70 % gerechnet werden (Klimabedingungen in Räumen siehe Kapitel 010|7).

Neben den Temperaturen, der Luftfeuchtigkeit und der Luftbewegung sind auch noch die Lüftung der Räume sowie die Möglichkeit der Wärmespeicherung der Bauteile entscheidende Parameter für ein behagliches Raumklima. Die Art und Dauer der Lüftung wirkt sich auf die Behaglichkeit sowohl durch Zufuhr von Frischluft als auch durch Änderung der Raumtemperatur und der Luftfeuchtigkeit sowie eventuell durch Zugluft aus. Die Raumlüftung sollte nicht unkontrolliert über undichte Fenster- und Türfugen erfolgen, sondern gezielt durch häufigeres kurzzeitiges Öffnen der Fenster bzw. durch planmäßige Zwangsbelüftung.

Von ganz entscheidender Bedeutung für die Behaglichkeit, insbesondere für den sommerlichen Wärmeschutz (den Schutz vor Überhitzung) von Gebäuden, ist auch die Wärmespeicherfähigkeit der Wände und Decken. Darüber hinaus ermöglicht gutes Wärmespeichervermögen eine Erhöhung der nutzbaren Anteile an Sonnenenergie bzw. innerer Abwärme. Optimaler Wärmeschutz – und damit größtmögliche Energieeffizienz – bedeutet daher eine sinnvolle Kombination aus guter Wärmedämmung und ausreichender Wärmespeicherung. Während die Wärmedämmeigenschaften von Baukonstruktionen mit zunehmendem Raumgewicht abnehmen, nimmt die Wärmespeicherfähigkeit im Regelfall zu. Gute Wärmespeicherungsfähigkeit bewirkt:

- langsames Aufheizen der Räume
- langsames Auskühlen bei Heizungsunterbrechung
- geringe Temperaturschwankungen im Raum
- verzögerte Wärmeabgabe bei Sonnenbestrahlung von außen

Eingangsparameter für das Raumklima

Versucht man alle Parameter in Eingangsparameter für das Raumklima zur Auslegung und Bewertung der Energieeffizienz von Gebäuden zu transkribieren, so stößt man zwangsläufig auf die ÖNORM EN 15251 [151] mit dem Titel „Eingangsparameter für das Raumklima zur Auslegung und Bewertung der Energieeffizienz von Gebäuden – Raumluftqualität, Temperatur, Licht und Akustik - Raumluftqualität, Temperatur, Licht und Akustik" und die ÖNORM EN ISO 7730 [165] mit dem noch sperrigeren Titel „Ergonomie der thermischen Umgebung – Analytische Bestimmung und Interpretation der thermischen Behaglichkeit durch Berechnung des PMV- und des PPD-Indexes und Kriterien der lokalen thermischen Behaglichkeit". Letztere geht ganz wesentlich auf ebendort zitierte Veröffentlichungen von Grundlagenarbeiten von Fanger aus den 1970er- und 1980er-Jahren zurück, auf deren Grundlage der PMV (Predicted Mean Vote = vorausgesagtes mittleres Votum) als Maßzahl des allgemeinen Komforts (eine dimensionslose Zahl zwischen -3 (kalt) über 0 (neutral) bis +3 (heiß)) und der PPD (Predicted Percentage of Dissatisfied = vorausgesagter Prozentsatz an Unzufriedenen) als daraus abgeleiteter Wert (Zielwerte thermischen Komforts werden nach diesem Modell häufig mit PMV ≤ ±0,5 und PPD ≤ 10 % angestrebt) eingeführt wurden. Für die Bewertung der Aussagen der ÖNORM EN ISO 7730 und deren Anwendung sei klargestellt, dass sämtliche „Anforderungen" ebendort ausschließlich in informativen Anhängen wiedergegeben werden.

Abbildung 010|1-04: Komfortbeschreibung mit PMV und PPD

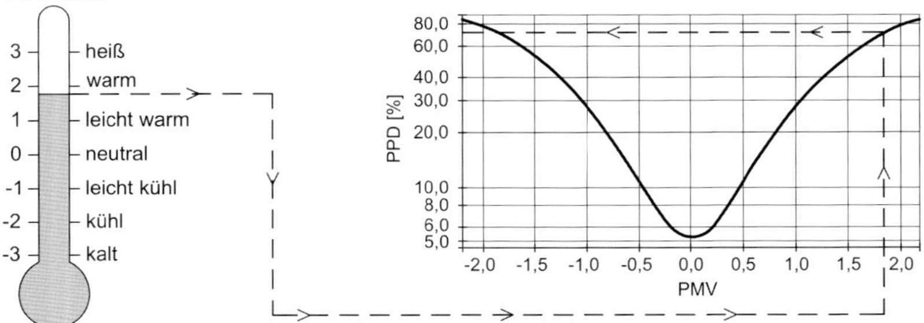

Etwas anders verhält es sich mit der etwas neueren ÖNORM EN 15251 [151], die in Kürze als ÖNORM EN 16798-1 erscheint (als eine der Normen aus dem Mandat M480, siehe dazu Erweiterungsband 1/1 [29]). Dort werden die Mitgliedsstaaten in informativen Anhängen dazu aufgefordert, die Eingangsparameter für das Raumklima zur Auslegung und Bewertung der Energieeffizienz von Gebäuden verbindlich festzulegen. Grundsätzlich erledigt das in Österreich die ÖNORM B 8110-5 durch ihre Nutzungsprofile. Allerdings gibt es einige Bereiche, in denen die Befüllung des normativen Nationalen Anhanges spannend sein wird:

- zulässige Innentemperaturen im Sommer (Kühlperiode) für Gebäude ohne maschinelle Kühlanlagen
- Kriterien der Raumluftqualität und der Lüftungsraten

Dabei wird die Festlegung einer zulässigen Innentemperatur im Sommer nicht mehr konstant vorgeschlagen, sondern dynamisch über die Außentemperatur. Dieser Umstand gehorcht jedenfalls der Plausibilitätsprüfung, dass empfundene Innentemperaturen und deren Bewertung ganz wesentlich von den herrschenden Außenlufttemperaturen abhängen. Daher wird dort ein gleitender Mittelwert der Außentemperatur θ_{rm} vorgeschlagen, der sich ohne nähere Kenntnis der tatsächlichen Temperaturen wie folgt berechnet:

$$\theta_{rm} = \left(\begin{array}{c} \theta_{ed-1} + 0,8 \cdot \theta_{ed-2} + 0,6 \cdot \theta_{ed-3} + 0,5 \cdot \theta_{ed-4} + \\ +0,4 \cdot \theta_{ed-5} + 0,3 \cdot \theta_{ed-6} + 0,2 \cdot \theta_{ed-7} \end{array} \right) / 3,8$$

θ_{rm}	gleitender Mittelwert der Außentemperatur	°C
θ_{ed-1}	Außentemperatur, einen Tag vor dem betrachteten Tag	°C
...	...	°C
θ_{ed-7}	Außentemperatur, sieben Tage vor dem betrachteten Tag	°C

Er entspricht dabei vereinfacht dem gewichteten Mittelwert der Außentemperatur der jeweils letzten sieben Tage. Es ergeben sich für die unterschiedlichen Kategorien mit unterschiedlichen Werten für $\Delta\theta$ folgende oberen und unteren Grenzwerte der operativen Raumtemperatur:

$$\theta_{i,max,min} = 0{,}33 \cdot \theta_{rm} + 18{,}8 \pm \Delta\theta$$

(010|1-02)

$\theta_{i,max}$	oberer Grenzwert der operativen Innentemperatur	°C
$\theta_{i,min}$	unterer Grenzwert der operativen Innentemperatur	°C
$\Delta\theta$	Kategorie I, II, III mit 2 °C, 3 °C oder 4 °C	°C

$$\theta_{i,max,min}$$

Diese Grenzen gelten für obere Grenzwerte $10 < \theta_{rm} < 30$ °C und für untere Grenzwerte von $15 < \theta_{rm} < 30$ °C. Beispielsweise könnte man dazu die Normsommeraußentemperatur $\theta_{max,13}$ heranziehen. Beträgt diese beispielsweise 24 °C und verwendet man den Vorschlag $\Delta\theta = 3\ ^\circ C$ für die Kategorie II (normales Maß an Erwartungen, empfohlen für neue und renovierte Gebäude), so ergäbe sich ein $\theta_{i,max} = 0{,}33 \cdot 24{,}9 + 18{,}8 + 3 = 30{,}1$ °C, das vermutlich um einiges einfacher zu unterschreiten wäre als die bisherige Vorgabe von $\theta_{i,max} = 27{,}0$ °C und darüber hinaus auch durch den Bezug zur Außentemperatur auch nachvollziehbarer sind.

Abbildung 010|1-05: zulässige Innentemperaturen für Gebäude ohne maschinelle Kühlung – ÖNORM EN 15251 [151]

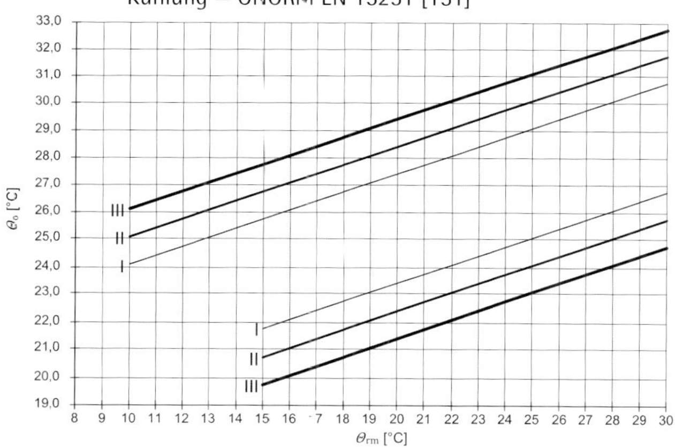

Es wird wohl eine der wichtigsten Aufgaben der nächsten Jahre sein, diese Anforderungen sinnvoll zu gestalten, dabei wird insbesondere die Wechselwirkung zwischen dem Österreichischen Institut für Bautechnik (OIB) und dem Austrian Standards Institute (ASI) gefordert sein.

Vorschriften

010|1|2

Die einzelnen Bestimmungen für den Wärme-, Schall- und Brandschutz sind in den jeweiligen landesrechtlichen Bestimmungen festgelegt. Haben diese früher erhebliche Unterschiede aufgewiesen, ist dies mittlerweile durch die Grundlage der OIB-Richtlinien weitestgehend harmonisiert worden. Leider ist einer zugehörigen Vereinbarung gemäß Artikel 15a B-VG über die Harmonisierung bautechnischer Vorschriften der Bund nicht beigetreten. Würde er dies tun, wären vermutlich auch jene Bundesländer – Niederösterreich und Salzburg – bereit, diesen Vertrag zu ratifizieren, die das bislang nicht getan haben.

Die Vorschriften für den Wärme-, Schall- und Brandschutz sind in den landesrechtlichen Bestimmungen festgelegt.

An dieser Stelle sei erwähnt, dass insbesondere zu bauphysikalischen Themen neben dem Baurecht auch eine erhebliche Anzahl von Fördervorschriften existiert, die insbesondere thermisch-energetische Zielsetzungen, aber auch schallschutztechnische Verbesserungen gegen Lärm sowie einiges anderes im Rahmen von Neubau und Sanierung finanziell unterstützt.

Bautechnische Vorschriften

Die OIB-Richtlinien sind nach den weiter unten beschriebenen „Wesentlichen Anforderungen" der Bauproduktenrichtlinie strukturiert:

- OIB-Richtlinie 1: Mechanische Festigkeit und Standsicherheit
- OIB-Richtlinie 2: Brandschutz
- OIB-Richtlinie 3: Hygiene, Gesundheit und Umweltschutz
- OIB-Richtlinie 4: Nutzungssicherheit und Barrierefreiheit
- OIB-Richtlinie 5: Schallschutz
- OIB-Richtlinie 6: Energieeinsparung und Wärmeschutz

Zur OIB-Richtlinie 2 gibt es noch weitere Dokumente:

- OIB-Richtlinie 2.1: Brandschutz bei Betriebsbauten
- OIB-Richtlinie 2.2: Brandschutz bei Garagen, überdachten Stellplätzen und Parkdecks
- OIB-Richtlinie 2.3: Brandschutz bei Gebäuden mit einem Fluchtniveau von mehr als 22 m

Ebenso gibt es zur OIB-Richtlinie 6 zahlreiche weitere Dokumente. Diese werden in Band 1-1 ausführlich behandelt.

Bisher sind die 6 Richtlinien in einem 4-Jahres-Rhythmus 2007-2011-2015 erschienen. Mit dem Erscheinen der CPR 2011 [60] wurde überprüft, ob das Thema „Nachhaltige Nutzung der natürlichen Ressourcen" ausreichend in den 6 bestehenden Richtlinien enthalten ist oder ob es eine 7. Richtlinie – entsprechend der 7. Grundanforderung der CPR 2011 – braucht. Nicht zuletzt aufgrund des Fehlens eines Grundlagendokumentes zu dieser Anforderung, mit dem die EU die Inhalte näher erläutern würde, wurden die Inhalte bis auf Weiteres als ausreichend enthalten eingestuft.

Europäisches Bauproduktenwesen

Grundprinzip der Europäischen Union ist die weitgehende Freiheit des Verkehrs von Personen, Waren und Kapital. Die Umsetzung dieses Grundprinzips wird in politischer Hinsicht seitens der Europäischen Kommission durch die Herausgabe von Richtlinien, die die nationalen Rechtsnormen ganz wesentlich beeinflussen sollen, vorangetrieben. Für das Bauwesen relevant ist die Bauprodukten-richtlinie vom 21.12.1988, die im Jahr 1989 im europäischen Amtsblatt veröffentlicht wurde und seit dem Beitritt Österreichs zum Europäischen Wirtschaftsraum EWR und in weiterer Folge zur Europäischen Union EU auch hier verbindlich umzusetzen ist. Die englische Bezeichnung lautet „Construction-Products-Directive", woher auch die Abkürzung CPD 1989 stammt.

Am 9.3.2011 ist die mit großer Anstrengung entstandene Bauprodukten-verordnung erschienen. Die englische Bezeichnung lautet „Construction-Products-Regulation", woher auch die Abkürzung CPR 2011 stammt. Abgesehen von den Regelungen in diesen beiden Dokumenten zum Thema Bauprodukte enthält der Anhang gleichsam eine Art Pflichtenheft, wie sich die Europäische Union die Eigenschaften von Gebäuden zielorientiert vorstellt.

Im Anhang I der Bauproduktenrichtlinie [49] heißt es:

WESENTLICHE ANFORDERUNGEN
Mit den Bauprodukten müssen Bauwerke errichtet werden können, die (als Ganzes und in ihren Teilen) unter
Berücksichtigung der Wirtschaftlichkeit gebrauchstauglich sind und die nachfolgend genannten wesentlichen
Anforderungen erfüllen, sofern für die Bauwerke Regelungen gelten, die entsprechende Anforderungen enthalten. Dies
Anforderungen müssen bei normaler Instandhaltung über einen wirtschaftlichen angemessenen Zeitraum erfüllt werden.
Die Anforderungen setzen normalerweise vorhersehbare Einwirkungen voraus.
1. Mechanische Festigkeit und Standsicherheit.
Das Bauwerk muss derart entworfen und ausgeführt sein, dass die während der Errichtung und Nutzung möglichen
Einwirkungen keines der nachstehenden Ereignisse zur Folge haben:
* *Einsturz des gesamten Bauwerkes oder eines Teiles;*
* *größere Verformungen in unzulässigem Umfang;*
* *Beschädigung anderer Bauteile oder Einrichtungen und Ausstattungen infolge zu großer Verformungen der tragenden*
  Baukonstruktion;
* *Beschädigungen durch ein Ereignis in einem zur ursprünglichen Ursache unverhältnismäßig großen Ausmaß.*
2. Brandschutz.
Das Bauwerk muss derart entworfen und ausgeführt sein, dass bei einem Brand
* *die Tragfähigkeit des Bauwerkes während eines bestimmten Zeitraumes erhalten bleibt,*
* *die Entstehung und Ausbreitung von Feuer und Rauch innerhalb des Bauwerkes begrenzt wird,*
* *die Ausbreitung von Feuer auf benachbarte Bauwerke begrenzt wird*
* *die Bewohner das Gebäude unverletzt verlassen oder durch andere Maßnahmen gerettet werden können und*
* *die Sicherheit der Rettungsmannschaften berücksichtigt ist.*
3. Hygiene, Gesundheit und Umweltschutz
Das Bauwerk muss derart entworfen und ausgeführt sein, dass die Hygiene und die Gesundheit der Bewohner und der
Anwohner insbesondere durch folgende Einwirkungen nicht gefährdet werden:
* *Freisetzung giftiger Gase,*
* *Vorhandensein gefährlicher Teilchen oder Gase in der Luft,*
* *Emission gefährlicher Strahlen*
* *Wasser- und Bodenverunreinigung oder -vergiftung*
* *unsachgemäße Beseitigung von Abwasser, Rauch und festem oder flüssigen Abfall,*
* *Feuchtigkeitsansammlung in Bauteilen und auf Oberflächen von Bauteilen in Innenräumen.*
4. Nutzungssicherheit
Das Bauwerk muss derart entworfen und ausgeführt sein, dass sich bei seiner Nutzung oder seinem Betrieb keine
unannehmbaren Unfallgefahren ergeben, wie Verletzungen durch Rutsch-, Sturz- und Aufprallunfälle, Verbrennungen,
Stromschläge, Explosionsverletzungen.
5. Schallschutz
Das Bauwerk muss derart entworfen und ausgeführt sein, dass der von den Bewohnern oder von den in der Nähe
befindlichen Personen wahrgenommenen Schall auf einem Pegel gehalten wird, der nicht gesundheitsgefährdend ist und
bei dem zufriedenstellende Nachtruhe-, Freizeit- und Arbeitsbedingungen sichergestellt sind.
6. Energieeinsparung und Wärmeschutz
Das Bauwerk und seine Anlagen und Einrichtungen für Heizung, Kühlung und Lüftung müssen derart entworfen und
ausgeführt sein, dass unter Berücksichtigung der klimatischen Gegebenheiten des Standortes der Energieverbrauch bei
seiner Nutzung gering gehalten und eine ausreichender Wärmekomfort der Bewohner gewährleistet wird

Obgleich die Bauproduktenverordnung aus dem Jahr 2011 wesentliche Änderungen gegenüber der bisher gültigen Bauproduktenrichtlinie beinhaltet, sind die neu benannten Grundanforderungen im Anhang I nicht unbedingt völlig neu gegenüber dem obigen Text. Allerdings ist eine Ziffer 7 (Nachhaltige Nutzung der natürlichen Ressourcen) hinzugekommen, wohl als erster Hinweis, dass zukünftig dem Nachhaltigkeitsthema mehr und mehr Aufmerksamkeit zukommen wird.

VERORDNUNG (EU) Nr. 305/2011 DES EUROPÄISCHEN PARLAMENTS UND DES RATES vom 9. März 2011 zur Festlegung harmonisierter Bedingungen für die

Vermarktung von Bauprodukten und zur Aufhebung der Richtlinie 89/106/EWG des Rates)

des Rates)

Im Anhang I der Bauproduktenverordnung [60] heißt es:

Gesamtenergieeffizienz-Richtlinie für Gebäude

Im Jahr 2002 ist die Richtlinie zur Gesamtenergieeffizienz von Gebäuden (EPBD-Richtlinie) [54] erschienen. Sie ist als Meilenstein zu bezeichnen, da das Verfolgen von diversen Klimaschutzprogrammen bisher von nur beschränktem Erfolg begleitet war und nun erstmals eine Verpflichtung zur Ausweisung von Bauwerksdaten bezogen auf die Gesamtenergieeffizienz vorliegt.

Im Jahr 2011 ist die erste Neufassung erschienen und hat ganz wesentliche Änderungen gebracht. So wurde insbesondere die Verpflichtung zur Einführung von Niedrigstenergiegebäuden als Anforderung sowohl für den Neubau als auch für die Sanierung eingeführt. Genau diese Anforderung sollte das Kostenoptimalitätsprinzip erfüllen.

Derzeit ist gerade die nächste Fassung im Entstehen. Nicht zuletzt aufgrund der Ratifizierung des Pariser Klimaschutzabkommens, das eine nahezu völlige Dekarbonisierung noch in diesem Jahrhundert vorsieht – die EU peilt dieses Ziel bereits bis Mitte des laufenden Jahrhunderts an –, kommt dieser Neufassung eine gewisse Bedeutung zu. Sie soll erstmals in Abstimmung mit der Energieeffizienz-Richtlinie [62] und der Erneuerbaren-Richtlinie [61] gleichzeitig mit einer Reihe einiger anderer energierelevanter Dokumente erscheinen. Ein Verhandlungsende erscheint aber derzeit noch absehbar.

Normen

Die Frage „Warum überhaupt Normen?" beschäftigt viele in den letzten Jahren intensiv. Da sind Argumente von Entfesselung zu hören, die meinen, dass jeder Versuch, normativ bestimmte Planungsschritte und Nachweisverfahren zu begleiten, überflüssig sei. Gleichzeitig ist aber der Ruf nach bestimmten ordnenden Regeln mindestens genau so groß, wenn nicht – bei unmittelbarer Betroffenheit – sogar größer. Sehr oft wird dabei gar nicht erkannt, welche Vereinfachungen solchen Normen innewohnen, hingegen ihre hohe Anzahl beklagt.

So ist der Feuerwiderstand eines Bauteils wohl nur dann zu klassifizieren, wenn es Prüfverfahren gibt, die auch nur einigermaßen dazu geeignet sind, die Ansprüche von Vergleichbarkeit, Wiederholbarkeit und Rückführbarkeit zu erfüllen. Ebenso verhält es sich beim Nachweis bestimmter schallschutztechnischer Eigenschaften von Bauteilen. Hier versucht man mittels Bewertung auf das durchschnittliche menschliche Hörvermögen – also eine mittlere Detektoreffektivität des menschlichen Ohres – mittels Einzahlangaben, allenfalls mit zusätzlichen Anpassungswerten, die psychoakustische Wirkung eines Bauteils zu beschreiben (ein sehr ambitioniertes Ziel). Die Einfachheit wird dabei aus dem Umstand abgeleitet, dass es sich bei der Messung für die meisten um eine „Black-Box" handelt, die nach erfolgter Messung ein Ergebnis mit beliebig vielen Nachkommastellen auf ein Display bringt. Der messtechnische Genius, der in dieser „Black-Box" steckt, bleibt verborgen bzw. akzeptiert, zumal dieses Gerät so ähnlich aussieht wie ein Mobiltelefon, mit dem man ja auch ohne Umschweife telefoniert.

Im Wärmeschutz- und Energieeinsparungsbereich wird sogar die Prognose des zukünftigen Energieverbrauchs während der Heizperiode oder der zukünftig erreichten operativen Temperatur während des nächsten Sommers gewagt. Alles natürlich aufgebaut auf Statistik und teilweise erfahrungsgestützten Annahmen, jedenfalls aber ohne nur irgendwie eine allfällige konkrete

Einwirkung oder eine konkrete Nutzung abbilden zu können. Für die Normen, die im gegenständlichen Band „Bauphysik" behandelt werden, sind folgende Normengremien in Österreich zuständig:
- Komitee 006 - Brandverhalten von Baustoffen und Bauteilen
- Komitee 175 - Wärmeschutz von Gebäuden und Bauteilen
- Komitee 208 - Akustische Eigenschaften von Bauprodukten und von Gebäuden
- Komitee 235 - Wirtschaftlicher Energieeinsatz in Gebäuden
- Diese Normenausschüsse sind die Pendants zu den Europäischen Normenkomitees
- CEN/TC 127 - Fire safety in buildings (Baulicher Brandschutz)
- CEN/TC 89 - Thermal performance of buildings and building components (Wärmeschutz von Gebäuden und Bauteilen)
- CEN/TC 126 - Acoustic properties of building elements and of buildings (Akustische Eigenschaften von Bauteilen und von Gebäuden)
- CEN/TC 371 - Energy Performance of Buildings project group (Energetische Bewertung von Gebäuden)

Das vorliegende Fachbuch über Bauphysik kann jedoch keinesfalls den vollen Umfang des Schaffens dieser Gremien enthalten und beschränkt sich auf die wichtigsten Inhalte der Normenserien:
- ÖNORM B 3800 inklusive der europäischen Nachfolgenormen
- ÖNORM B 8115 inklusive der europäischen Grundlagennormen
- ÖNORM B 8110 inklusive der europäischen Grundlagennormen
- ÖNORM H 5050ff inklusive der europäischen Grundlagennormen

Hinsichtlich der dazugehörigen Europäischen Normen sei auf den Erweiterungsband 1/1 [29] zur Bauphysik über Energieeinsparung und Wärmeschutz verwiesen.

Abschließend sei jedoch angemerkt, dass Bauphysik und Gebäudetechnik mittlerweile einem Verschmelzungsprozess unterliegen. Dementsprechend seien einige Österreichische Normengremien benannt, die gewisse Wechselwirkungen zu bauphysikalischen Themen aufweisen:
- Komitee 047 - Optik und Lichttechnik
- Komitee 058 - Heizungsanlagen
- Komitee 093 - Energiewirtschaft
- Komitee 138 - Akustik
- Komitee 141 - Klimatechnik
- Komitee 170 - Schwingungen
- Komitee 172 - Automatische Brandschutzanlagen
- Komitee 173 - Thermische Sonnenenergienutzung
- Komitee 223 - Kälte- und Wärmepumpentechnik; Geräte und Anlagen

Es bleibt abzuwarten, in welcher Form zukünftig geeignete Vernetzungen organisiert werden können.

Nachdem mittlerweile die europäische und internationale Normung nahezu in allen Feldern der Bauphysik und Gebäudetechnik etabliert ist, bleibt es der nationalen Normung überlassen, „weiße" Flecken zu füllen oder Nationale Anwendungsdokumente zu erstellen, die einen einfacheren Umgang mit den europäischen bzw. internationalen Regelwerken ermöglichen. Genau solche „weißen" Flecken gibt es noch im Brandschutzbereich, und zwar einerseits im Fassadenbereich und andererseits bei konstruktiven Österreichischen Spezifika, wie französischen Balkonen oder Holzkonstruktionen, die 90 Minuten Feuerwiderstand aufweisen sollen und deren wesentliche Bestandteile während der 90 Minuten ein Brandverhalten wie „nichtbrennbare" Baustoffe zeigen müssen/dürfen. Neben liebgewordenen Restnormen für „Nicht-Bauprodukte" sind ebendiese Normen in den letzten Jahren entstanden:

Tabelle 010|1-01: wichtige österreichische Brandschutz-Normen

ÖNORM A 3800-1	Brandverhalten von Materialien, ausgenommen Bauprodukte - Teil 1: Anforderungen, Prüfungen und Beurteilungen	2005 11 01
ÖNORM B 3800-x	Brandverhalten von Baustoffen und Bauteilen	
ÖNORM B 3800-5	Teil 5: Brandverhalten von Fassaden - Anforderungen, Prüfungen und Beurteilungen	2013 04 15
ÖNORM B 3800-6	Teil 6: Brandverhalten von Kasten-Doppelfassaden (2-schalige Fassade) - Anforderungen, Prüfungen und Beurteilungen	2013 04 15
ÖNORM B 3800-8	Teil 8: Dauerhaftigkeit von deckenübergreifenden Außenwandstreifen in Form von Brandschutzschilden im Brandfall - Anforderungen, Prüfungen und Beurteilungen	2013 10 01
ÖNORM B 3800-9	Teil 9: Bauteile in Holzbauweise - Anforderungen, Prüfungen und Beurteilungen	2011 09 01

An dieser Stelle sei natürlich auf die OIB-Richtlinie 2 „Brandschutz" und ihre Zusatzdokumente, den Leitfaden über Abweichungen und Brandschutzkonzepte sowie die „Spezial"-Richtlinien 2.1 „Brandschutz bei Betriebsbauten", 2.2 „Brandschutz bei Garagen, überdachten Stellplätzen und Parkdecks" und 2.3 „Brandschutz bei Gebäuden mit einem Fluchtniveau von mehr als 22 m" verwiesen.

Jedenfalls ist im Bereich des baulichen Brandschutzes ein Normensatz von besonderer Bedeutung, nämlich jener der Klassifizierungsnormen. Genau dieser Normensatz bzw. die darauf basierenden Klassifizierungsberichte regeln in exakter Art und Weise die Kommunikation über den baulichen Brandschutz. Eben in dieser Kommunikation haben, soweit europäische Prüfvorschriften existieren, Prüfberichte – wie das früher üblich war, weil dort auch Aussagen über die Klassifizierung enthalten waren – keinen Platz mehr. Lediglich die Klassifizierungsberichte sollten für die Wechselwirkung zwischen Bauproduktenherstellern und -händlern, Planern, Bauausführenden, Behörden und Kunden herangezogen werden. Mittlerweile gibt es folgende sechs Europäische Klassifizierungsnormen:

Tabelle 010|1-02: wichtige europäische Brandschutz-Klassifizierungsnormen

ÖNORM EN 13501-x	Klassifizierung von Bauprodukten und Bauarten zu ihrem Brandverhalten	
ÖNORM EN 13501-1	Teil 1: Klassifizierung mit den Ergebnissen aus den Prüfungen zum Brandverhalten von Bauprodukten	2009 12 01
ÖNORM EN 13501-2	Teil 2: Klassifizierung mit den Ergebnissen aus den Feuerwiderstandsprüfungen, mit Ausnahme von Lüftungsanlagen	2016 11 01
ÖNORM EN 13501-3	Teil 3: Klassifizierung mit den Ergebnissen aus den Feuerwiderstandsprüfungen an Bauteilen von haustechnischen Anlagen: Feuerwiderstandsfähige Leitungen und Brandschutzklappen	2009 12 01
ÖNORM EN 13501-4	Teil 4: Klassifizierung mit den Ergebnissen aus den Feuerwiderstandsprüfungen von Anlagen zur Rauchfreihaltung	2017 01 01
ÖNORM EN 13501-5	Teil 5: Klassifizierung mit den Ergebnissen aus Prüfungen von Bedachungen bei Beanspruchung durch Feuer von außen	2016 11 01
ÖNORM EN 13501-6	Teil 6: Klassifizierung mit den Ergebnissen aus den Prüfungen zum Brandverhalten von elektrischen Kabeln	2014 04 15

Im Bereich der Schallschutz-Normung ist die Situation ganz ähnlich. Hier sind nahezu alle Mess- und Prüfnormen auf europäischer oder internationaler Ebene geregelt, wenngleich hier manche Entwicklung als nicht besonders harmonisch passiert, denn unterschiedliche Erscheinungsdaten von zwei Nachfolgedokumenten zu ursprünglich einem Vorgängerdokument erleichtern nicht unbedingt die tägliche Arbeit im Prüfwesen. Darüber hinaus umfasst aber der Normensatz der ÖNORM B 8115 nach wie vor jene Regelwerke, die neben der OIB-Richtlinie 5 „Schallschutz" für die Planung von Bedeutung ist:

Tabelle 010|1-03: wichtige österreichische Schallschutz-Normen

ÖNORM B 8115-x	Schallschutz und Raumakustik im Hochbau	
ÖNORM B 8115-1	Teil 1: Begriffe und Einheiten	2011 06 01
ÖNORM B 8115-2	Teil 2: Anforderungen an den Schallschutz	2006 12 01
ÖNORM B 8115-3	Teil 3: Raumakustik	2005 11 01
ÖNORM B 8115-4	Teil 4: Maßnahmen zur Erfüllung der schalltechnischen Anforderungen	2003 09 01
ÖNORM B 8115-5	Teil 5: Klassifizierung	2012 04 01
ÖNORM B 8115-6	Teil 6: Messverfahren zum Nachweis der Erfüllung der schallschutztechnischen Anforderungen in Gebäuden	2011 07 01
ÖNORM B 8115-7	Teil 7: Bewertung der Trittschallminderung durch eine Deckenauflage auf einer Bezugs-Massivholzdecke	2012 01 01

Analog zum Brandschutz ist auch im Bereich des Schallschutzes ein europäischer Normensatz durchaus auch in der Planung häufig angewandt, der Normensatz der EN 12354:

Tabelle 010|1-04: wichtige europäische Schallschutz-Berechnungsnormen

ÖNORM EN 12354-x	Bauakustik – Berechnung der akustischen Eigenschaften von Gebäuden aus den Bauteileigenschaften	
ÖNORM EN 12354-1	Teil 1: Luftschalldämmung zwischen Räumen	2000 11 01
ÖNORM EN 12354-2	Teil 2: Trittschalldämmung zwischen Räumen	2000 11 01
ÖNORM EN 12354-3	Teil 3: Luftschalldämmung von Außenbauteilen gegen Außenlärm	2000 11 01
ÖNORM EN 12354-4	Teil 4: Schallübertragung von Räumen ins Freie	2001 02 01
ÖNORM EN 12354-5	Teil 5: Installationsgeräusche	2011 02 15
ÖNORM EN 12354-6	Teil 6: Schallabsorption in Räumen	2004 06 01

Im Bereich des Wärmeschutzes und der Energieeinsparung umfassen die europäische und internationale Normung mittlerweile eine nahezu unüberblickbare Anzahl von Regelwerken und Dokumenten. Nicht zuletzt aus diesem Grund ist die Schaffung eines knappen Satzes von Wärmeschutz-Normen, die sogar tabellierte Bemessungswerte zur praktischen Anwendung zur Verfügung stellen, von besonderer Bedeutung. Der Normensatz der ÖNORM B 8110 versucht diesem Anspruch gerecht zu werden:

Tabelle 010|1-05: wichtige österreichische Wärmeschutz-Normen

ÖNORM B 8110-x	Wärmeschutz im Hochbau –	
ÖNORM B 8110-2	Teil 2: Wasserdampfdiffusion und Kondensationsschutz	2003 07 01
ÖNORM B 8110-3	Teil 3: Vermeidung sommerlicher Überwärmung	2012 03 15
ÖNORM B 8110-4	Teil 4: Betriebswirtschaftliche Optimierung des Wärmeschutzes	2011 07 15
ÖNORM B 8110-5	Teil 5: Klimamodell und Nutzungsprofile	2011 03 01
ÖNORM B 8110-6	Teil 6: Grundlagen und Nachweisverfahren - Heizwärmebedarf und Kühlbedarf - Nationale Festlegungen und nationale Ergänzungen zur ÖNORM EN ISO 13790	2014 11 15
ÖNORM B 8110-7	Teil 7: Tabellierte wärmeschutztechnische Bemessungswerte	2013 03 15
ÖNORM B 8110-8	Teil 8: Tabellierte wärmeschutztechnische Bemessungswerte von Bauteilen	2017 04 01

Noch um einiges schwieriger ist der Bereich der Bilanzierungsnormen, zumal es in diesem Bereich kaum Normungstradition und noch weniger tabellierte Angaben zu den eingesetzten Gebäudetechnikkomponenten gibt. Genau diese Lücke versucht die Normenserie der ÖNORM H 5050ff zu füllen:

Tabelle 010|1-06: österreichische Energieeffizienz-Bilanzierungsnormen

ÖNORM H 50xx	Gesamtenergieeffizienz von Gebäuden –	
ÖNORM H 5050	Berechnung des Gesamtenergieeffizienz-Faktors	2014 11 01
ÖNORM H 5056	Heiztechnik-Energiebedarf	2014 11 01
ÖNORM H 5057	Raumlufttechnik-Energiebedarf für Wohn- und Nichtwohngebäude	2007 08 01
ÖNORM H 5058	Kühltechnik-Energiebedarf	2007 08 01
ÖNORM H 5059	Beleuchtungsenergiebedarf (Nationale Ergänzung zu ÖNORM EN 15193)	2010 01 01

Unter dem Begriff des winterlichen Wärmeschutzes – in jenem Jahresabschnitt, der sich vornehmlich durch kalte Außentemperaturen auszeichnet – werden aus der Sicht der Bauphysik alle jene Maßnahmen, welche zur Vermeidung von Transmissionswärme- und Lüftungswärmeverlusten dienen, verstanden. Dabei sind die Transmissionswärmeverluste jene Verluste, die primär aufgrund von Wärmeleitung von Bereichen innerhalb des Bauwerkes mit höherer Temperatur durch die das Bauwerk begrenzenden Bauteile zu Bereichen außerhalb mit niedrigerer Temperatur dringen. Die Lüftungswärmeverluste sind alle jene Verluste, die infolge Luftwechsel zwischen warmer Innenluft und kalter Außenluft entstehen. Nachdem das Rezept zur Verminderung von Transmissionswärmeverlusten oberflächlich betrachtet relativ einfach ist, kommt zwangsläufig den Lüftungswärmeverlusten immer größere Bedeutung zu. Diese sind nämlich nicht beliebig absenkbar, da die Luftwechsel neben anderen Aspekten vor allem auch den Sinn einer Steigerung der Luftqualität haben und gleichzeitig auch einen Mindestsauerstoffgehalt in der Raumluft gewährleisten müssen. Gleichwohl ist es von besonderer Bedeutung, die thermischen Verluste Infolge Luftwechsels auf ein notwendiges Minimum zu reduzieren. Dies ist einerseits durch die Dichtheit der Gebäudehülle und andererseits durch haustechnische Maßnahmen mit hohem Luftkomfort möglich. Solche Anforderungen werden zukünftige Lösungen bestimmen.

Physikalisch gesehen ist Wärme eine Energieform. Sie ist identisch mit der Bewegungsenergie der Atome oder Moleküle in einem Körper. Am absoluten Nullpunkt (-273,15 Grad Celsius = 0 Kelvin) ist die Bewegungsenergie null, sie nimmt mit der Temperatur zu. Die Einheit der Wärmeenergie ist im internationalen Maßsystem das Joule [J] oder die Wattsekunde [Ws]. Bestehen lokale Temperaturdifferenzen, dann erfolgt so lange ein Transport von Wärmeenergie, bis Temperaturgleichheit erreicht wird. Dabei wird die Wärmemenge Q immer vom Ort der höheren Temperatur zum Ort der niedrigeren Temperatur transportiert. Bezieht man die Wärmemenge auf eine bestimmte Zeiteinheit, z. B. Stunde, dann spricht man von einem Wärmestrom Φ. Die Wärmestromdichte q erhält man, wenn der Wärmestrom auf eine Fläche, z. B. auf 1 m², bezogen wird. Um die physikalischen Grundlagen normativ entsprechend umsetzen zu können, legen zahlreiche Regelwerke eine Nomenklatur fest. Insbesondere die ÖNORM EN ISO 7345 [164] gibt eine normative Festlegung zahlreicher Begriffe des Wärmeschutzes.

$$\Phi = \frac{dQ}{dt}$$

(010|2-01)

Der Wärmestrom Φ [W] wird definiert als die je Zeit t [s] übertragene Wärmemenge Q [J].

$$q = \frac{\Phi}{A}$$

(010|2-02)

Die Wärmestromdichte q [W/m²] wird definiert als der Wärmestrom Φ [W] je Fläche A [m²].

$$R = \frac{\theta_1 - \theta_2}{q} \qquad R = \frac{d}{\lambda}$$

(010|2-03)

Der Wärmedurchlasswiderstand R [m²K/W] wird definiert als der Quotient der Differenz der beiden Oberflächentemperaturen θ_1 und θ_2 [K] und der Wärmestromdichte q [W/m²] im stationären Zustand. Dabei kann dieser für planparallele Schichten als der Quotient der Dicke d [m] der Schicht und deren Wärmeleitfähigkeit λ [W/(mK)] berechnet werden.

$$\Lambda = \frac{1}{R}$$

Der Wärmedurchlasskoeffizient Λ [W/(m²K)] ist definiert als der Kehrwert des Wärmedurchlasswiderstandes R [m²K/W] zwischen den begrenzenden Flächen bei gleichbleibender Wärmestromdichte.

(010|2-04)

$$U = \frac{\Phi}{A \cdot (\theta_1 - \theta_2)}$$

Der Wärmedurchgangskoeffizient U (früher k-Wert) [W/(m²K)] wird definiert als Quotient aus dem Wärmestrom Φ [W] im stationären Zustand und dem Produkt aus Fläche A [m²] und Differenz zwischen den beiden Umgebungstemperaturen θ_1 und θ_2 [K].

(010|2-05)

$$C = \frac{dQ}{d\theta}$$

Die Wärmekapazität C [J/K] wird definiert als Quotient aus Wärme Q [J] und Temperaturdifferenz $d\theta$ [K].

(010|2-06)

$$n = \frac{Anzahl\ Luftwechsel}{Zeiteinheit}$$

Die Luftwechselrate oder Luftwechselzahl n [h⁻¹] wird definiert als der Quotient aus der Anzahl der Luftwechsel in einem definierten Volumen und der Zeit.

(010|2-07)

Neben diesen Begriffsdefinitionen der ÖNORM EN ISO 7345:1995 [104] wird das Berechnungsverfahren zur Ermittlung des Wärmedurchlasswiderstandes R_T und des Wärmedurchgangskoeffizienten U von Bauteilen in der ÖNORM EN ISO 6946:1996 [160] ausführlich dargestellt.

Wärmeübertragung

010|2|1

Der Austausch von Wärmeenergie kann grundsätzlich auf drei verschiedene Arten erfolgen. In festen, flüssigen und gasförmigen Körpern findet die Wärmeübertragung durch Wärmeleitung statt, indem sich die Bewegungsenergie der Moleküle mit höherer Temperatur auf Moleküle mit niedriger Temperatur überträgt. Durch Umwälzung warmer und kalter Luft erfolgt eine Wärmeübertragung durch Wärmeströmung (Konvektion). Die Umwälzung kann durch den Auftrieb warmer Luft erfolgen oder aber durch Ventilation, Wind o. Ä. erzeugt werden. Durch Umwandlung der Wärmeenergie in Strahlungsenergie findet zwischen zwei Flächen unterschiedlicher Temperatur eine Wärmeübertragung durch Wärmestrahlung statt. Die Wärmestrahlung erfolgt als sogenannte Infrarotstrahlung in einem Wellenbereich von 0,8 bis 400 µm. Die bestrahlte Fläche kann sich dabei erheblich stärker erwärmen als das umgebende Medium.

Abbildung 010|2-01: Wärmeübertragung

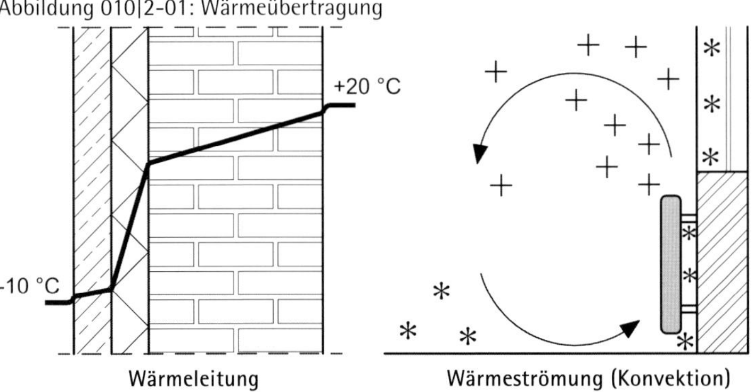

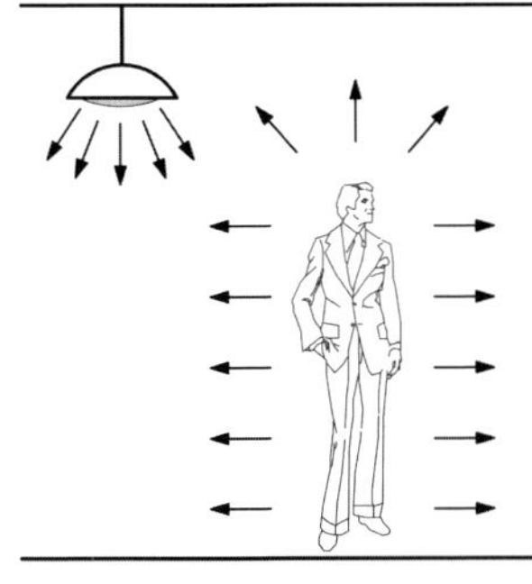

Eine stationäre Wärmeübertragung liegt nur dann vor, wenn der Wärmestrom über eine längere Zeit konstant ist. Dies ist angenähert im Winter der Fall, wenn ein Raum konstant beheizt wird und die Außentemperatur sich nur gering ändert. Diese Annahmen werden bei vereinfachten wärmetechnischen Berechnungen im Bauwesen fast immer getroffen, da instationäre Vorgänge einen großen Rechenaufwand erfordern.

Wärmeleitung

010|2|1|1

Der Wärmestrom durch einen Stababschnitt mit dem Querschnitt dA und der Länge dx – der auch als kleiner Bestandteil einer gesamten Wand mit der Fläche A und der Dicke x betrachtet werden kann – ist im stationären Zustand – jenem Zustand, in dem keine zeitlichen Änderungen vorkommen, also beispielsweise keine periodischen Schwankungen wie Tages- oder Jahrestemperaturverläufe – immer von höherer zu niederer Temperatur gerichtet. Er ist umso größer, je größer der Querschnitt des Stabes und je größer die Temperaturdifferenz zwischen den beiden Enden ist, und umso kleiner, je größer die Länge ist. Darüber hinaus ist dieser Wärmestrom noch abhängig von dem Material, aus dem der Stab besteht. Daraus muss aus bautechnischer Sicht der Schluss gezogen werden, dass bei üblicherweise eingeschränkten Gestaltungsmöglichkeiten von Bauwerken und den Gegebenheiten des Klimas sowie der Nutzung nur die Wahl geeigneter Materialien mit möglichst geringer Wärmeleitfähigkeit für eine Beeinflussung des Wärmestromes von innen nach außen möglich ist.

Wärmeströmung (Konvektion)

010|2|1|2

Der Wärmestrom aufgrund von Konvektion wird an einer Grenzfläche – beispielsweise Luft/Bauteil – durch die Temperaturdifferenz zwischen strömendem Medium und Oberflächentemperatur, die Fläche und die speziellen Eigenschaften der Strömung – wie Strömungsgeschwindigkeit und Art der Strömung – bestimmt. Daraus ableitbar ist die Bedeutung der Konvektion einerseits für alle Wärmeübergänge (siehe Wärmeübergangswiderstände) und andererseits für jenen Bereich, bei dem Luftschichten und Hohlräume in Bauteilen eine Rolle spielen.

Wärmestrahlung

010|2|1|3

Der Wärmestrom, den ein beliebiger Strahler abgibt, ist abhängig von der Fläche und deren Emissionsgrad bzw. ist proportional der vierten Potenz seiner absoluten Temperatur.

Wärmedurchgangskoeffizient, U-Wert

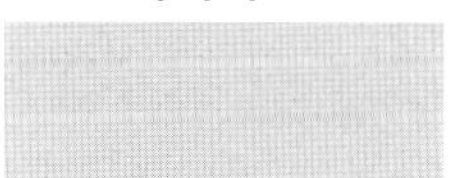

010|2|2

Dieser Wert wurde historisch k-Wert genannt. Er unterscheidet sich erstens in den Übergangswiderständen und zweitens bei inhomogenen Bauteilen vom heutigen U-Wert. Basis der Ermittlung waren und sind die Wärmeleitfähigkeiten der Bauteilschichten. Insbesondere die Bemessungswerte der Wärmeleitfähigkeit haben sich geändert.

Wärmeleitfähigkeit – physikalisch

010|2|2|1

Entscheidend für die Wärmedämmung von Bauteilen ist die Wärmeleitfähigkeit der einzelnen Bauteilschichten. Kennzeichnende Größe ist die Wärmeleitzahl λ [W/(mK)]. Sie gibt an, wie hoch der Wärmestrom in einer 1 m dicken

Stoffschicht bei 1 K Temperaturdifferenz ist, d. h., welche Wärmemenge Q [Wh] bei einer Temperaturdifferenz von 1 K in einer Stunde durch eine 1 m² große und 1 m dicke Bauteilschicht dringt.

Abbildung 010|2-02: Wärmeleitfähigkeit von Baustoffen

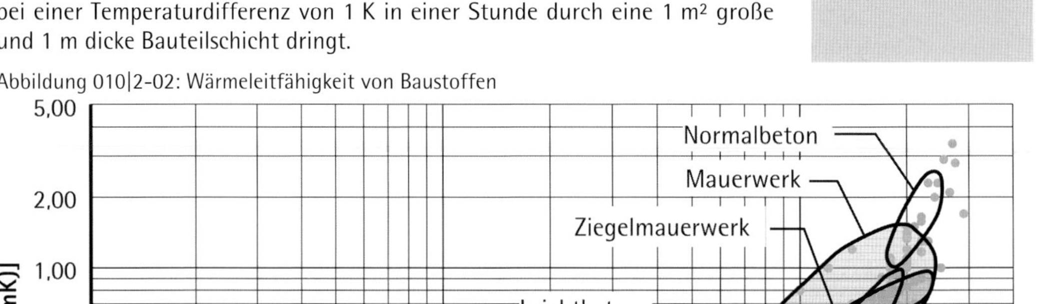

Die Wärmeleitzahl eines homogenen Stoffes ist abhängig von seiner Molekularstruktur und seiner Dichte ρ. Darüber hinaus ist sie im Wesentlichen abhängig vom Anteil der in seinen Poren eingeschlossenen Luft. Stehende Luft hat mit λ = 0,0242 W/(mK) die geringste Wärmeleitzahl. Wegen der in größeren Luftvolumina einsetzenden Konvektion weisen größere Luftschichten wesentlich ungünstigere Wärmedämmwerte auf.

Die Wärmeleitzahl eines homogenen Stoffes ist abhängig von seiner Molekularstruktur und seiner Dichte.

Wärmeleitfähigkeit – technisch

010|2|2|2

Hinsichtlich der Wärmeleitfähigkeit hat sich der Zugang zu den bisher üblichen Rechenwerten oder auch Nennwerten (die quasi nie überschritten werden sollten) insofern geändert, als man versucht, aus statistischen Betrachtungen den 90 %-Fraktilen-Wert zu ermitteln. Dabei sollten die Messungen nicht mehr im trockenen Zustand durchgeführt werden, sondern in einem konditionierten Zustand, der der Endanwendung entspricht.

$$\lambda_{90/90}$$

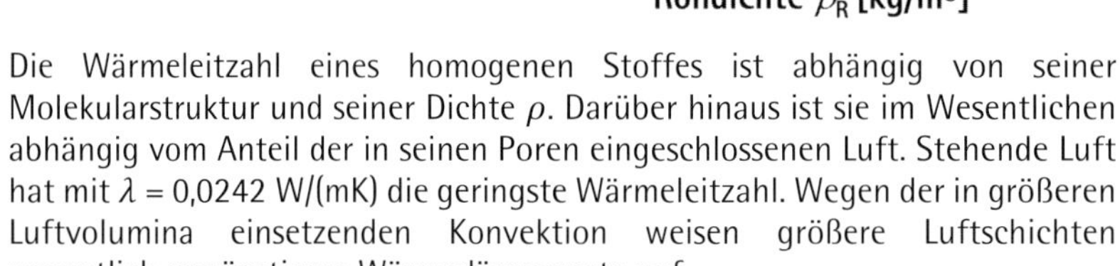

$$\lambda_{90/90} = \lambda_{\text{Mittel}} + k \cdot s_\lambda \qquad R_{90/90} = R_{\text{Mittel}} - k \cdot s_R$$

$$s_\lambda = \sqrt{\frac{\sum_i (\lambda_i - \lambda_{\text{Mittel}})^2}{n-1}} \qquad s_R = \sqrt{\frac{\sum_i (R_i - R_{\text{Mittel}})^2}{n-1}}$$

(010|2-08)

k	Werte für ein einseitiges 90 %-Toleranzintervall mit 90 % Annahmewahrscheinlichkeit	–

Wurden die Messungen nicht in dem Zustand der Anwendung durchgeführt, so besteht die Möglichkeit, zufolge der Temperatur und dem Feuchtigkeitsgehalt eine Umrechnung für die Wärmeleitfähigkeit zu erstellen.

$$\lambda_2 \approx \lambda_1 \cdot F_\mathrm{m}$$

(010|2-09)

Die Umrechungsfaktoren werden dabei wie folgt berechnet, die Faktoren für den volumenbezogenen und massebezogenen Feuchtigkeitsumrechnungsfaktor sind in Abhängigkeit von den einzelnen Baustoffen in Kapitel 010|7 enthalten.

$$F_\mathrm{m} = \mathrm{e}^{f_\mathrm{u} \cdot (u_2 - u_1)} \qquad F_\mathrm{m} = \mathrm{e}^{f_\Psi \cdot (\Psi_2 - \Psi_1)}$$

(010|2-10)

f_Ψ	volumenbezogener Feuchteumrechnungsfaktor	m³/m³
f_u	massebezogener Feuchteumrechnungsfaktor	kg/kg
F_m	Umrechnungsfaktor für den Feuchtegehalt	-
Ψ_1, Ψ_2	volumenbezogener Feuchtegehalt der beiden Zustände	m³/m³
u_1, u_2	massebezogene Feuchtegehalt der beiden Zustände	kg/kg

F_m

Ebenso wie die ÖNORM B 6015-2 [89] enthält auch die ÖNORM EN ISO 10456 [192] Tabellen und Werte zur Feuchtigkeitsumrechnung. Wie die Feuchtigkeitsanpassung können dann auch eine Temperaturanpassung und eine Berücksichtigung der Alterung erfolgen.

Abbildung 010|2-03: Wärmeleitfähigkeit und Baustofffeuchtigkeit [33]

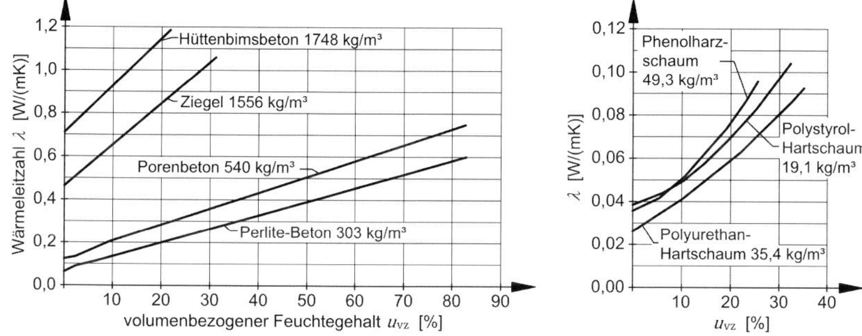

Da der Porenanteil die Rohdichte eines Stoffes stark beeinflusst, kann vereinfachend angenommen werden, dass mit steigender Rohdichte auch die Wärmeleitzahl steigt. Aus dieser Überlegung folgt auch, dass mit zunehmender Materialfeuchtigkeit die Wärmeleitzahl wächst, da schlecht wärmeleitende Luft λ_LUFT = 0,0242 W/(mK) durch gut leitendes Wasser λ_WASSER = 0,555 W/(mK) ersetzt wird. Daraus resultiert die Forderung nach trockenen Wärmedämmschichten bzw. maximal zulässigen Durchfeuchtungsgraden.

Die Wärmeleitfähigkeit von Baustoffen wird heute vornehmlich mit einem Plattenapparat nach Poensgen gemessen. Dabei werden zwei Proben desselben Materials oberhalb und unterhalb einer Heizplatte derart angeordnet, dass darüber bzw. darunter wiederum eine Kühlplatte zu liegen kommt. Während der Messdauer werden sowohl die Kühlplatten als auch die Heizplatte auf jeweils konstanten Temperaturen gehalten. Dazu wird die Energie gemessen, welche dazu notwendig ist, die konstante Temperatur der Heizplatte zu gewährleisten. Aus dieser Energie [W], der Dicke der Proben [m] und der Temperaturdifferenz zwischen der Heizplatte und den Kühlplatten [K] lässt sich nach der Einstellung des stationären Zustandes die Wärmeleitfähigkeit [W/(mK)] berechnen.

Mit zunehmender Materialfeuchtigkeit steigt auch die Wärmeleitfähigkeit.

Wärmedurchlasswiderstand

Die Wärmedämmung eines Bauteils wird sowohl durch die Wärmeleitzahl des Baustoffes als auch durch die Bauteildicke d beeinflusst. Mit wachsender Schichtdicke des Bauteils und sinkender Wärmeleitzahl steigt sein Wärmedurchlasswiderstand R [m²K/W] (früher D-Wert). Bei einschichtigen Bauteilen errechnet sich der Wärmedurchlasswiderstand aus dem Quotienten von Schichtdicke und Wärmeleitzahl, bei mehrschichtigen Bauteilen ergibt sich der Gesamtwiderstand R_t durch Addition der Wärmedurchlasswiderstände der Einzelschichten.

$$R = \frac{d}{\lambda} \qquad R_\mathrm{t} = \frac{d_1}{\lambda_1} + \frac{d_2}{\lambda_2} + \frac{d_3}{\lambda_3} \qquad R_\mathrm{t} = \sum_{j=1}^{n} \frac{d_\mathrm{j}}{\lambda_\mathrm{j}}$$

(010|2-11)

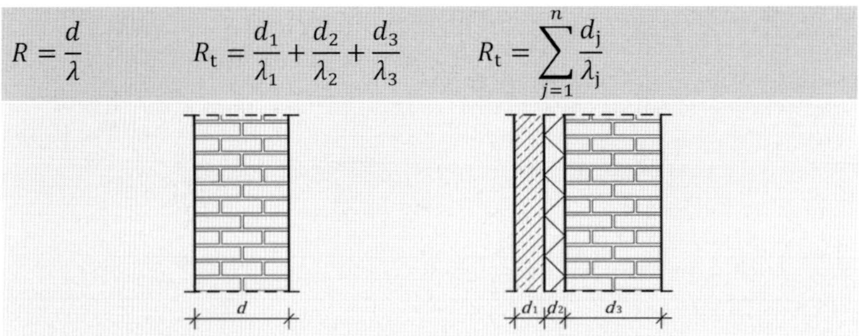

$$R, R_\mathrm{t}$$

In stehenden Luftschichten erfolgt der Wärmeübergang sowohl durch Leitung als auch durch Strahlung und Konvektion. Für die Ermittlung des Wärmedurchlasswiderstandes ist daher die Dicke der Luftschicht sowie die Richtung des Wärmestromes maßgebend. Ab einer Luftschichtdicke von rund 3 cm kann annähernd mit einem konstanten Wärmestrom gerechnet werden.

In stehenden Luftschichten erfolgt der Wärmeübergang durch Leitung, Strahlung und Konvektion.

Tabelle 010|2-01: Wärmedurchlasswiderstände R für Luftschichten [160]

Dicke der Luftschicht [mm]	Richtung des Wärmestromes		
	aufwärts	horizontal [m²K/W]	abwärts
0	0,00	0,00	0,00
5	0,11	0,11	0,11
7	0,13	0,13	0,13
10	0,15	0,15	0,15
15	0,16	0,17	0,17
25	0,16	0,18	0,19
50	0,16	0,18	0,21
100	0,16	0,18	0,22
300	0,16	0,18	0,23

Ab einer Luftschichtdicke von rund 3 cm entsteht annähernd ein konstanter Wärmestrom.

Wärmeübergangswiderstand

Dicht vor jeder Bauteiloberfläche lassen sich Luftzonen feststellen, in denen die Konvektion mehr oder weniger stark behindert wird. Dieser (relativ dünne) Bereich vor der Bauteiloberfläche wirkt wie eine zusätzliche wärmedämmende Schicht und wird Wärmeübergangswiderstand R_s [m²K/W] genannt. Er hängt wie auch die Konvektion davon ab, in welcher Lage sich der Bauteil befindet (horizontal/vertikal), und wie die Klimabedingungen vor der Bauteiloberfläche sind (innen/außen/Wind/Wärmestau). Ebenso ist zu beachten, in welcher Richtung der Wärmestrom verläuft. Der Wärmeübergangswiderstand ist unabhängig vom Wärmedurchlasswiderstand des Bauteils. In Rauminnenecken, besonders in den Ecken zweier Wände mit der Decke, nimmt der Wärmeübergangswiderstand deutlich zu, weil sich hier stärkere ruhende Luftpolster vor der Innenecke bilden.

Der Wärmeübergangswiderstand ist unabhängig vom Wärmedurchlasswiderstand des Bauteils.

Hinsichtlich der Wärmeübergangswiderstände R_{si} an der inneren Oberfläche und R_{se} an der äußeren Oberfläche sind durch die Herausgabe der ÖNORM ISO 6946 [160] einige Änderungen gegenüber früheren Konventionen eingetreten.

Tabelle 010|2-02: Wärmeübergangswiderstände [100]

Wärmestrom	R_{si} [m²K/W]	R_{se} [m²K/W]
aufwärts	0,10	0,04
horizontal	0,13	0,04
abwärts	0,17	0,04

Wärmedurchgangswiderstand, Wärmedurchgangskoeffizient

Der Wärmedurchgangswiderstand ist die Summe der wirkenden Wärmeübergangswiderstände und der Wärmedurchlasswiderstände. Je größer er ist, umso höher ist der Wärmeschutz des betrachteten Bauteils. Dividiert man die einzelnen Summanden durch ihn, so erhält man die Anteile zum gesamten Transmissionswärmeschutz des Bauteils. Diese Anteile (der einzelnen Schichten) sind proportional zu den Temperaturabfällen in ihnen.

$$R_T = R_{si} + R_1 + R_2 + \cdots + R_n + R_{se}$$

$$R_T = R_{si} + \sum_{j=1}^{n} R_j + R_{se}$$

(010|2-12)

R_T	Wärmedurchgangswiderstand	m²K/W
R_{si}	innerer Wärmeübergangswiderstand	m²K/W
R_j	Bemessungswerte des Wärmedurchlasswiderstandes	m²K/W
R_{se}	äußerer Wärmeübergangswiderstand	m²K/W

Für andere – insbesondere inhomogene – Bauteile wird der Wärmedurchgangswiderstand als Mittelwert eines unteren und oberen Grenzwertes errechnet.

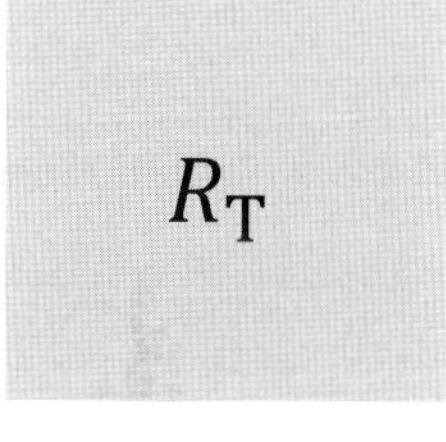

$$R_T = \frac{R'_T + R''_T}{2}$$

(010|2-13)

R'_T	oberer Grenzwert des Wärmedurchlasswiderstandes	m²K/W
R''_T	unterer Grenzwert des Wärmedurchlasswiderstandes	m²K/W

Abbildung 010|2-04: inhomogene Bauteile – oberer und unterer Grenzwert – Schichtenmodelle

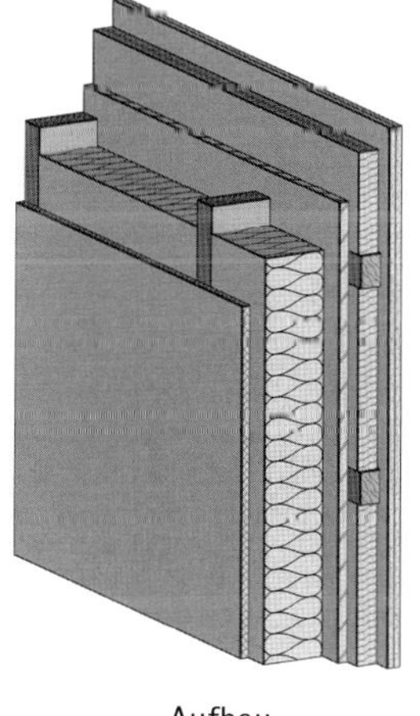
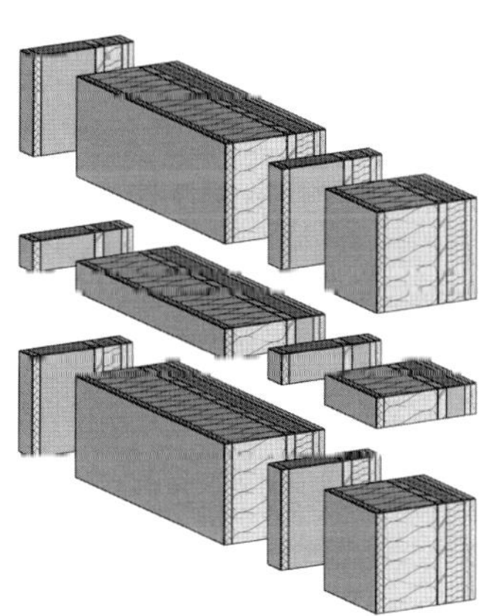
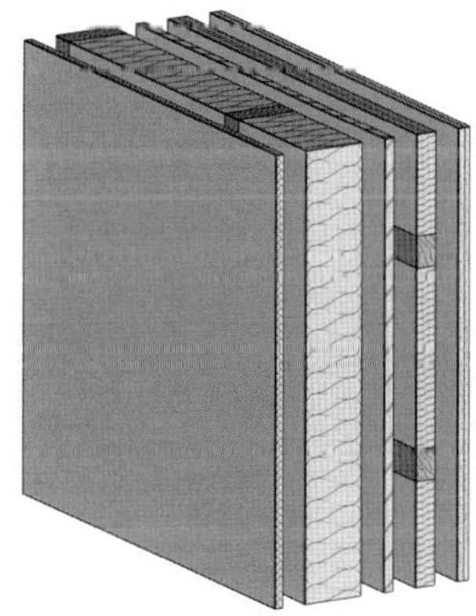

Aufbau   oberer Grenzwert R'_T unterer Grenzwert R''_T

Betrachtung Teilflächen   Betrachtung Schichtenfolge

Dabei wird der obere Grenzwert durch flächengewichtete Mittelung der Teilwärmedurchgangswiderstände errechnet.

$$\frac{1}{R'_{\mathrm{T}}} = \sum_k \frac{f_k}{R_{\mathrm{Tk}}}$$

(010|2-14)

| f_k | Flächenanteile des Abschnittes k | % |
| R_{Tk} | Wärmedurchgangswiderstand für den Abschnitt k | m²K/W |

Der untere Grenzwert wird durch flächengewichtete Mittelung der Wärmedurchlasswiderstände je Schicht berechnet.

$$\frac{1}{R_j} = \sum_k \frac{f_k}{R_k} \qquad R''_{\mathrm{T}} = R_{\mathrm{si}} + \sum_j R_j + R_{\mathrm{se}}$$

(010|2-15)

$$U = \frac{1}{R_{\mathrm{T}}}$$

(010|2-16)

Der Wärmedurchgangskoeffizient (U-Wert) gibt an, welche Wärmemenge (kJ = Wh) in einer Stunde bei 1 K Temperaturdifferenz durch 1 m² Bauteilfläche verloren geht.

Eine vereinfachte Mittelwertbildung U_{m}-Wert von zusammengesetzten Bauteilen als Abschätzung des zu erwartenden U-Wertes kann als flächengewichteter Mittelwert erfolgen und entspricht im Prinzip dem U-Wert berechnet aus dem oberen Grenzwert des Wärmedurchgangswiderstandes.

$$U_{\mathrm{m}} = \frac{\sum(U_{\mathrm{n}} \cdot A_{\mathrm{n}})}{\sum A_{\mathrm{n}}}$$

U, U_{m}

(010|2-17)

| U_{n} | U-Werte Bereich n | W/(m²K) |
| A_{n} | Fläche Bereich n | m² |

Der Wärmedurchgangskoeffizient gibt jene Wärmemenge an, welche in einer Stunde bei 1 K Temperaturdifferenz durch 1 m² Bauteilfläche geht.

Vergleicht man die Ergebnisse aus Beispiel 010|2-04, ergibt sich ein genauer U-Wert von 0,247 W/m²K (~0,25) und ein U_{m}-Wert von 1/4,104 = 0,2436 W/m²K (~0,24). Ein vergleichbares Ergebnis liefert auch das Beispiel 010|2-06 mit vier Aufbauten und einem genauen U-Wert von 0,170 W/m²K (gerundet 0,17) und einem U_{m}-Wert von 1/6,069 = 0,1647 W/m²K (~0,16). Ganz allgemein kann ausgedrückt werden, dass man mit der vereinfachten Mittelwertsbildung nicht immer auf der sicheren Seite zu liegen kommt.

Beispiel 010|2-01: U-Wert-Berechnung Vollziegelaußenwand

75 cm dicke, beidseits verputzte Außenwand eines Gründerzeithauses

Berechnung U-Wert	d	λ	d/λ
homogene Außenwand	[m]	[W/(mK)]	[m²K/W]
Wärmeübergangswiderstand (außen)		$R_{\mathrm{se}} =$	0,040
Außenputz	0,020	0,800	0,025
Mauerwerk (Bestand)	0,750	0,760	0,987
Innenputz	0,020	0,700	0,029
Wärmeübergangswiderstand (innen)		$R_{\mathrm{si}} =$	0,130
Wärmedurchgangswiderstand		$R_{\mathrm{T}} =$	1,211
Wärmedurchgangskoeffizient	[W/(m²K)]	$U = 1/R_{\mathrm{T}} =$	0,826

Beispiel 010|2-02: U-Wert-Berechnung Hohlziegelaußenwand

38 cm dicke, beidseits verputzte Hohlziegelaußenwand

Berechnung U-Wert	d	λ	d/λ
homogene Außenwand	[m]	[W/(mK)]	[m²K/W]
Wärmeübergangswiderstand (außen)		$R_{\mathrm{se}} =$	0,040
Außenputz	0,020	0,800	0,025
Mauerwerk (Hohlziegel)	0,380	0,200	1,900
Innenputz	0,020	0,700	0,029
Wärmeübergangswiderstand (innen)		$R_{\mathrm{si}} =$	0,130
Wärmedurchgangswiderstand		$R_{\mathrm{T}} =$	2,124
Wärmedurchgangskoeffizient	[W/(m²K)]	$U = 1/R_{\mathrm{T}} =$	0,471

Beispiel 010|2-03: U-Wert-Berechnung Stahlbetonwand mit
Wärmedämmverbundsystem

20 cm dicke, beidseits verputzte Stahlbetonaußenwand mit 16 cm dickem
Wärmedämmverbundsystem

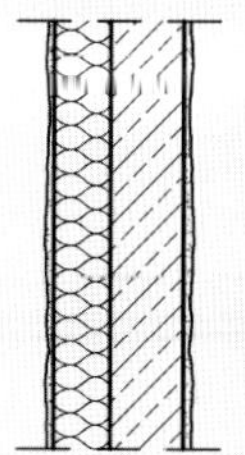

Berechnung U-Wert	d	λ	d/λ
homogene Außenwand	[m]	[W/(mK)]	[m²K/W]
Wärmeubergangswiderstand (außen)	$R_{se} =$		0,040
Außenputz	0,006	0,800	0,008
Wärmedämmung	0,160	0,040	4,000
Stahlbeton	0,200	2,300	0,087
Innenputz	0,005	0,700	0,007
Wärmeübergangswiderstand (innen)	$R_{si} =$		0,130
Wärmedurchgangswiderstand	$R_T =$		4,272
Wärmedurchgangskoeffizient	[W/(m²K)]	$U = 1/R_T =$	0,234

Beispiel 010|2-04: Mittelwertbildung R_T – Innenbauteil mit 2 Aufbauten

Inhomogenes 16 cm dickes Innenbauteil beidseitig beplankt und mit Wärmedämmung gefüllt.
Der konstruktive Teil besteht aus Holz (6/16) mit 62,5 cm Achsabstand.

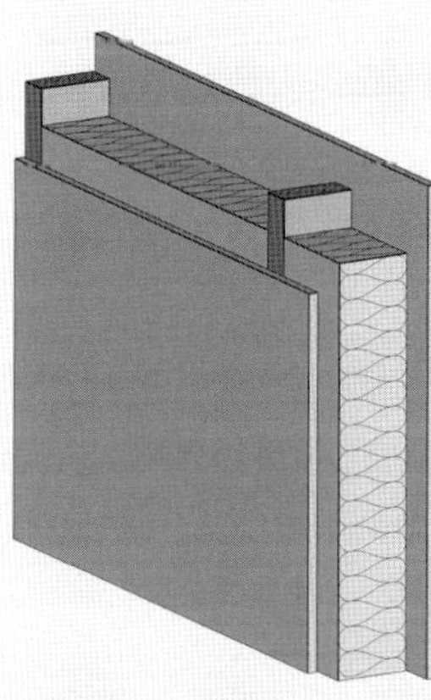

$R_{T,1}$	d	λ	d/λ
homogene Innenwand	[m]	[W/(mK)]	[m²K/W]
Wärmeübergangswiderstand (innen)	$R_{si} =$		0,130
Gipsfaserplatte	0,018	0,360	0,050
Wärmedämmung	0,160	0,035	4,571
Gipsfaserplatte	0,018	0,360	0,050
Wärmeübergangswiderstand (innen)	$R_{si} =$		0,130
Wärmedurchgangswiderstand	$R_{T,1} =$		4,931

$R_{T,2}$	d	λ	d/λ
homogene Innenwand	[m]	[W/(mK)]	[m²K/W]
Wärmeübergangswiderstand (innen)	$R_{si} =$		0,130
Gipsfaserplatte	0,018	0,360	0,050
Holz	0,160	0,130	1,231
Gipsfaserplatte	0,018	0,360	0,050
Wärmeübergangswiderstand (innen)	$R_{si} =$		0,130
Wärmedurchgangswiderstand	$R_{T,2} =$		1,591

R'_T	Flächenanteile		d/λ
inhomogener Bauteil – oberer Grenzwert	[%]		[m²K/W]
Wärmedurchgangswiderstand	90,4	$R_{T,1} =$	4,931
Wärmedurchgangswiderstand	9,6	$R_{T,2} =$	1,591
Wärmedurchgangswiderstand (oberer Grenzwert)		$R'_T =$	4,104

R''_T	d	λ	d/λ_m
inhomogener Bauteil – unterer Grenzwert	[m]	[W/(mK)]	[m²K/W]
Wärmeübergangswiderstand (innen)	$R_{si} =$		0,130
Gipsfaserplatte	0,018	0,360	0,050
Wärmedämmung/Holz $\lambda_m=0{,}035{\cdot}0{,}904+0{,}13{\cdot}0{,}096$	0,160	0,044	3,626
Gipsfaserplatte	0,018	0,360	0,050
Wärmeübergangswiderstand (innen)	$R_{si} =$		0,130
Wärmedurchgangswiderstand (unterer Grenzwert)		$R''_T =$	3,986

U-Wert-Berechnung			
inhomogener Bauteil – Mittelwertbildung			[m²K/W]
Wärmedurchgangswiderstand (oberer Grenzwert)		$R'_T =$	4,104
Wärmedurchgangswiderstand (unterer Grenzwert)		$R''_T =$	3,986
Wärmedurchgangswiderstand		$R_T =$	4,045
Wärmedurchgangskoeffizient	[W/(m²K)]	$U = 1/R_T =$	0,247

Beispiel 010|2-05: Mittelwertbildung R_T – Außenbauteil mit 2 Aufbauten

Inhomogenes 16 cm dickes Außenbauteil beidseitig beplankt, mit Wärmedämmung gefüllt und einem 5 cm dicken, außen liegenden Wärmedämmverbundsystem. Der konstruktive Teil besteht aus Holz (6/16) mit 62,5 cm Achsabstand.

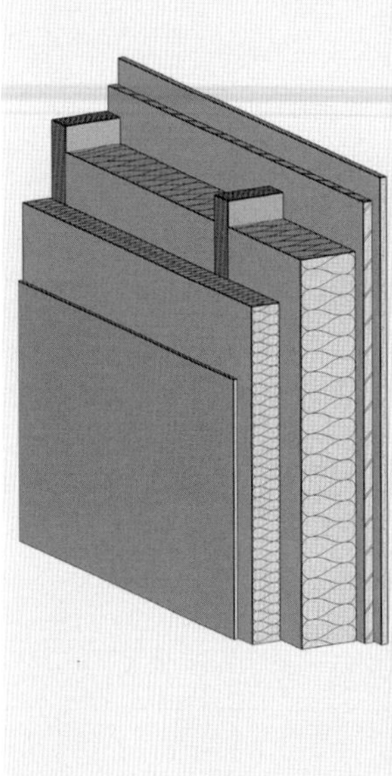

$R_{T,1}$ homogene Außenwand Bereich Dämmung	d [m]	λ [W/(mK)]	d/λ [m²K/W]
Wärmeübergangswiderstand (außen)		$R_{se} =$	0,040
Außenputz	0,006	0,800	0,008
Wärmedämmung	0,050	0,040	1,250
Spanplatte	0,016	0,100	0,160
Wärmedämmung	0,160	0,035	4,571
Gipskartonplatte	0,015	0,210	0,071
Wärmeübergangswiderstand (innen)		$R_{si} =$	0,130
Wärmedurchgangswiderstand		$R_{T,1} =$	**6,230**

$R_{T,2}$ homogene Außenwand Bereich Holzstaffel	d [m]	λ [W/(mK)]	d/λ [m²K/W]
Wärmeübergangswiderstand (außen)		$R_{se} =$	0,040
Außenputz	0,006	0,800	0,008
Wärmedämmung	0,050	0,040	1,250
Spanplatte	0,016	0,100	0,160
Holz	0,160	0,130	1,231
Gipskartonplatte	0,015	0,210	0,071
Wärmeübergangswiderstand (innen)		$R_{si} =$	0,130
Wärmedurchgangswiderstand		$R_{T,2} =$	**2,890**

R'_T inhomogener Bauteil – oberer Grenzwert	Flächen-anteile [%]		d/λ [m²K/W]
Wärmedurchgangswiderstand	90,4	$R_{T,1} =$	6,230
Wärmedurchgangswiderstand	9,6	$R_{T,2} =$	2,890
Wärmedurchgangswiderstand (oberer Grenzwert)		$R'_T =$	**5,608**

R''_T inhomogener Bauteil – unterer Grenzwert	d [m]	λ [W/(mK)]	d/λ_m [m²K/W]
Wärmeübergangswiderstand (außen)		$R_{se} =$	0,130
Außenputz	0,006	0,800	0,008
Wärmedämmung	0,050	0,040	1,250
Spanplatte	0,016	0,100	0,160
Wärmedämmung/Holz $\lambda_m=0{,}035{\cdot}0{,}904+0{,}13{\cdot}0{,}096$	0,160	0,044	3,626
Gipskartonplatte	0,015	0,210	0,071
Wärmeübergangswiderstand (innen)		$R_{si} =$	0,130
Wärmedurchgangswiderstand (unterer Grenzwert)		$R''_T =$	**5,285**

U-Wert-Berechnung inhomogener Bauteil – Mittelwertbildung			[m²K/W]
Wärmedurchgangswiderstand (oberer Grenzwert)		$R'_T =$	5,608
Wärmedurchgangswiderstand (unterer Grenzwert)		$R''_T =$	5,285
Wärmedurchgangswiderstand		$R_T =$	5,447
Wärmedurchgangskoeffizient	[W/(m²K)]	$U = 1/R_T =$	**0,184**

Beispiel 010|2-06: Mittelwertbildung R_T – Außenbauteil mit 4 Aufbauten

Inhomogene 31,7 cm dicke Außenwand, mit Wärmedämmung gefüllt und einem 5 cm dicken, außen liegenden Wärmedämmverbundsystem sowie einer innenliegenden Installationsebene ebenfalls gedämmt. Der konstruktive Teil besteht aus vertikalen Holzstehern (6/16) mit 62,5 cm Achsabstand, die Installationsebene weist eine horizontale Lattung (6/4) mit 40 cm Achsabstand auf.

$R_{T,1}$ homogene Außenwand Bereich Dämmung/Dämmung	d [m]	λ [W/(mK)]	d/λ [m²K/W]
Wärmeübergangswiderstand (außen)		$R_{se} =$	0,040
Außenputz	0,004	1,000	0,004
Wärmedämmung	0,050	0,040	1,250
Wärmedämmung	0,160	0,040	4,000
Spanplatte	0,012	0,130	0,092
Wärmedämmung	0,040	0,040	1,000
Gipskartonplatte	0,015	0,210	0,071
Wärmeübergangswiderstand (innen)		$R_{si} =$	0,130
Wärmedurchgangswiderstand		$R_{T,1} =$	**6,587**

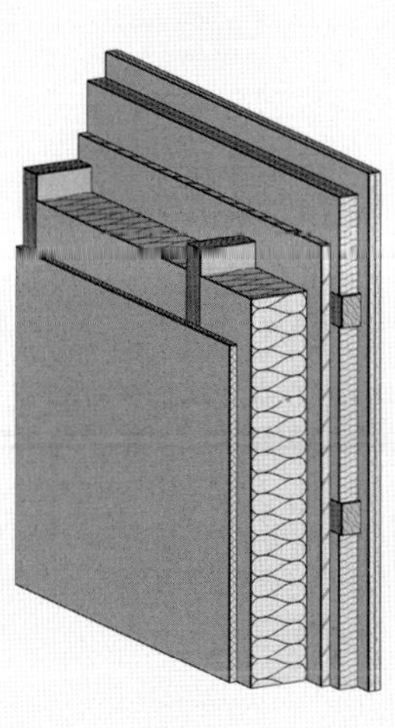

$R_{T,2}$ homogene Außenwand Bereich Dämmung/Lattung	d [m]	λ [W/(mK)]	d/λ [m²K/W]
Wärmeübergangswiderstand (außen)		$R_{se} =$	0,040
Außenputz	0,006	0,800	0,008
Wärmedämmung	0,050	0,040	1,250
Wärmedämmung	0,160	0,040	4,000
Spanplatte	0,012	0,130	0,092
Lattung	0,040	0,120	0,333
Gipskartonplatte	0,015	0,210	0,071
Wärmeübergangswiderstand (innen)		$R_{si} =$	0,130
Wärmedurchgangswiderstand		$R_{T,2} =$	**5,924**

$R_{T,3}$ homogene Außenwand Bereich Steher/Dämmung	d [m]	λ [W/(mK)]	d/λ [m²K/W]
Wärmeübergangswiderstand (außen)		$R_{se} =$	0,040
Außenputz	0,004	1,000	0,004
Wärmedämmung	0,050	0,040	1,250
Konstruktionsholz	0,160	0,120	1,333
Spanplatte	0,012	0,130	0,092
Wärmedämmung	0,040	0,040	1,000
Gipskartonplatte	0,015	0,210	0,071
Wärmeübergangswiderstand (innen)		$R_{si} =$	0,130
Wärmedurchgangswiderstand		$R_{T,3} =$	**3,920**

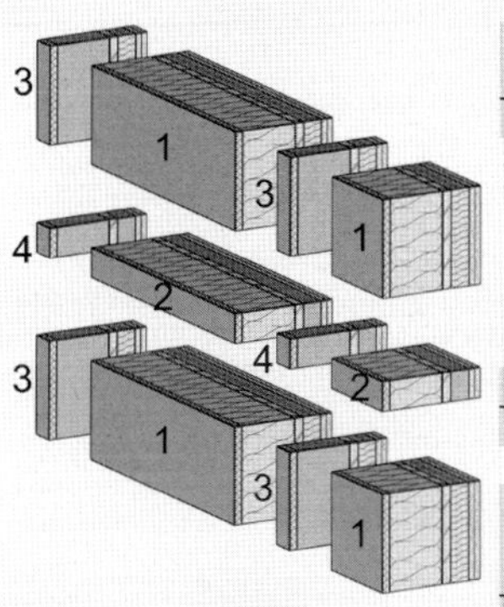

$R_{T,4}$ homogene Außenwand Bereich Steher/Lattung	d [m]	λ [W/(mK)]	d/λ [m²K/W]
Wärmeübergangswiderstand (außen)		$R_{se} =$	0,040
Außenputz	0,006	0,800	0,008
Wärmedämmung	0,050	0,040	1,250
Konstruktionsholz	0,160	0,120	1,333
Spanplatte	0,012	0,130	0,092
Lattung	0,040	0,120	0,333
Gipskartonplatte	0,015	0,210	0,071
Wärmeübergangswiderstand (innen)		$R_{si} =$	0,130
Wärmedurchgangswiderstand		$R_{T,4} =$	**3,257**

inhomogener Bauteil – oberer Grenzwert	Flächen-anteile [%]		d/λ [m²K/W]
Wärmedurchgangswiderstand	76,84	$R_{T,1} =$	6,587
Wärmedurchgangswiderstand	13,56	$R_{T,2} =$	5,924
Wärmedurchgangswiderstand	8,16	$R_{T,3} =$	3,920
Wärmedurchgangswiderstand	9,6	$R_{T,4} =$	3,257
Wärmedurchgangswiderstand (oberer Grenzwert)		$R'_T =$	**6,069**

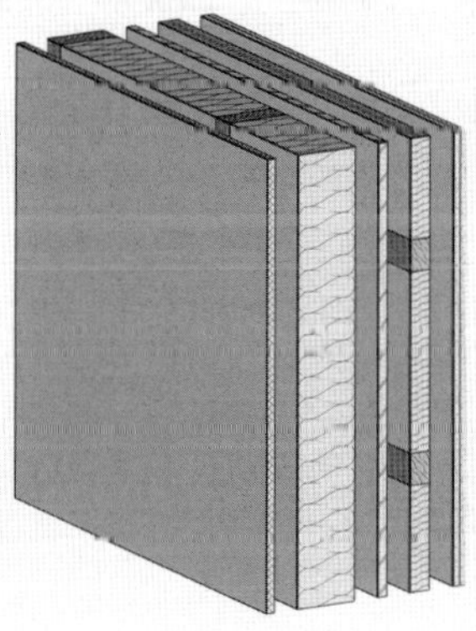

R''_T inhomogener Bauteil – unterer Grenzwert	d [m]	λ [W/(mK)]	d/λ [m²K/W]
Wärmeübergangswiderstand (außen)		$R_{se} =$	0,040
Außenputz	0,004	0,970	0,004
Wärmedämmung	0,050	0,040	1,250
Konstruktionsholz/Wärmedämmung $\lambda_m=0{,}040\cdot0{,}904+0{,}12\cdot0{,}096$	0,160	0,048	3,356
Spanplatte	0,012	0,130	0,092
Lattung/Wärmedämmung $\lambda_m=0{,}040\cdot0{,}850+0{,}12\cdot0{,}150$	0,040	0,052	0,769
Gipskartonplatte	0,015	0,210	0,071
Wärmeübergangswiderstand (innen)		$R_{si} =$	0,130
Wärmedurchgangswiderstand (unterer Grenzwert)		$R''_T =$	**5,712**

U-Wert-Berechnung inhomogener Bauteil – Mittelwertbildung			[m²K/W]
Wärmedurchgangswiderstand (oberer Grenzwert)		$R'_T =$	6,069
Wärmedurchgangswiderstand (unterer Grenzwert)		$R''_T =$	5,712
Wärmedurchgangswiderstand		$R_T =$	5,890
Wärmedurchgangskoeffizient	[W/(m²K)]	$U = 1/R_T =$	**0,170**

Wärmedurchgangskoeffizient Fenster

Ebenso hat sich die Berechnung des U_w-Wertes von Fenstern verändert. Dabei muss die Wärmebrückenwirkung des Glasabstandhalters bzw. des Überganges vom Rahmen zum Glas Berücksichtigung finden. Auf Grundlage der ÖNORM EN 10077-1 [129] ist wie folgt beispielhaft für Einfachfenster zu rechnen (siehe auch Band 11: Fenster [27]).

$$U_w = \frac{U_f \cdot A_f + U_g \cdot A_g + \ell \cdot \Psi_g}{A_f + A_g}$$

(010|2-18)

U_f	Wärmedurchgangskoeffizient des Rahmens	W/(m²K)
A_f	Rahmenfläche	m²
U_g	Wärmedurchgangskoeffizient des Glases	W/(m²K)
A_g	Glasfläche	m²
ℓ	Länge der Wärmebrücke, für die Ψ_g zutrifft	m
Ψ_g	Korrekturkoeffizient für die 2D-Wärmebrücke zwischen Rahmen und Glas	W/(mK)

Tabelle 010|2-03: Korrekturkoeffizient für die 2D-Wärmebrücke zwischen Rahmen und Glas

Rahmenarten	Ψ_g-Werte [W/(mK)]	
	Doppel- und Mehrfachgläser, unbeschichtet	Doppel- und Dreifachisoliergläser mit Beschichtung
Holz- und Kunststoffrahmen	0,05	0,06
Metallrahmen mit Wärmebrückenunterbrechung	0,06	0,08
Metallrahmen ohne Wärmebrückenunterbrechung	0,01	0,04

In der ÖNORM EN 10077-2 [130] wird ein detailliertes Verfahren zur U-Wertberechnung für Fenster beschrieben. Ebenso gibt es für Vorhangfassaden (z. B. Pfosten-Riegel-Konstruktionen) eine Berechnungsvorschrift, die ÖNORM EN ISO 12631 [182], die ihrerseits ebenso auf die ÖNORM EN ISO 10211 [175] verweist. Dabei besteht der große Aufwand im Finden der Symmetrieebenen U-Wert-identer Fassadenbestandteile.

Bauteiltemperaturen

Um den Temperaturverlauf durch einen Bauteil darzustellen, benötigt man die Schichtgrenztemperaturen. Der Berechnung dieser Temperaturen liegt die Beziehung des Strahlensatzes zugrunde. Es wird das Verhältnis von Gesamttemperaturdifferenz $(\theta_i - \theta_e)$ zum Wärmedurchgangswiderstand R_T gleichgesetzt der Teiltemperaturdifferenz $(\theta_i - \theta_n)$ zum Wärmedämmwert der betreffenden Schichten. Zur grafischen Ermittlung der Bauteiltemperaturen wird der Bauteil im Maßstab der Wärmedurchlasswiderstände seiner Einzelschichten einschließlich der Wärmeübergangswiderstände aufgetragen.

Der Berechnung der Schichtgrenztemperaturen liegt die Beziehung des Strahlensatzes zugrunde.

Abbildung 010|2-05: Temperaturverlauf Winter – Sommer

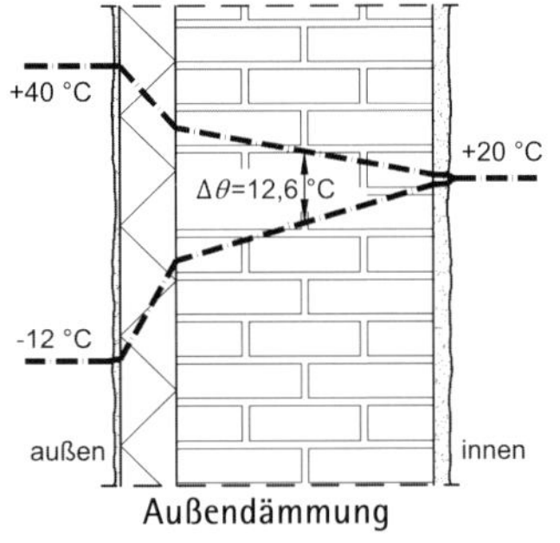

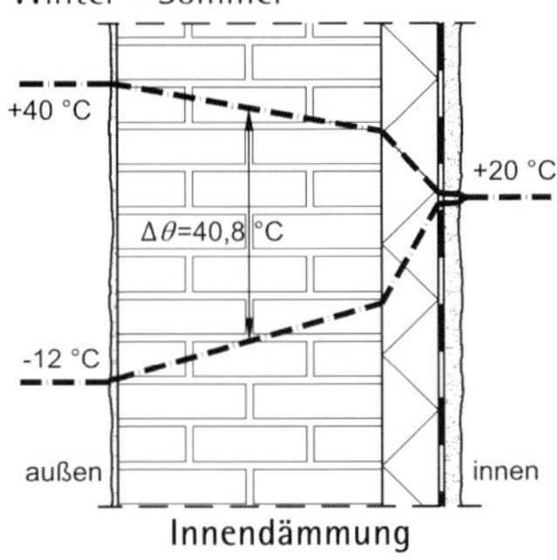

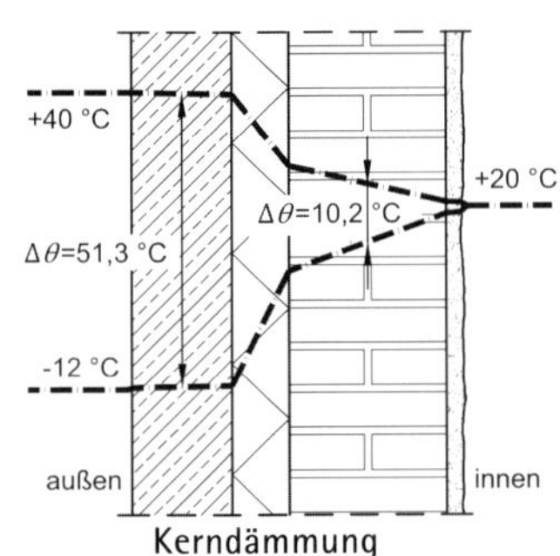

Beispiel 010|2-07: Schichtgrenztemperaturen

Schichtgrenztemperaturen einer 25 cm dicken Ziegelwand mit 10 cm Kerndämmung, 15 cm Stahlbeton-Vorsatzschale und Innenputz

Berechnung U-Wert, Temperaturen	d	λ	d/λ	Temperatur
homogene Außenwand	[m]	[W/(mK)]	[m²K/W]	[°C]
Wärmeübergangswiderstand (außen)		$R_{se} =$	0,040	-12,0
Stahlbeton	0,150	2,200	0,068	-11,7
Wärmedämmung	0,100	0,040	2,500	-11,2
Mauerwerk	0,250	0,200	1,250	+8,8
Innenputz	0,020	0,700	0,029	+18,7
Wärmeübergangswiderstand (innen)		$R_{si} =$	0,130	+19,0
				+20,0
Wärmedurchgangswiderstand		$R_T =$	4,014	
Wärmedurchgangskoeffizient	[W/(m²K)]	$U = 1/R_T =$	0,249	

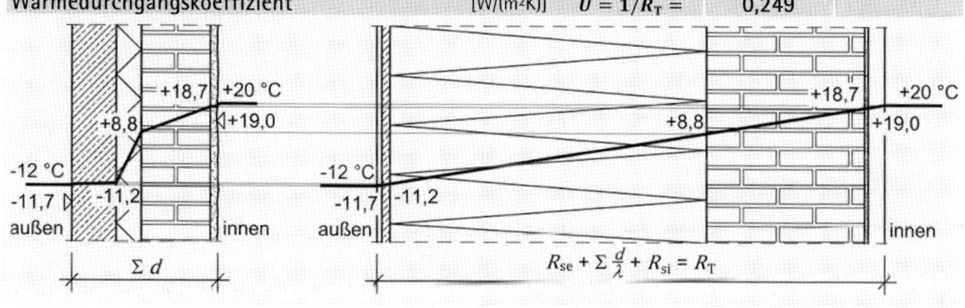

$$\Sigma d \qquad\qquad R_{se} + \Sigma \tfrac{d}{\lambda} + R_{si} = R_T$$

Besonders bei Innendämmung wird deutlich, dass der tragende Bauteil durch eine massive Temperaturdifferenz zwischen Sommer und Winter ($\Delta\theta$ = 40,8 °C) beansprucht wird und zu thermischen Längenänderungen in der Konstruktion führt. Der Außenbauteil der Kerndämmung weist zwar eine noch höhere Beanspruchung auf ($\Delta\theta$ = 51,3 °C), wird aber meist als Vorsatzschale mit entsprechend großen und in Abständen unter 10 m angeordneten Fugen ausgebildet. Als grobe Abschätzung der thermischen Längenänderungen kann für die üblichen Wandbaustoffe die nachfolgende Faustformel angesetzt werden:

10 m Länge und 10 °C Temperaturdifferenz = 1 mm Dehnung

Faustformel zur Abschätzung der thermischen Längenänderungen für die üblichen Wandbaustoffe:
10 m & 10 °C = 1 mm

(010|2-19)

Wärmebrücken

010|2|3

Jede Konstruktion besteht aus einer Vielzahl von unterschiedlichsten Baustoffen, aus deren Kombination und Anordnung ein funktionsfähiges Bauwerk entstehen soll. Bei nicht sachgemäßer Verwendung dieser Materialien können sich verschiedenste Bauschäden einstellen. Eine Problemzone stellen dabei Wärmebrücken dar. Sie sind örtlich begrenzte Störungen in flächigen Bauteilen, welche Bereiche unterschiedlicher Temperaturen trennen. Diese Störungen bewirken eine Abweichung der Isothermen (Linien gleicher Temperatur) vom oberflächenparallelen Verlauf im ungestörten Bauteil und höhere oder auch niedrigere Wärmestromdichten, die nicht senkrecht zu den Oberflächen verlaufen. Prinzipiell können vier Grundtypen von Wärmebrücken unterschieden werden, die Störungen in das Wärme- und Temperaturverhalten flächiger Bauteile bringen. Es können auch Kombinationen zwischen den Gruppen auftreten.

Wärmebrücken sind örtlich begrenzte Störungen des oberflächenparallelen Verlaufes der Isothermen.

- geometrisch bedingte Wärmebrücken
- materialbedingte Wärmebrücken
- massestrombedingte Wärmebrücken
- umgebungsbedingte Wärmebrücken

Abbildung 010|2-06: geometrische Wärmebrücken – Attika
Material
Isothermen
Wärmestrom
Bild 010.2-21
Bild 010.2.22
Bild 010.2-23
Bild 010.2.24
-10 °C
+20 °C
±0 +10
±0 +10 +15

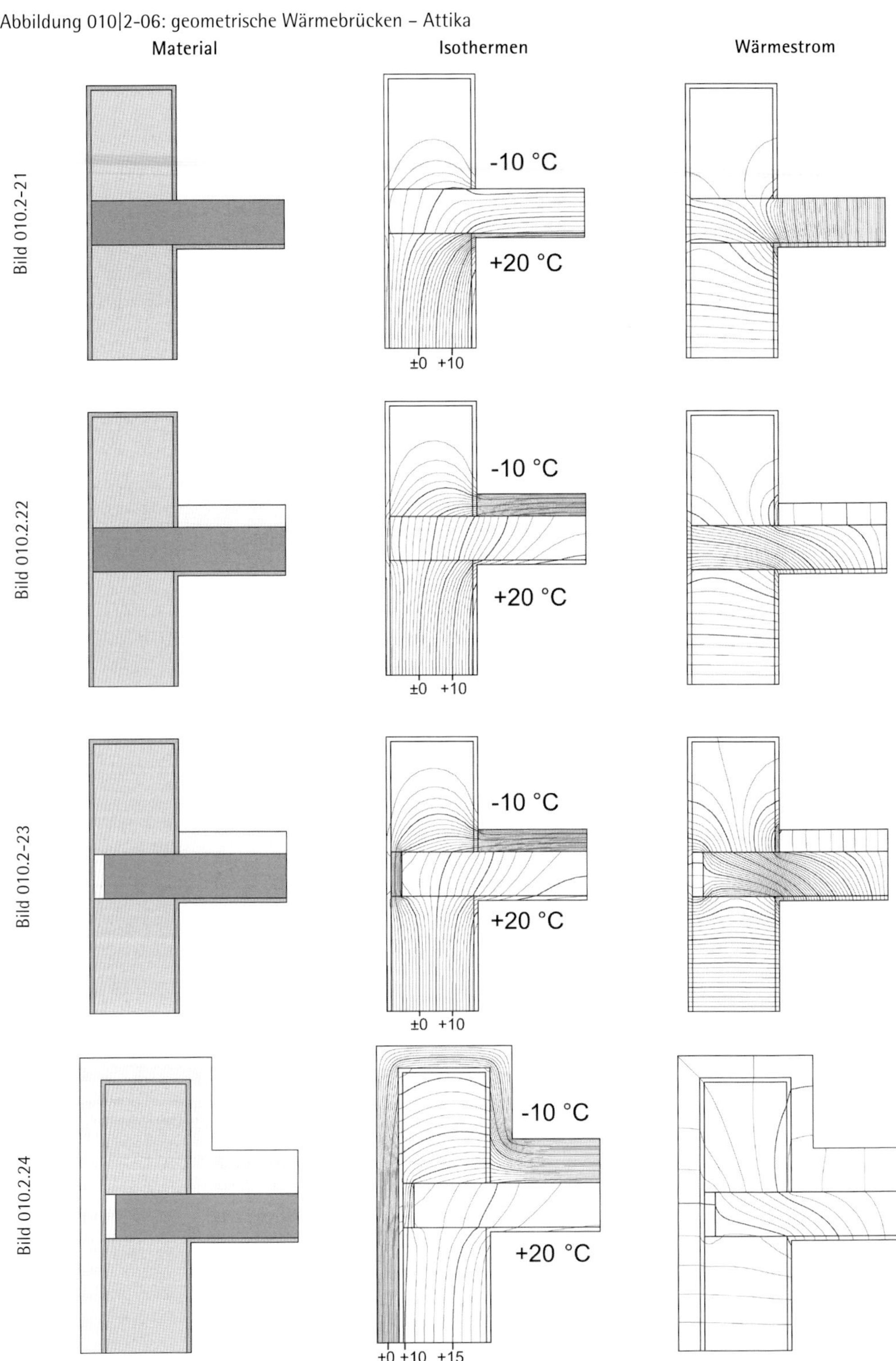

geometrisch bedingte Wärmebrücken

entstehen durch eine Veränderung des Verhältnisses von wärmeaufnehmender zu wärmeabgebender Oberfläche. Sie treten vor allem bei einer Änderung der Gestalt oder der Abmessungen des Bauteils bzw. durch die Verbindung gleicher Bauteile unter Einschließung einer Kante oder Ecke auf. Typische Vertreter dieser Gruppe sind die Kühlrippen z. B. an luftgekühlten Motoren, wo der Wärmebrückeneffekt erwünscht ist.

materialbedingte Wärmebrücken

entstehen durch einen Wechsel der wärmetechnischen Leiteigenschaften innerhalb einer oder mehrerer Bauteilschichten. Sie kommen häufig bei zusätzlichen Traggliedern hoher Festigkeit mit höheren Wärmeleitfähigkeiten und bei Verbindungsmitteln, die Bauteile oder einige ihrer Schichten durchdringen, vor.

massestrombedingte Wärmebrücken

entstehen durch einen Materialtransport mit Energieübertragung wie z. B. bei Luftundichtigkeiten oder Durchführungen von Wasserleitungen durch Bauteile.

Abbildung 010|2-07: geometrische Wärmebrücken – Wandecke

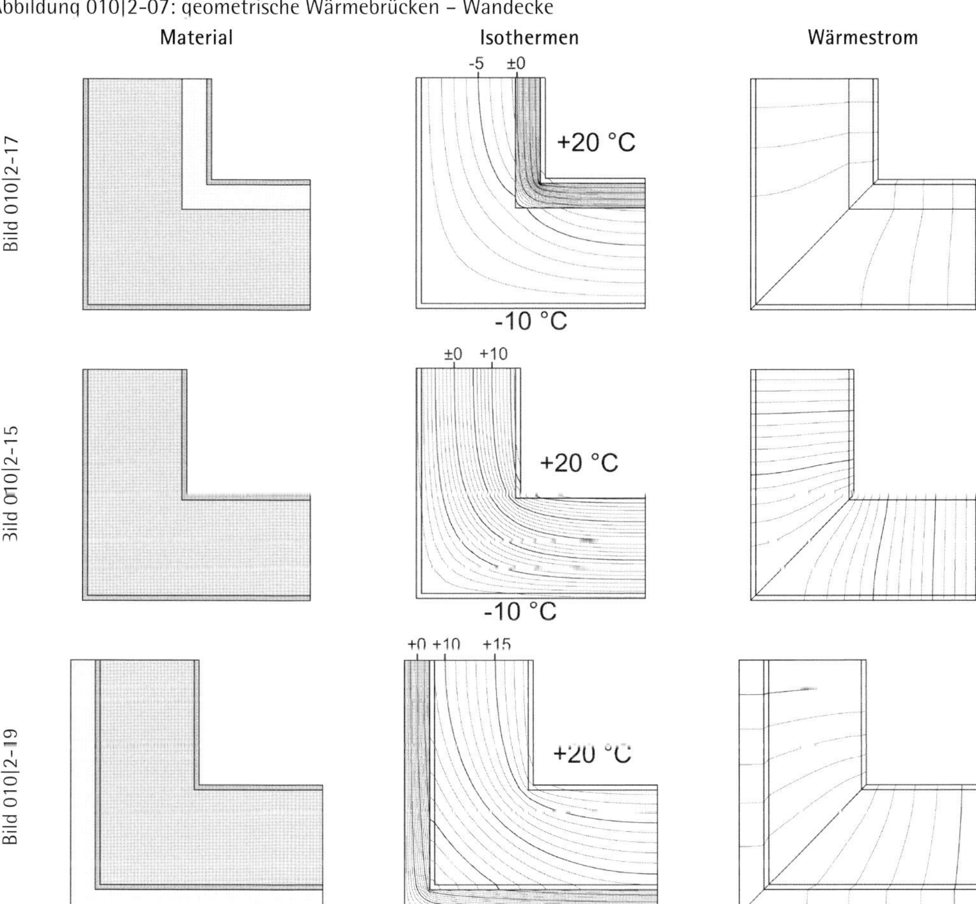

umgebungsbedingte Wärmebrücken

entstehen durch örtlich unterschiedliche Oberflächentemperaturen oder Energieangebote wie z. B. bei Heizkörpern hinter Außenwänden.

Abbildung 010|2-08: materialbedingte Wärmebrücken (Bild 010|2-25)

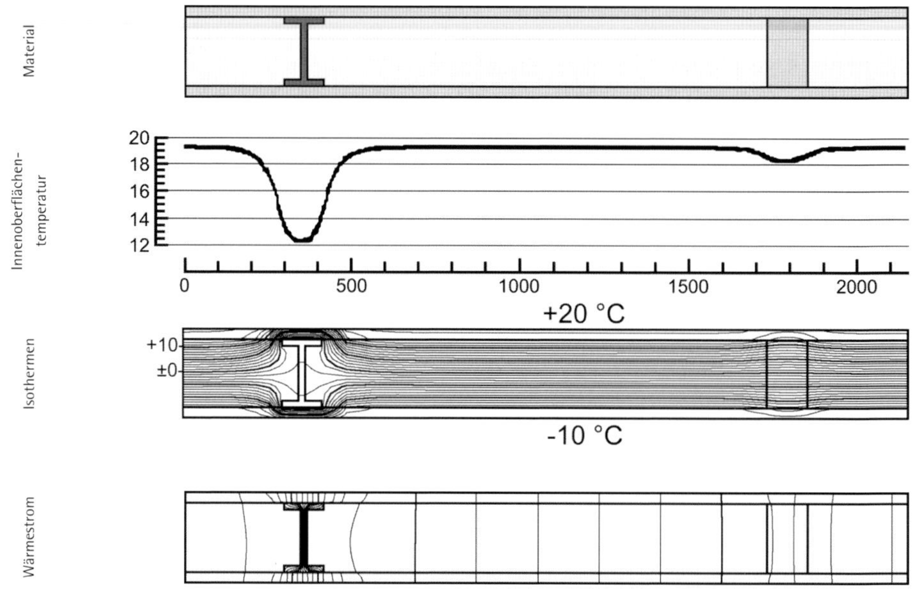

Abbildung 010|2-09: Wärmebrücken – integrierte Betonstützen (Bild 010|2-26)

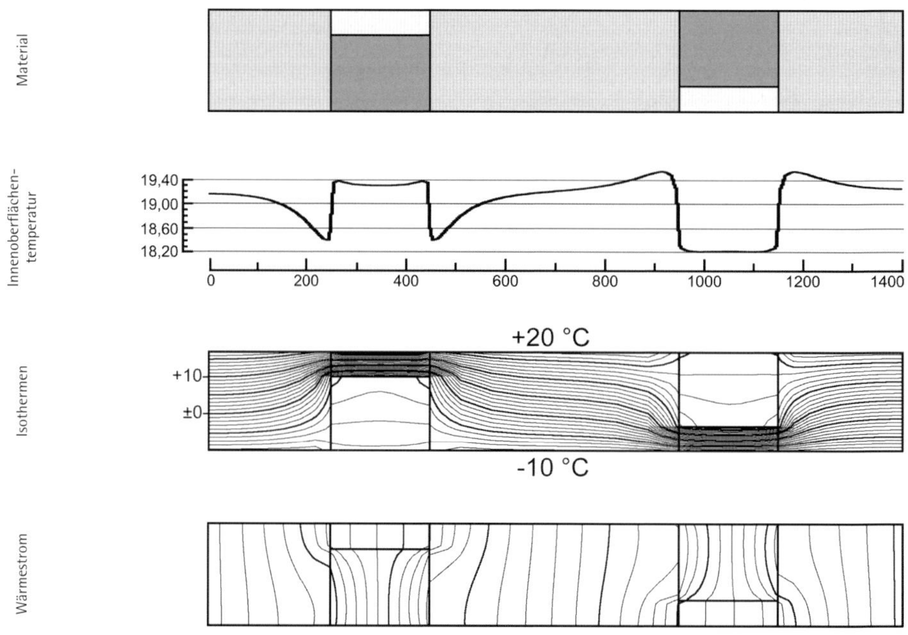

Rauminnenecken von Außenbauteilen bilden aufgrund ihrer geometrischen Ausbildung immer geometrische Wärmebrücken. Der geringen wärmeaufnehmenden Fläche auf der Innenseite steht eine große wärmeabgebende Außenfläche gegenüber, sodass in der Ecke mehr Wärme abgeführt wird als auf der Regelfläche. Gleichzeitig wird im Eckbereich die Luftbewegung vor dem Bauteil stark behindert, sodass ein höherer innerer Wärmeübergangswiderstand entsteht. Er kann vereinfacht mit dem dreifachen Wert angenommen werden. Noch kritischer ist der Temperaturabfall im Eckpunkt Wand/Wand/Decke, wenn sich über dem Raum ein unbeheizter Bereich befindet bzw. die Decke über dem Raum den oberen Abschluss des Gebäudes darstellt.

Abbildung 010|2-10: Wärmebrücke Bauteilecke

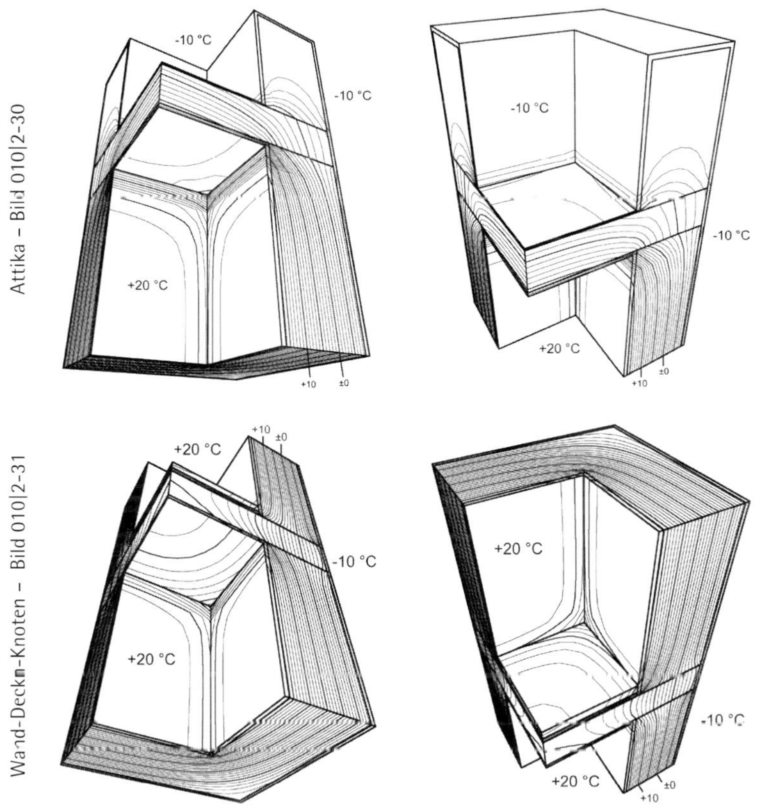

Aus bauphysikalischer Sicht sind Dämmungen an den Außen- wie auch an den Innenseiten der Raumecken möglich, um diese Wärmebrücken zu beseitigen. Von konstruktiver und architektonischer Seite her ist diese Vorgangsweise jedoch abzulehnen. Sollten Maßnahmen zur Wärmedämmung der Eckbereiche notwendig werden, wäre es besser, diese Maßnahme am gesamten Gebäude auszuführen und die Dimensionierung der Wärmedämmung an den Erfordernissen des Eckbereiches zu orientieren. Bei derartigen Bemessungen hat größte Sorgfalt zu herrschen, da die Europäischen Normen nicht eindeutige Werte für die Wärmeübergangswiderstände anwenden. Es ist daher ratsam, mit mehreren Werten eine Variationsrechnung durchzuführen oder durchgängig die ungünstigsten Werte anzusetzen.

Die ungünstige Eigenschaft der Innendämmung (Auskühlen des massiven Bauteils) macht diese Dämmweise auch in einem anderen Zusammenhang problematisch. In die Außenwände einbindende Innenbauteile kühlen stärker aus als ohne Innendämmung der Außenwand. In diesem Fall wirkt der einbindende Innenbauteil als Wärmebrücke. Bei innen hoch gedämmten Außenwänden ist die Dämmung daher ebenfalls an den Innenbauteilen bis zu einer Tiefe von mindestens 1 m anzubringen, oder die Innenbauteile sind thermisch von den Außenbauteilen zu trennen. Eine thermische Trennung würde jedoch den Verlust der aussteifenden Wirkung der Querwände zur Folge haben und dürfte nur bei Trenn- oder Scheidewänden, die nicht zur Aussteifung des Gebäudes herangezogen werden, erfolgen.

Die ungünstige Eigenschaft der Innendämmung macht diese Dämmweise auch in anderen Zusammenhängen problematisch.

Abbildung 010|2-11: Wärmebrücken Innenwandbereich

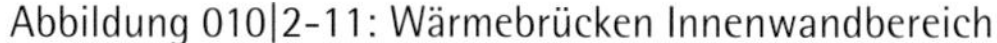

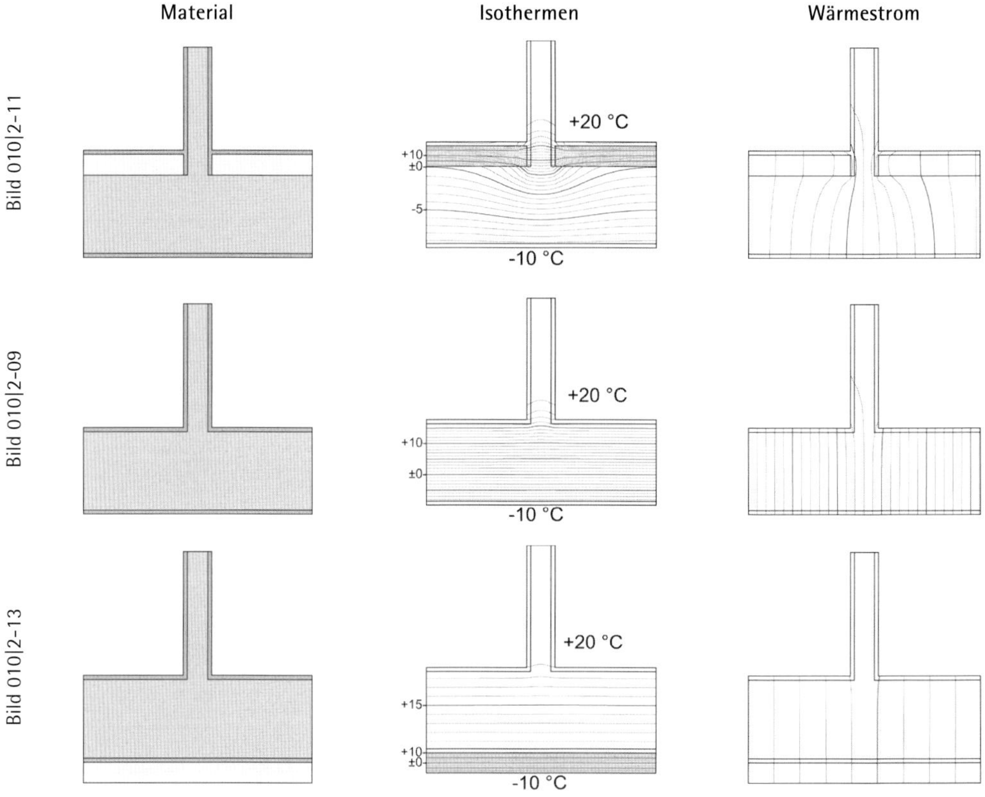

Die Wärmedämmung ist lückenlos an den Außenwänden anzubringen. Dabei sind Fensterleibungen und Wandvorsprünge mitzudämmen. An ungedämmten Leibungen oder Pfeilern besteht sowohl bei Außendämmung als auch bei Innendämmung erhöhte Gefahr der Tauwasserbildung.

Im Bereich von Übergängen zwischen Stahlbetonbauteilen und dämmendem Mauerwerk ist darauf zu achten, dass zusätzliche Dämmschichten auf dem Stahlbeton genügend weit in das Mauerwerk überlappen, da andernfalls ein seitlicher Wärmeabfluss entsteht. Die Bereiche liegen vor allem beim Übergang vom Keller in das Erdgeschoß, bei Geschoßdecken und integrierten Betonstützen, aber auch in Leichtwänden (Bereiche mit Holzbalken oder Stahlträger) vor (siehe Abbildung 010|2-08).

Im Bereich von Übergängen zwischen Stahlbetonbauteilen und dämmendem Mauerwerk ist darauf zu achten, dass zusätzliche Dämmschichten den Stahlbeton überlappen.

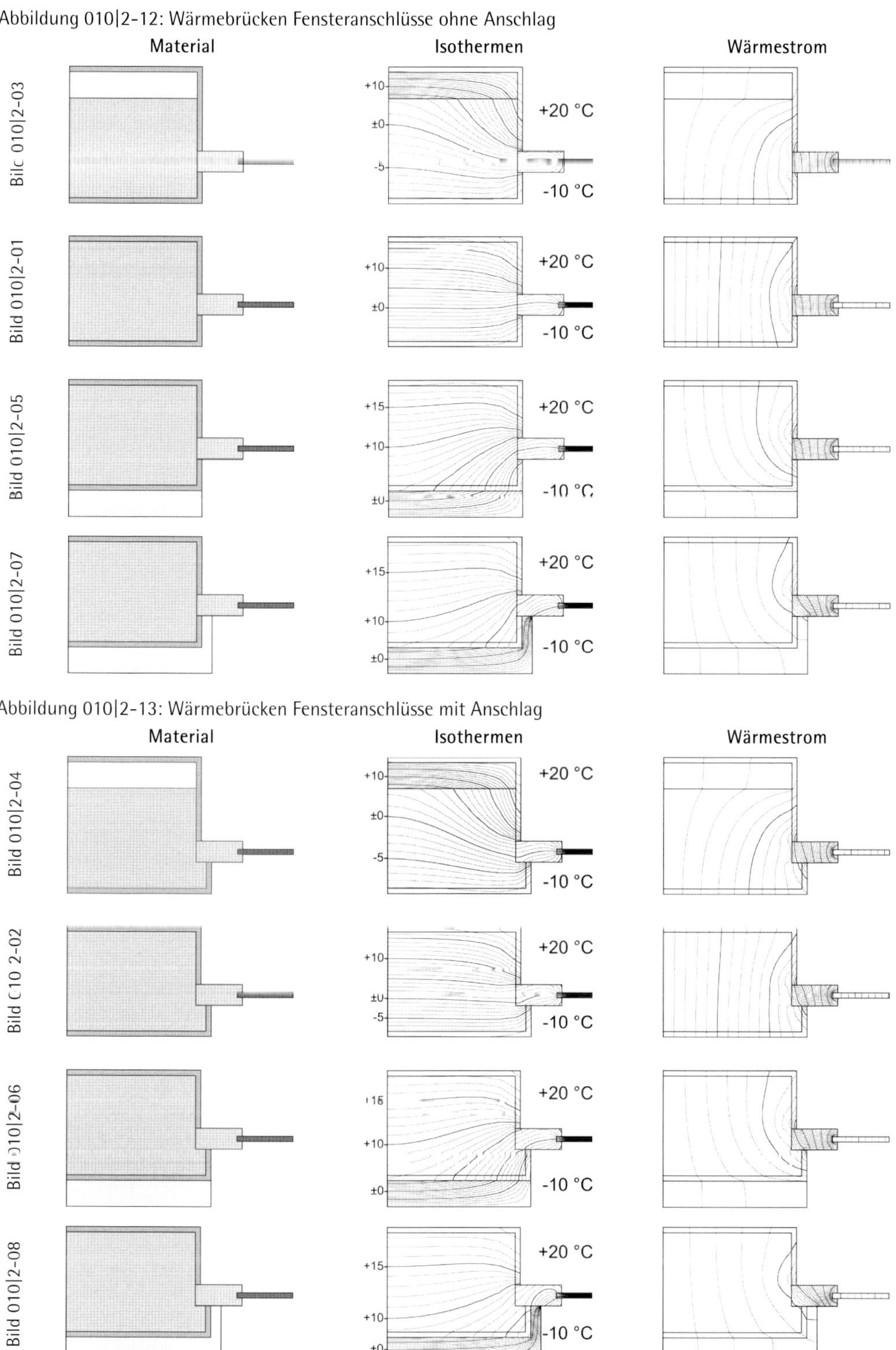

Abbildung 010|2-12: Wärmebrücken Fensteranschlüsse ohne Anschlag
Material
Isothermen
Wärmestrom
Bild 010|2-03
Bild 010|2-01
Bild 010|2-05
Bild 010|2-07
+10
±0
-5
+20 °C
-10 °C
+10
±0
+20 °C
-10 °C
+15
+10
±0
+20 °C
-10 °C
+15
+10
±0
+20 °C
-10 °C
Abbildung 010|2-13: Wärmebrücken Fensteranschlüsse mit Anschlag
Material
Isothermen
Wärmestrom
Bild 010|2-04
Bild C10 2-02
Bild 010|2-06
Bild 010|2-08
+10
±0
-5
+20 °C
-10 °C
+10
±0
-5
+20 °C
-10 °C
+15
+10
±0
+20 °C
-10 °C
+15
+10
±0
+20 °C
-10 °C

Abbildung 010|2-14: Wärmebrücken – Deckenanbindung
Material
Isothermen
Wärmestrom
Bild 010|2-12
+20 °C
-10 °C
-5   ±0   +10
Bild 010|2-10
+20 °C
-10 °C
±0   +10
Bild 010|2-14
+20 °C
-10 °C
±0   +15
+20 °C
-10 °C
±0   +10   +15

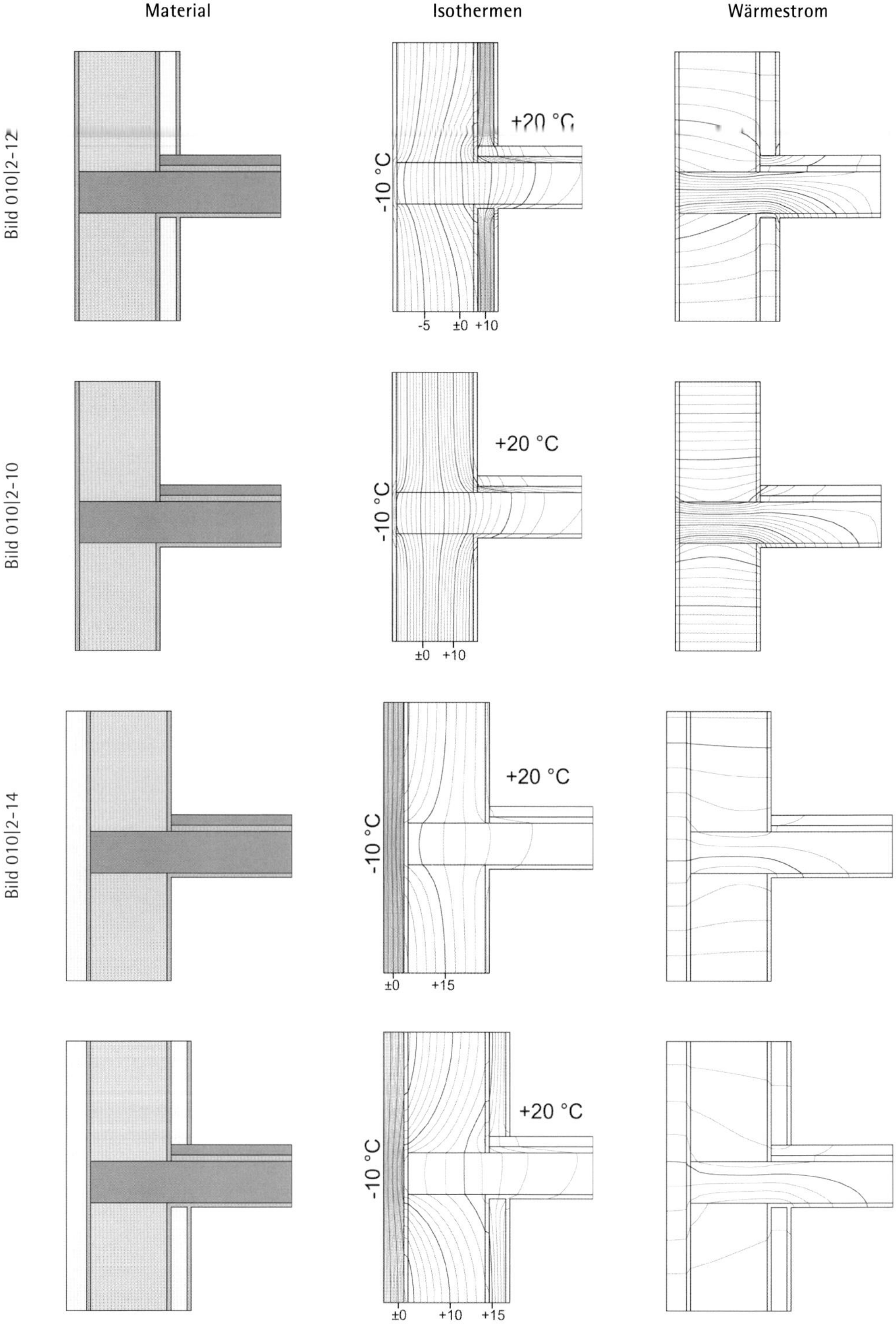

In Analogie zum Wärmedurchgangskoeffizienten U kann jener Wärmestrom pro Längeneinheit und Temperaturdifferenz ermittelt werden, der durch eine zweidimensionale Wärmebrücke entsteht und somit die flächenmäßig erfassbaren Leitwerte bezogen auf die U-Werte verändert. Diesen Wert nennt man gemäß ÖNORM EN ISO 10211-1 [176] den ψ-Wert [W/mK]. Seine Berechnung erfolgt im Allgemeinen durch wärmeschutztechnische Simulationsrechnung mit Finite-Element-Verfahren oder besser Finite-Differenzen-Verfahren. Dabei werden geometrische Ersatzmodelle zweidimensionaler Wärmebrücken eingegeben und der Leitwert bezogen auf die Gesamtkonstruktion ermittelt. Aufgrund der Kenntnis der die Wärmebrücke umgebenden ebenen Bauteile ist jener Wert ermittelbar, der die thermische Qualität der Wärmebrücke beschreibt.

Naturgemäß ergeben sich unterschiedliche Betrachtungsweisen der geometrischen Verhältnisse. So kann beispielsweise eine Außenecke dadurch beschrieben werden, dass die die Wärmebrücke „Außenecke" begrenzenden Bauteile mit ihren Außenabmessungen oder mit ihren Innenabmessungen in die Formel eingesetzt werden. Dadurch erhält man zwei unterschiedliche Ergebnisse. Aufgrund der Tatsache, dass für die weiterfolgenden Berechnungen grundsätzlich von Außenabmessungen ausgegangen wird (Bruttovolumen, Bruttogeschoßfläche etc.), wird für die gegenständlichen Betrachtungen ausschließlich jener Fall herangezogen, für den die Außenabmessungen einzusetzen sind. Dies ergibt am Beispiel Außenecke gerade für diesen Fall nahezu immer negative Ergebnisse, da die Multiplikation von Wärmedurchgangskoeffizient und Außenfläche nahezu stets größer ist als der Leitwert durch eine derartige Außenecke. Als Konvention wird angenommen, dass negative ψ-Werte nicht in Rechnung zu stellen sind.

Der längenbezogene thermische Leitwert entspricht einem Wärmestrom pro Längeneinheit und Temperaturdifferenz von 1 K.

$$\psi = L^{2D} - \sum_j U_j \cdot \ell_j$$

(010|2-20)

L^{2D}	längenbezogener thermischer Leitwert 2D-Berechnung	W/(mK)
U_j	Wärmedurchgangskoeffizient des Bauteils	W/(m²K)
ℓ_j	Länge des Bauteils	m

Beispiel 010|2-08: ψ-Wert-Berechnung Stahlbetonwand

20 cm Stahlbetonaußenwand beidseitig verputzt, 20 cm starke Decke

Berechnung ψ-Wert homogene Außenwand			
Wärmedurchgangskoeffizient	[W/(m²K)]	$U =$	3,682
Länge (2×1,00 m+0,20 m)	[m]	$\ell =$	2,200
	[W/(mK)]	$U \cdot \ell =$	8,100
2D-Leitwert (aus 2D-Berechnung)	[W/(mK)]	$L^{2D} =$	8,318
ψ-Wert	[W/(mK)]		0,218

Beispiel 010|2-09: ψ-Wert-Berechnung Stahlbetonwand mit Wärmedämmverbundsystem

20 cm Stahlbetonaußenwand mit 10 cm dickem Wärmedämmverbundsystem beidseitig verputzt, 20 cm starke Decke

Berechnung ψ-Wert homogene Außenwand			
Wärmedurchgangskoeffizient	[W/(m²K)]	$U =$	0,234
Länge (2×1,00 m+0,20 m)	[m]	$\ell =$	2,200
	[W/(mK)]	$U \cdot \ell =$	0,515
2D-Leitwert (aus 2D-Berechnung)	[W/(mK)]	$L^{2D} =$	0,515
ψ-Wert	[W/(mK)]		0,000

Anmerkung: Durch die Dämmung an der Wandaußenseite stellt die einbindende Decke keine Wärmebrücke mehr dar, der ψ-Wert = 0.

Betrachtet man ein gesamtes Gebäude oder einen Gebäudeteil, so erhält man aus der Summierung der Multiplikationen sämtlicher Wärmebrückenlängen mit deren Wärmebrückenkorrekturkoeffizienten die Wärmebrückenwirkung aufgrund linienförmiger Wärmebrücken.

χ Wert

In Analogie zum ψ-Wert beschreibt der χ-Wert die Wärmebrückenwirkung von punktuellen Wärmebrücken. Dies können zum Beispiel aufgrund geometrischer Verhältnisse dreidimensionale Knoten oder aufgrund konstruktionsbedingter Verhältnisse Verankerungen, Dübel oder Ähnliches sein. Die Berechnung erfolgt analog zum vorherigen Abschnitt gemäß der Beziehung:

$$\chi = L^{3D} - \sum_j L_j^{2D} \cdot \ell_j - \sum_j U_j \cdot A_j$$

(010|2-21)

L^{3D}	thermischer Leitwert aus 3D-Berechnung	W/K
A_j	Fläche des Bauteils	m²
ℓ_j	Länge der Wärmebrücke	m

χ

Thermische Leitwerte

Der Leitwert L_e gibt den thermischen Leitwert für Bauteile, die den konditionierten Innenraum und die Außenluft thermisch verbinden, an.

$$L_e = \sum_j A_j \cdot U_j$$

(010|2-22)

A_j	Flächeninhalte jener Teilflächen j der Gebäudehülle, für die eindimensionale Wärmeleitung angenommen wird	m²
U_j	Wärmedurchgangskoeffizient der Teilflächen j	W/(m²K)

Zusätzlich sind noch Wärmebrücken, Transmissionsverluste über Pufferräume und Transmissionsverluste über Erdreich zu berücksichtigen.

Der Leitwert L_u stellt den thermischen Leitwert für Bauteile, die den beheizten Innenraum über unbeheizte Räume mit der Außenluft verbinden, dar.

$$L_u = L_{i,u} \cdot \frac{L_{u,e} + L_{V,u,e}}{L_{i,u} + L_{u,e} + L_{V,u,e}}$$

(010|2-23)

L_e
L_u

$$L_{V,u,e} = 0{,}33 \cdot n_{L,u} \cdot V_{f,u}$$

(010|2-24)

$n_{L,u}$	Luftwechsel zw. unbeheiztem Raum und Außenraum ≈ 0,5/h, sofern keine genauen Werte bekannt sind	1/h
$V_{f,u}$	freies Luftvolumen des unbeheizten Raumes	m³

$$L_{i,u} = \sum A_{i,u} \cdot U_{i,u} + \sum \ell_{\psi,i,u} \cdot \psi_{i,u} + \sum \chi_{i,u}$$
$$L_{u,e} = \sum A_{u,e} \cdot U_{u,e} + \sum \ell_{\psi,u,e} \cdot \psi_{u,e} + \sum \chi_{u,e}$$

(010|2-25)

Ebenso stellt der Leitwert L_g jenen thermischen Leitwert für Bauteile, die den beheizten Innenraum über den Boden mit dem Außenraum thermisch verbinden, dar. Für diese Verluste gegen das Erdreich können entweder die

L_g

exakten Rechenvorschriften gemäß ONORM EN ISO 13370 oder die vereinfachten Ansätze unter Verwendung von Temperaturkorrekturfaktoren herangezogen werden.

Energiekennzahlen

Die Diskussion über die verschiedenen Energiekennzahlen und dabei insbesondere die Frage, welche die Beste sei, ist vermutlich nie enden wollend. Ganz pragmatisch gibt es mittlerweile drei Arten von Energiekennzahlen, wo deren Attribute eher umgangssprachlich verkürzt als exakt definierend zu verstehen sind.

1. baupyhsikalische Energiekennzahlen, wie der Heizwärmebedarf und der Kühlbedarf
2. gebäudetechnische Energiekennzahlen, wie der Heizenergiebedarf und der Kühlenergiebedarf bzw. der Beleuchtungsenergiebedarf
3. abgeleitete Energiekennzahlen bzw. Indikatoren wie der Primärenergie-bedarf oder die Treibhausgasemissionen

Alle diese Energiekennzahlen tragen die Einheit kWh/m²a (oder allenfalls kWh/m³a) bzw. der Indikator für die Treibhausgasemissionen die Einheit kg/m²a. Dabei ist gerade der Heizwärmebedarf grenzgängerisch unterwegs, zumal er auch als Anlagentechnik eine RLT-Anlage mit Wärmerückgewinnung beinhalten kann, nicht jedoch die energetischen Aufwände für die Luftförderung, die aber Voraussetzung für die Erträge sind. Nicht zuletzt aus diesem Grund basieren mittlerweile Anforderungen auf dem Referenzheizwärmebedarf, der allfällige Erträge aus Wärmerückgewinnung nicht berücksichtigt.

Darüber hinaus gibt es Größen, die den Versuch unternehmen, den Begriff der Gesamtenergieeffizienz (energy performance) bestmöglich zu beschreiben, wobei sowohl einer Effizienzgröße als vermutlich auch einer Performance-Größe Dimensionslosigkeit zu eigen ist. Darunter fällt der Gesamt-energieeffizienz-Faktor.

> Energiekennzahlen sollten hinsichtlich ihrer Definition und deren Eingangs-parameter genau hinterfragt werden.

HWB-Wert

Grundsätzlich ist aber der Heizwärmebedarf (exakt der Referenz-heizwärmebedarf) eines Gebäudes wohl die nachvollziehbarste Energie-kennzahl, die derzeit in Verwendung ist. Er ist als Übergang zwischen einer reinen Betrachtung der thermischen Qualität der Gebäudehülle und einer sehr weiten Betrachtungsweise des Endenergiebedarfs, für den naturgemäß vor allem auch die haustechnische Qualität von entscheidender Bedeutung ist, oder gar Betrachtungsweisen der CO_2-Emissionen, die dann auch auf einen eventuellen Energieträgermix eingehen müssen, anzusehen. Wichtig ist aber dabei jedenfalls, sich stets eine gewisse Abstraktheit jeder dieser Energiekennzahlen vor Augen zu führen, da die Randbedingungen, unter denen sie berechnet werden, jedenfalls als Idealisiert bezeichnet werden dürfen und niemals auch nur annähernd auf etwaige Komfortwerte aus dem täglichen Nutzerverhalten eingehen können und wollen.

In der ÖNORM EN 832 [110] wurde dieser Begriff erstmals eingeführt und in der ÖNORM EN ISO 13790 [188] weiterentwickelt. Der Heizwärmebedarf Q_h wird gemäß dem prinzipiellen Zusammenhang nach Formel (010|2-26) berechnet. Dies entspricht den Verlusten infolge Transmission und Ventilation vermindert um die nutzbaren inneren und solaren Gewinne.

$$Q_h = Q_\ell - \eta \cdot Q_g \qquad (010|2\text{-}26)$$

Q_h	Heizwärmebedarf (h … englisch: heat)	kWh/Zeit
Q_ℓ	Wärmeverluste (ℓ … englisch: loss)	kWh/Zeit
η	Ausnutzungsgrad	-
Q_g	Wärmegewinne (g … englisch: gain)	kWh/Zeit

KB-Wert 010|2|4|2

Ebenso wird der Kühlbedarf Q_c gemäß folgendem prinzipiellen Zusammenhang berechnet, dies entspricht den nicht nutzbaren inneren und solaren Gewinnen.

$$Q_c = (1 - \eta) \cdot Q_g \qquad (010|2\text{-}27)$$

Q_c	Kühlbedarf (c … englisch: cool)	kWh/Zeit
η	Ausnutzungsgrad	-
Q_g	Wärmegewinne (g … englisch: gain)	kWh/Zeit

Thermische Qualitätsklassen 010|2|5

In ÖNORM B 8110-5 [100] wurde der Versuch unternommen, die Ergebnisse aus der HWB-Berechnung mit verbalen Beurteilungen zu versehen. Dabei musste natürlich auch der Bestand seine Entsprechung finden. Heutige Mindestvorschriften (Bautechnische Vorschriften), Energiespar-Gebäude und Niedrigenergie-Gebäude stellen die tägliche Praxis in der wärmeschutztechnischen Planung dar. Auf eine Standardisierung des Passivhauses im normativen Sinne wird noch gewartet.

Tabelle 010|2-04: HWB_{BGF}-Wert als Beurteilung für die thermische Gebäudequalität ÖNORM B 8110-5 [100]

Referenzlinie für HWB_{BGF}		HWB_{BGF} bei charakteristischer Länge [m]					verbale Beurteilung
$HGT = 3400 \cdot K \cdot d$		1,0	1,5	2,0	3,0	4,0	
		[kWh/m²]					
>82	$(1+2/\ell_c)$	>246	>191	>164	>137	>123	völlig unzureichender Wärmeschutz bauhygienisch bedenklich, nicht mehr wirtschaftlich beheizbar (typisch für ländliche Gebäude, Bauten aus der frühen Gründerzeit oder Bauten aus 1945 bis 1970)
82	$(1+2/\ell_c)$	246	191	164	137	123	unzureichender Wärmeschutz hohe Priorität bezüglich thermischer Verbesserung der Gebäudehülle
61	$(1+2/\ell_c)$	183	142	122	102	92	mangelhafter Wärmeschutz; thermische Sanierung sehr lohnend (typisch für den Wohnbau der 50er- bis 70er-Jahre)
41	$(1+2/\ell_c)$	123	96	82	68	62	Wärmeschutz gemäß Mindestvorschriften zur Wahrung der Bauhygiene
33	$(1+2/\ell_c)$	99	77	66	55	50	deutlich verbesserter Wärmeschutz gegenüber dem Wärmeschutz gemäß Mindestvorschriften
26	$(1+2/\ell_c)$	78	61	52	43	39	Energiespar-Gebäude
17	$(1+2,5/\ell_c)$	60	45	38	31	28	Niedrigenergie-Gebäude
10	$(1+3/\ell_c)$	40	30	25	20	18	Niedrigstenergie-Gebäude

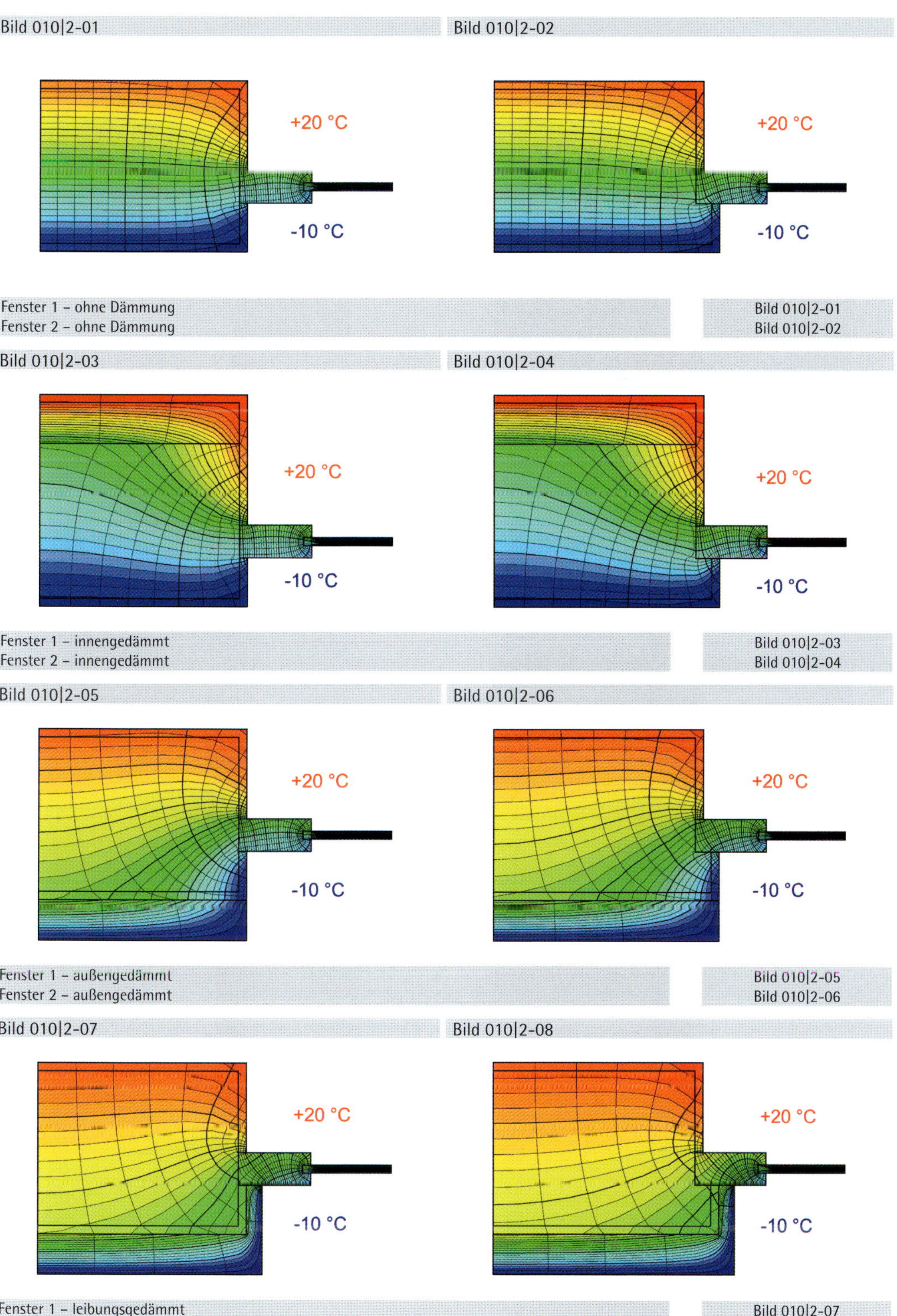

Bild 010|2-01
+20 °C
-10 °C
Bild 010|2-02
+20 °C
-10 °C
Fenster 1 – ohne Dämmung
Fenster 2 – ohne Dämmung
Bild 010|2-01
Bild 010|2-02
Bild 010|2-03
+20 °C
-10 °C
Bild 010|2-04
+20 °C
-10 °C
Fenster 1 – innengedämmt
Fenster 2 – innengedämmt
Bild 010|2-03
Bild 010|2-04
Bild 010|2-05
+20 °C
-10 °C
Bild 010|2-06
+20 °C
-10 °C
Fenster 1 – außengedämmt
Fenster 2 – außengedämmt
Bild 010|2-05
Bild 010|2-06
Bild 010|2-07
+20 °C
-10 °C
Bild 010|2-08
+20 °C
-10 °C
Fenster 1 – leibungsgedämmt
Fenster 2 – leibungsgedämmt
Bild 010|2-07
Bild 010|2-08

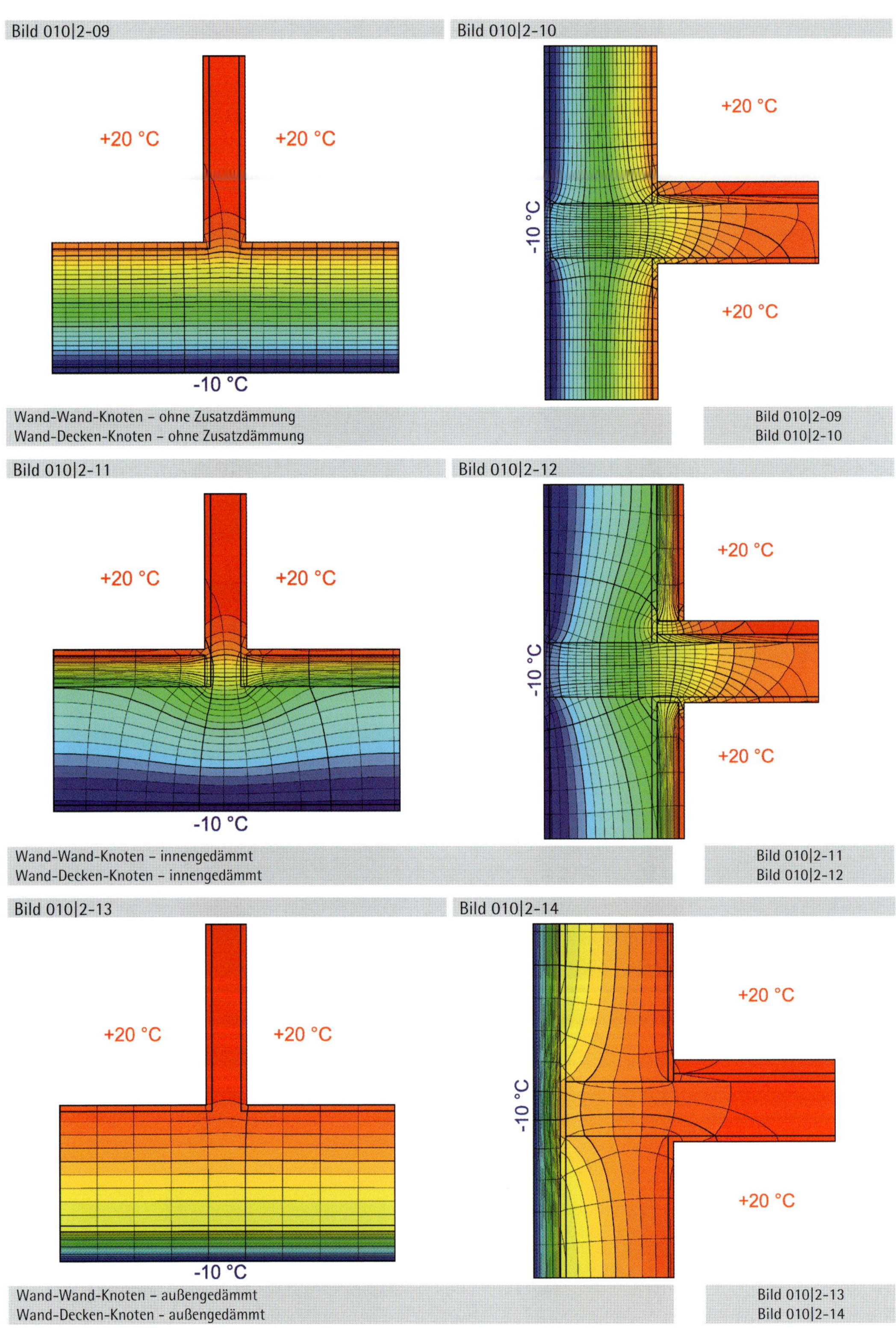

Bild 010|2-09
+20 °C
+20 °C
-10 °C
Bild 010|2-10
+20 °C
-10 °C
+20 °C
Wand-Wand-Knoten – ohne Zusatzdämmung
Wand-Decken-Knoten – ohne Zusatzdämmung
Bild 010|2-09
Bild 010|2-10
Bild 010|2-11
+20 °C
+20 °C
-10 °C
Bild 010|2-12
+20 °C
-10 °C
+20 °C
Wand-Wand-Knoten – innengedämmt
Wand-Decken-Knoten – innengedämmt
Bild 010|2-11
Bild 010|2-12
Bild 010|2-13
+20 °C
+20 °C
-10 °C
Bild 010|2-14
+20 °C
-10 °C
+20 °C
Wand-Wand-Knoten – außengedämmt
Wand-Decken-Knoten - außengedämmt
Bild 010|2-13
Bild 010|2-14

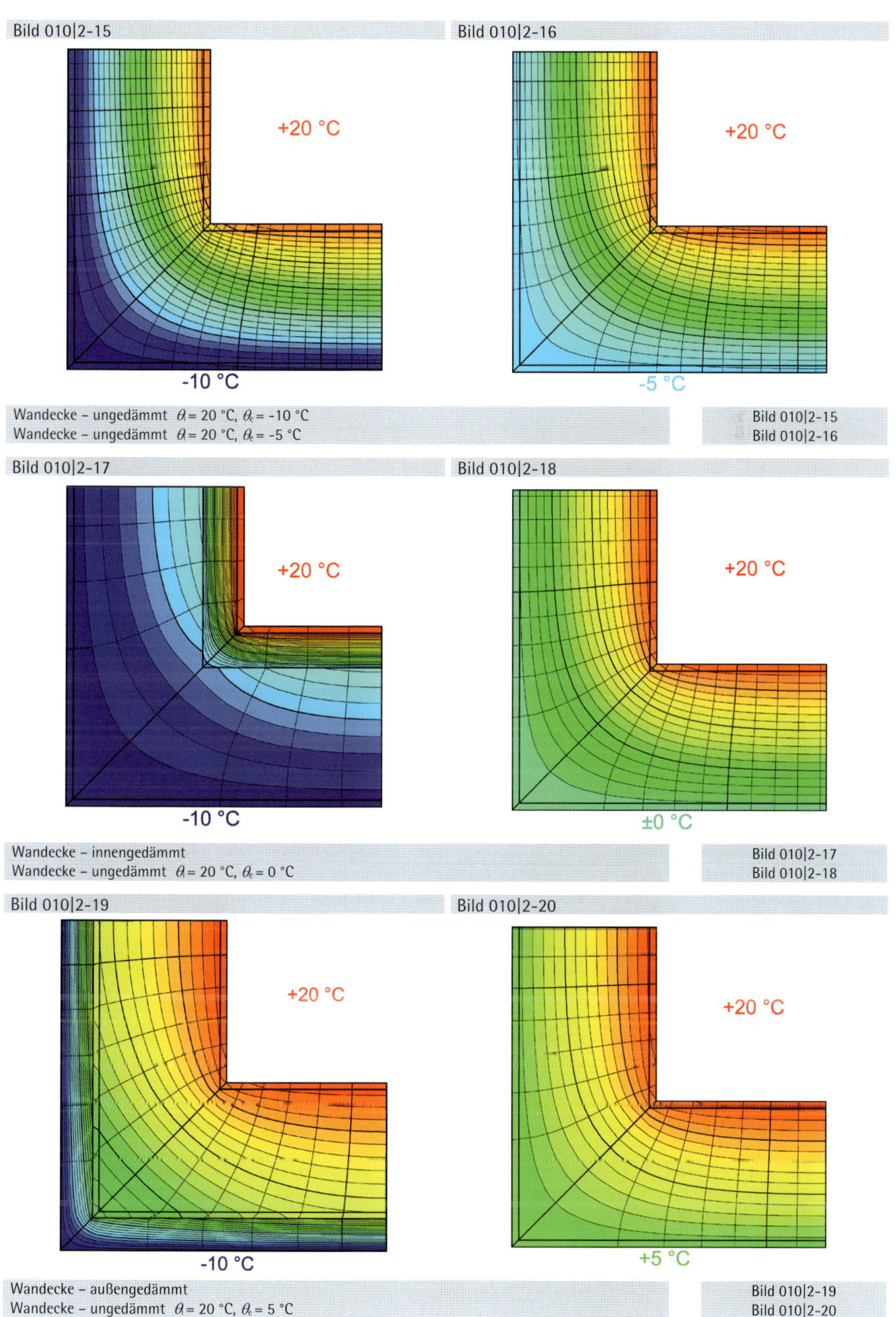

Bild 010|2-15
+20 °C
-10 °C
Bild 010|2-16
+20 °C
-5 °C
Wandecke – ungedämmt θ_i = 20 °C, θ_e = -10 °C
Wandecke – ungedämmt θ_i = 20 °C, θ_e = -5 °C
Bild 010|2-15
Bild 010|2-16
Bild 010|2-17
+20 °C
-10 °C
Bild 010|2-18
+20 °C
±0 °C
Wandecke – innengedämmt
Wandecke – ungedämmt θ_i = 20 °C, θ_e = 0 °C
Bild 010|2-17
Bild 010|2-18
Bild 010|2-19
+20 °C
-10 °C
Bild 010|2-20
+20 °C
+5 °C
Wandecke – außengedämmt
Wandecke – ungedämmt θ_i = 20 °C, θ_e = 5 °C
Bild 010|2-19
Bild 010|2-20

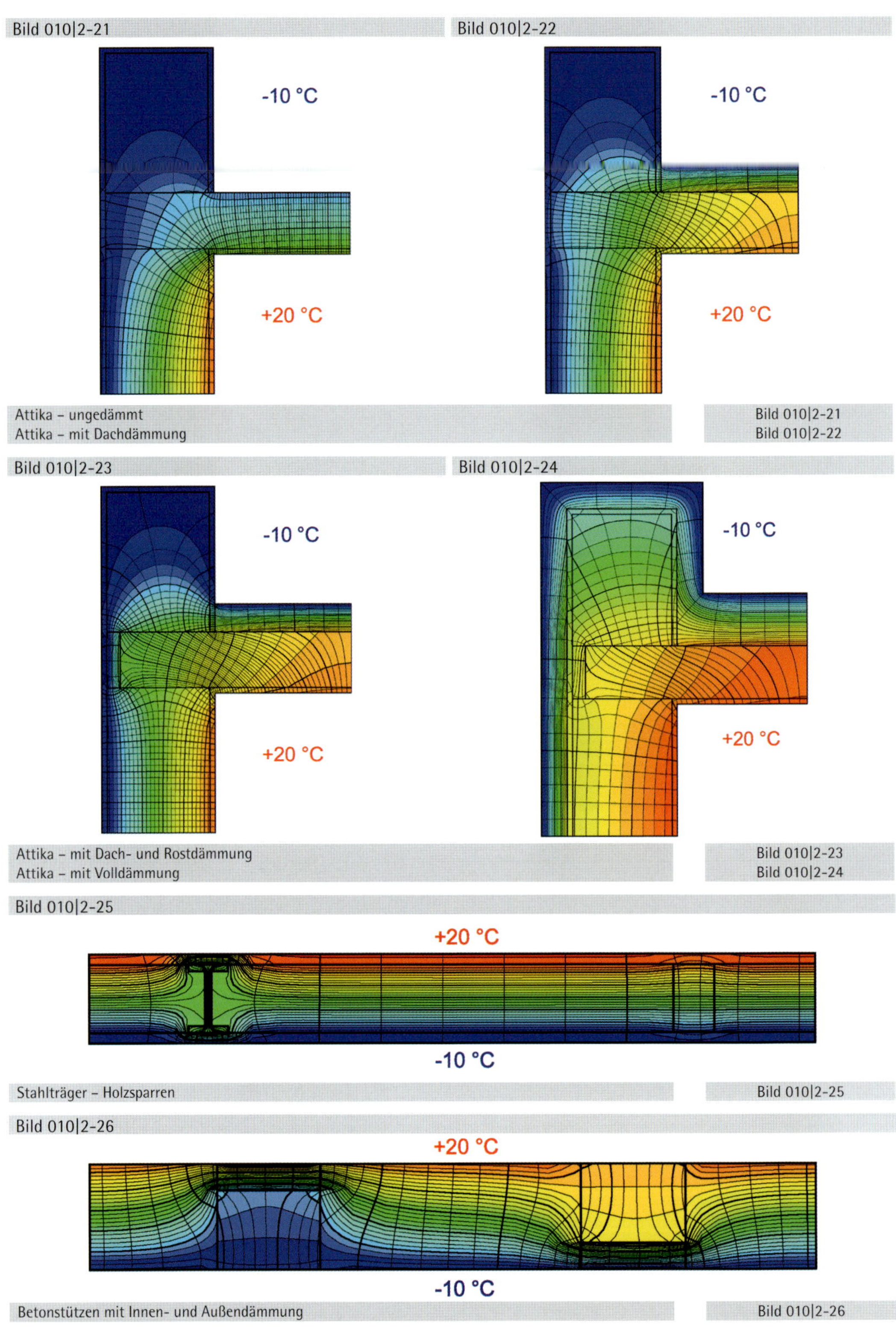

Bild 010|2-21
-10 °C
+20 °C
Bild 010|2-22
-10 °C
+20 °C
Attika – ungedämmt
Attika – mit Dachdämmung
Bild 010|2-21
Bild 010|2-22
Bild 010|2-23
-10 °C
+20 °C
Bild 010|2-24
-10 °C
+20 °C
Attika – mit Dach- und Rostdämmung
Attika – mit Volldämmung
Bild 010|2-23
Bild 010|2-24
Bild 010|2-25
+20 °C
-10 °C
Stahlträger – Holzsparren
Bild 010|2-25
Bild 010|2-26
+20 °C
-10 °C
Betonstützen mit Innen- und Außendämmung
Bild 010|2-26

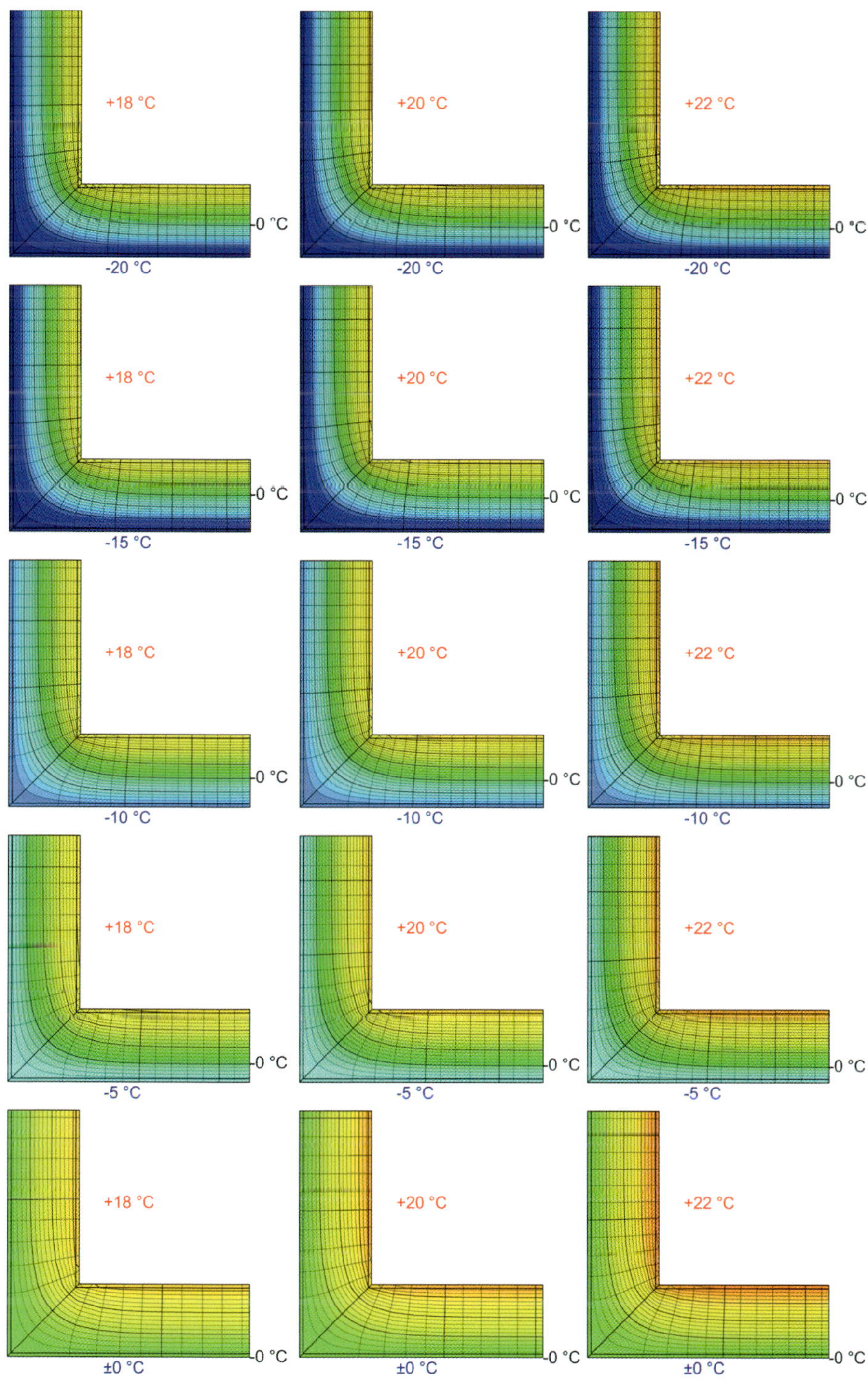

Wandecke – Variation der Außen- und Innentemperaturen

Bild 010|2-27

Kamera Infrarot-Thermovision
Messbild Infrarot-Thermovision

Bild 010|2-28
Bild 010|2-29

Bild 010|2-30

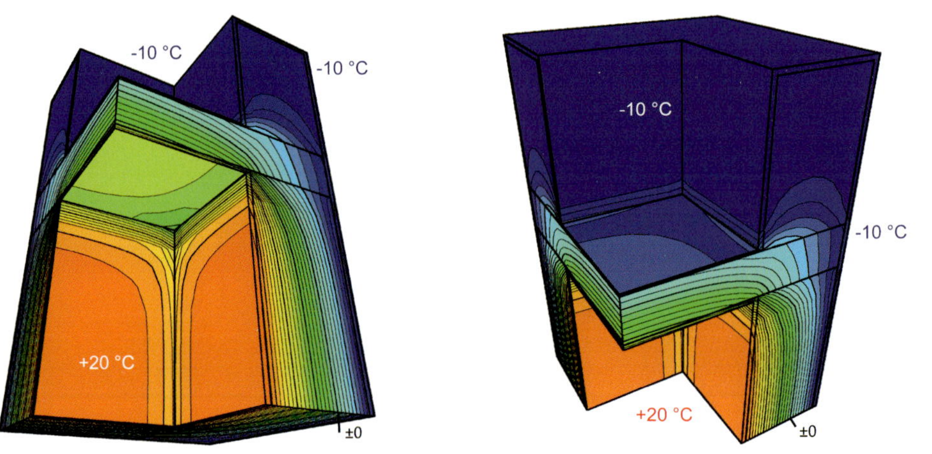

Attika – ungedämmt

Bild 010|2-30

Bild 010|2-31

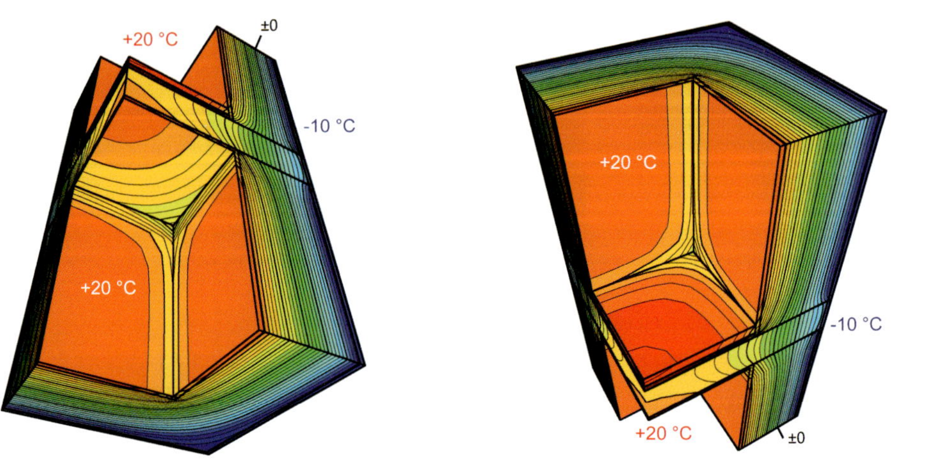

Wand-Decken-Knoten – ungedämmt

Bild 010|2-31

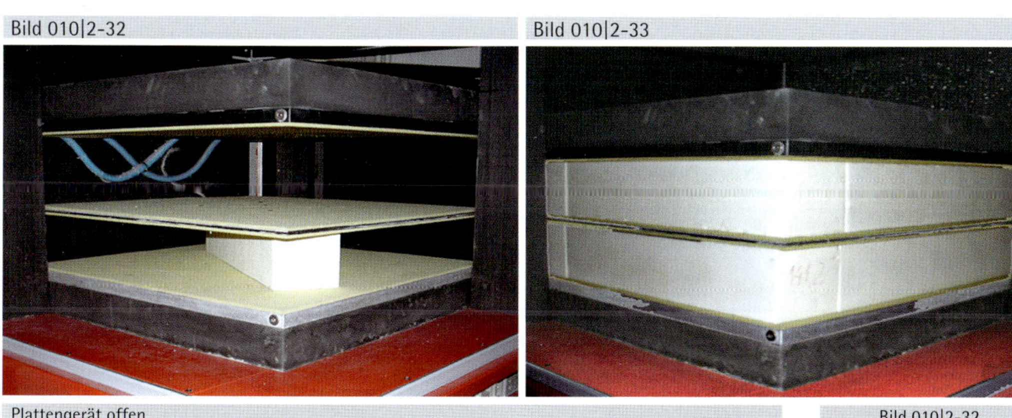

Bild 010|2-32

Bild 010|2-33

Plattengerät offen
Plattengerät mit Probe

Bild 010|2-32
Bild 010|2-33

Bild 010|2-34

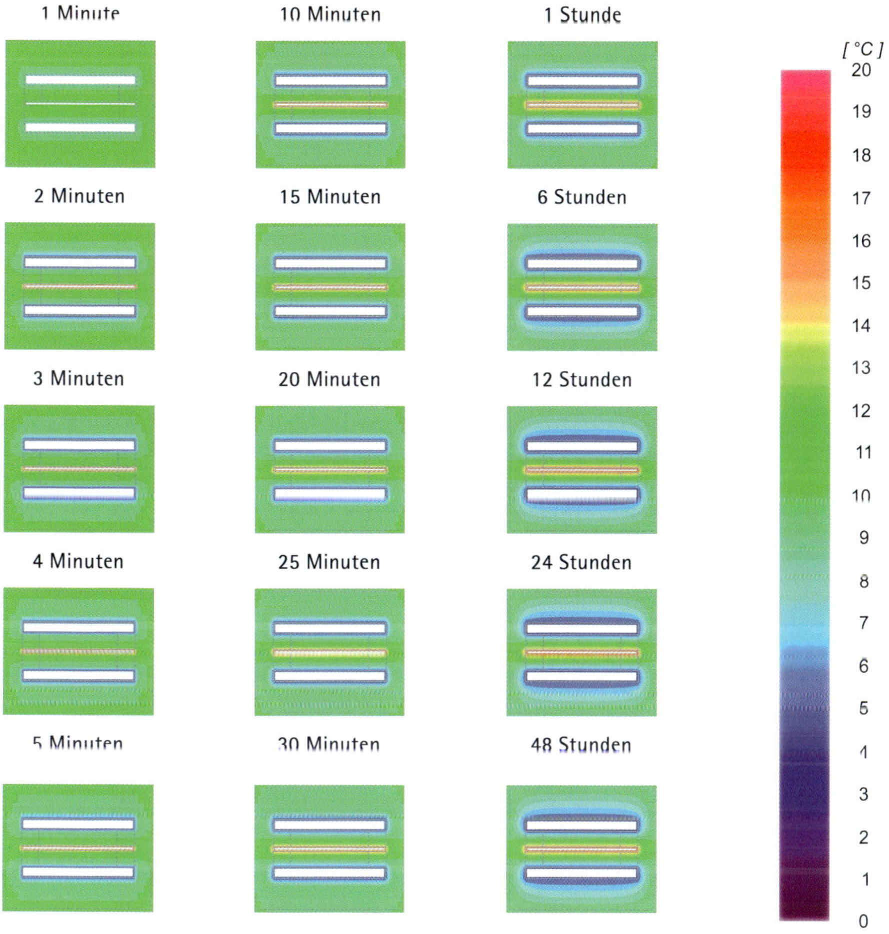

Simulationsrechnung Plattengerät

Bild 010|2-34

Kapazitätsmessungen

Bild 010|2-37

Simulationsrechnung Kapazitätsmessung

Bild 010|2-37

Die Bauphysik- und Energieausweis Software
ArchiPHYSIK
Mit BIM planen!
Datentausch mit
ARCHICAD von Graphisoft
SketchUp von Trimble
archiava.at | archiphysik.at
WÄRMEPUMPE
Die beste Gesamtenergieeffizienz für Ihr Gebäude
Mehr Informationen unter:
www.waermepumpe-austria.at
WÄRMEPUMPE
AUSTRIA

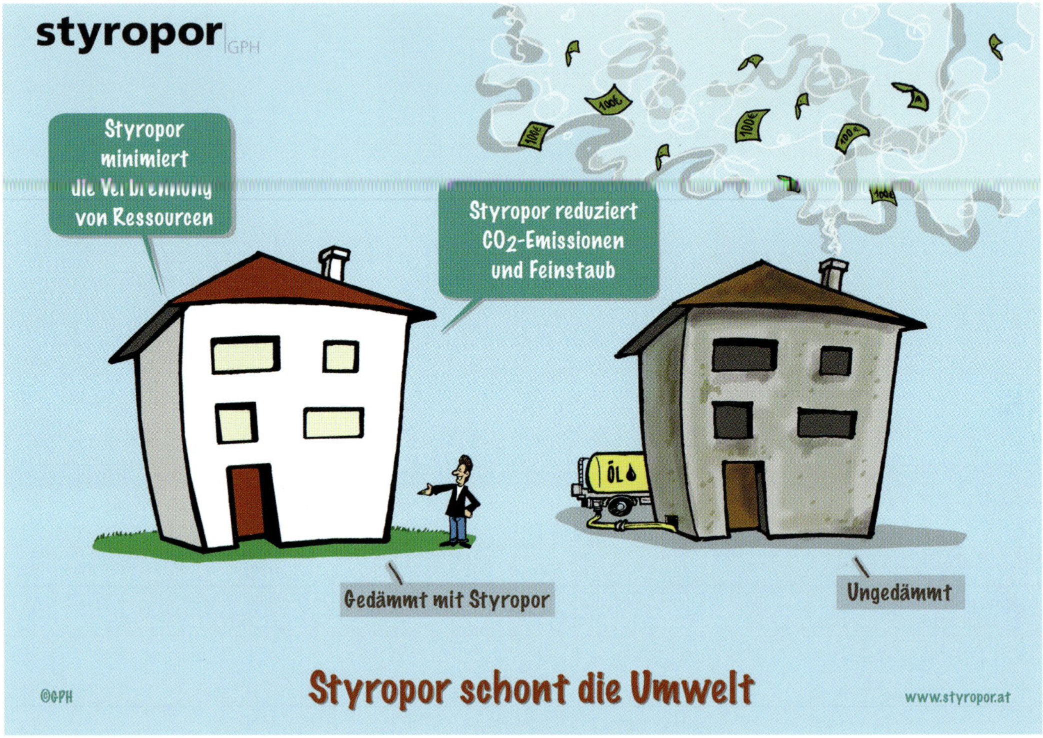

styropor GPH
Styropor minimiert die Verbrennung von Ressourcen
Styropor reduziert CO_2-Emissionen und Feinstaub
ÖL
Gedämmt mit Styropor
Ungedämmt
©GPH
Styropor schont die Umwelt
www.styropor.at

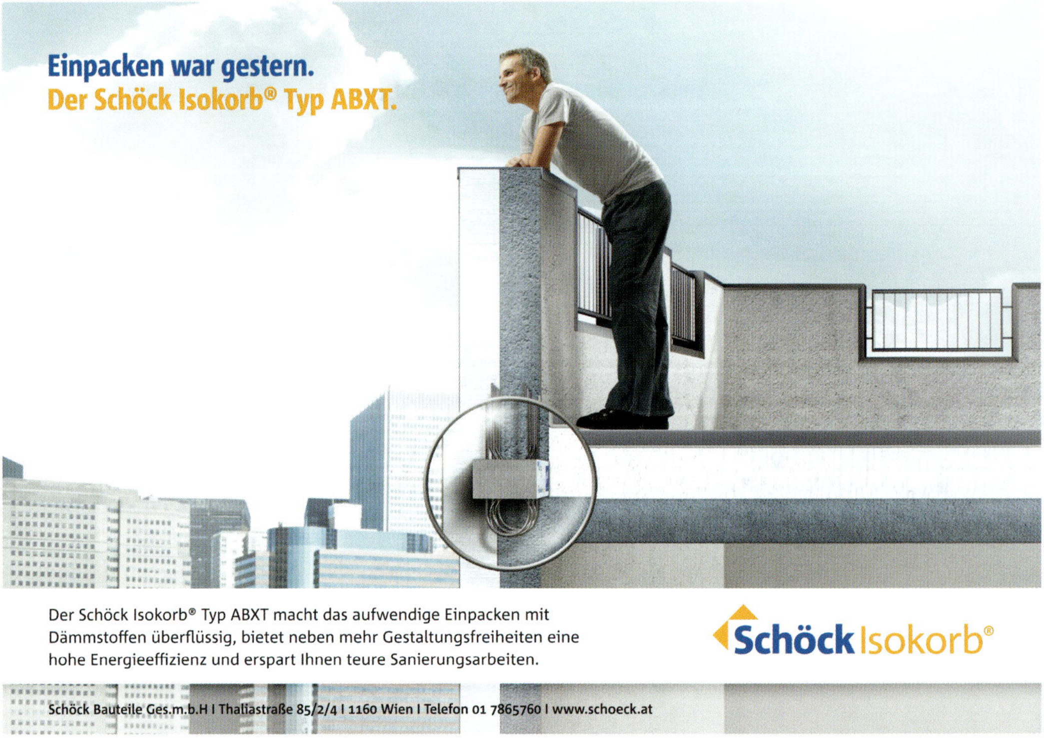

Einpacken war gestern.
Der Schöck Isokorb® Typ ABXT.
Der Schöck Isokorb® Typ ABXT macht das aufwendige Einpacken mit Dämmstoffen überflüssig, bietet neben mehr Gestaltungsfreiheiten eine hohe Energieeffizienz und erspart Ihnen teure Sanierungsarbeiten.
Schöck Isokorb®
Schöck Bauteile Ges.m.b.H | Thaliastraße 85/2/4 | 1160 Wien | Telefon 01 7865760 | www.schoeck.at

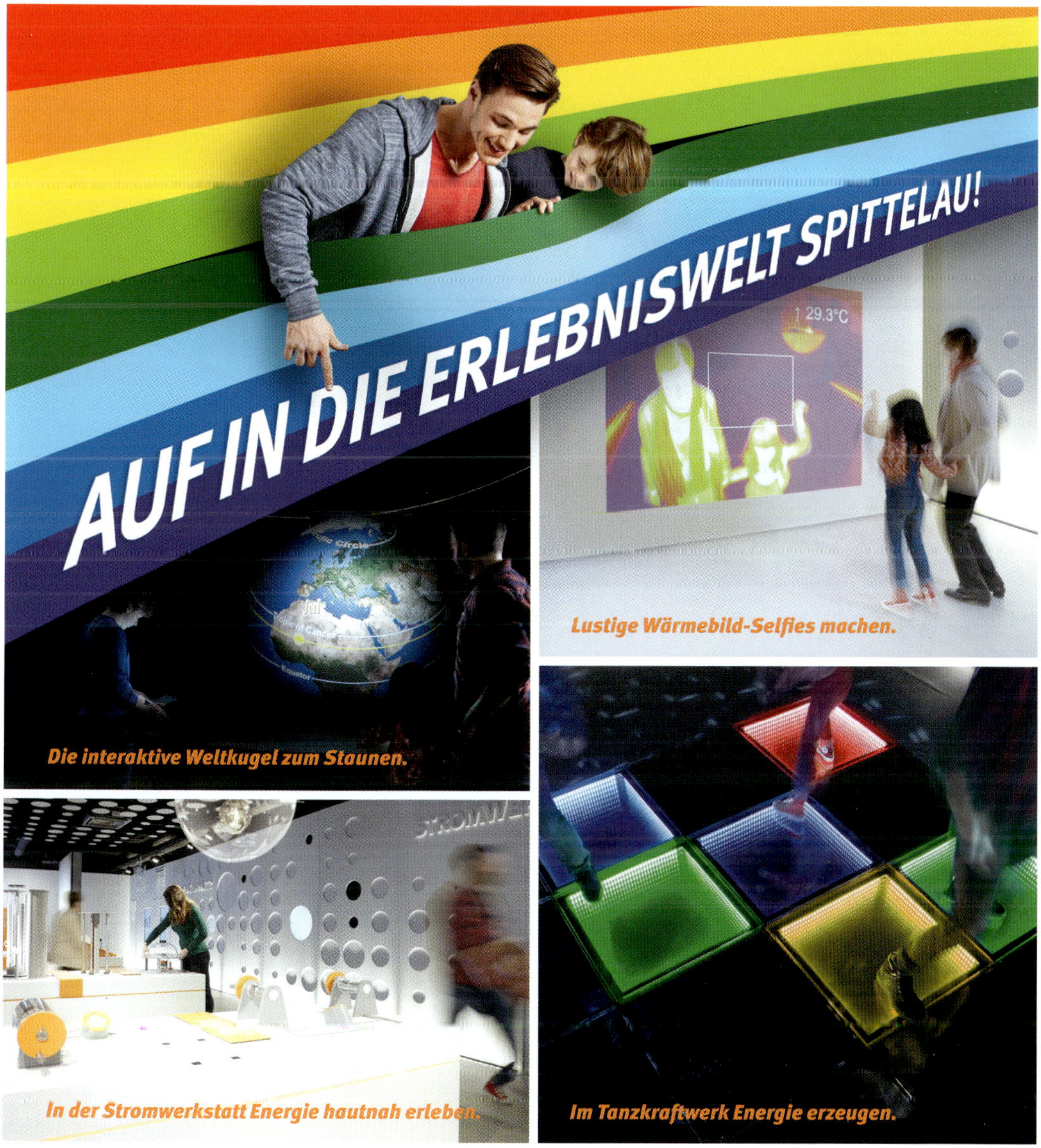
AUF IN DIE ERLEBNISWELT SPITTELAU!
Lustige Wärmebild-Selfies machen.
Die interaktive Weltkugel zum Staunen.
In der Stromwerkstatt Energie hautnah erleben.
Im Tanzkraftwerk Energie erzeugen.

Liapor®

ANZEIGENANNAHME sowie ANZEIGENGRÖSSEN unter:

Betrachtet man die Entwicklung der letzten Jahre hinsichtlich der Anforderungen an den Wärmeschutz im Bauwesen, ist nur sehr schwer verständlich, warum gerade in dieser Zeit die Problematik des Feuchtigkeitsschutzes an immer prominenterer Stelle bauphysikalischer Probleme steht. Allerdings haben sich gemeinsam mit den erwähnten Anforderungen auch Bauweisen, Bauzeiten und Veränderungen in der Nutzung ergeben.

So war es noch bis vor nicht allzu langer Zeit üblich, einen Rohbau über einen Winter „ausfrieren" zu lassen. Damit hatte man bautechnisch zweierlei Dinge erreicht. Erstens konnten allfällige Spannungen in den Wand- und Decken- konstruktionen langsam abgebaut werden. Und zweitens wurde dabei die im Bauwerk enthaltene Baufeuchtigkeit aufgrund der niedrigen absoluten Feuchtigkeit der Luft im Winter nahezu gänzlich abgegeben. Hinsichtlich der soziologischen Aspekte sei ohne jede Wertung dieser Änderung festgehalten, dass im Unterschied zu früheren Bewohnungsarten heute kaum mehr eine Person über den gesamten Tag zu Hause ist, um den gut gemeinten Rat, doch alle zwei bis drei Stunden durch vollständiges Öffnen der Fenster zu lüften und somit die feuchter gewordene Luft der Räume gegen trockenere Luft aus dem Freien auszuwechseln, zu folgen. Dies steht darüber hinaus in unmittelbarem Zusammenhang zu den Anforderungen des Wärmeschutzes hinsichtlich der Notwendigkeit dichter Gebäudehüllen. Dabei hat man völlig richtig erkannt, dass Wärmeverluste aufgrund unkontrollierter Undichtigkeiten in der Gebäudehülle – insbesondere von Fenstern bzw. deren Bauanschlüssen – ganz wesentliche, aber unerwünschte Beiträge liefern, und daher durch entsprechend scharfe Vorschriften formuliert.

Die Raumlüftung durch das bewusste Wiederherstellen von Undichtheiten zu verbessern, ist jedoch mit Sicherheit der falsche Ansatz. Eine derartige unkontrollierte Zusatzlüftung ist nur von den Außendruckverhältnissen (z. B. Winddruck) abhängig und somit nicht vom Nutzer beeinflussbar. Hingegen sind neuerdings entstehende Varianten, bei denen es zu einer kontrollierten Zusatzlüftung kommt, positiv zu bewerten. Darüber hinaus wäre natürlich auch der gesamte Bereich einer allfälligen Fensternische bzw. der gesamte Fensterbereich – Leibung, Parapet und Sturz – auf eine bewusst hergestellte Undichtheit vorzubereiten. Andererseits gibt dieser Gedanke eine mögliche Richtung weiterer Entwicklungen vor, da intelligente Systeme in einer vom Winddruck unabhängigen Art und Weise denkbar sind und unter Berücksichtigung der vorher erwähnten Aspekte eine durchaus wünschenswerte Lösung wären. Hinsichtlich des Einflusses derartiger Einbauten auf den Schallschutz ist natürlich gesondert zu achten, da es ja gerade die Anforderungen des Schallschutzes an Fenster waren und sind, die die Anzahl von Dichtungsebenen und die Qualität von Dichtungen ansteigen ließen. An dieser Stelle sei besonders hervorgehoben, dass sich gute Lösungen durch ihre Nachhaltigkeit und Dauerhaftigkeit auszeichnen und sich durch diese Eigenschaften von schlechten Lösungen unterscheiden.

Die Verschachtelung mehrerer bauphysikalischer Aspekte zeigt das Risiko einer Entwicklung, die in einseitiger Art und Weise das Ziel einer möglichst behaglichen Bewohnbarkeit bzw. Nutzung von Bauwerken an nur einem einzigen aus der Vielzahl von notwendigen Problembereichen betrachtet.

Die Raumlüftung durch das bewusste Herstellen von unkontrollierbaren Undichtheiten zu verbessern, ist der falsche Ansatz zur Reduktion von Luftfeuchtigkeit.

Aus Sicht einer schadensfreien Planung sollte das Ziel in der Vermeidung von Kondensation an der inneren Bauteiloberfläche und der Vermeidung von schädlicher Kondensation im Inneren von Bauteilen liegen. Dies bedeutet die Notwendigkeit des Nachweises genügend hoher Oberflächentemperaturen an den inneren Oberflächen, insbesondere an allen kritischen Stellen wie Wärmebrücken an Bauteilkanten oder aneinandergrenzenden Bauteilen.

Dampfdruck

Nahezu in jedem Bauteil befindet sich, wenn auch in sehr geringen Mengen, Wasser im flüssigen oder gasförmigen Zustand. Dieses Wasser wird im Wesentlichen durch folgende Mechanismen transportiert:

- Diffusionsvorgänge
- Strömungsvorgänge
- kapillare Feuchtigkeitsbewegung

Diese Transportmechanismen führen zu Feuchtigkeitsbewegungen, die gleich-gerichtet oder auch gegenläufig gerichtet sein können.

Wasser kommt in drei verschiedenen Aggregatzuständen vor. Als Eis ist es ein Festkörper, von 0 °C bis 100 °C ist es eine Flüssigkeit, im Temperaturbereich darüber ein Gas (Wasserdampf). Wasserdampf kann jedoch auch bei jeder Temperatur in der Luft enthalten sein. Luft besteht zum überwiegenden Teil aus Stickstoff (ca. 78 %) und Sauerstoff (ca. 21 %). In dem verbleibenden Teil von ca. 1 % sind dann noch praktisch alle Edelgase, Kohlendioxid und Wasserdampf enthalten.

Abbildung 010|3-01: maximaler Wasserdampfgehalt von Luft

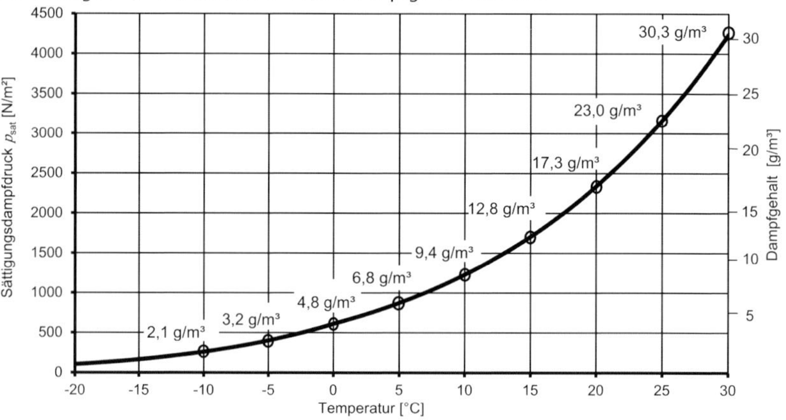

Im Bauwesen spielt die Fähigkeit der Luft, Wasserdampf aufzunehmen oder als Wasser auszuscheiden, eine sehr wichtige Rolle. Solange Wasser als Wasserdampf in den Baustoffen enthalten ist, verursacht es keinen Schaden. Tritt jedoch in einem Bauteil Wasserdampfkondensation auf, dann erhöht sich generell seine Wärmeleitfähigkeit. Kondenswasser ist außerdem die Ursache für eine Reihe von Bauschäden wie Pilzbefall und Korrosion. Die Aufnahme-fähigkeit von Wasserdampf in Luft ist von der Temperatur abhängig. So beträgt der maximale Gehalt an Wasserdampf bei 0 °C nur 4,8 g/m³. Mit zunehmender Temperatur steigt er dann auf nahezu 600 g/m³ bei 100 °C an. Diese maximale Menge an Wasserdampf, die Wasserdampfsättigungskonzentration oder Wasserdampfsättigungsdichte, ist physikalisch verbunden mit dem dabei

p_{sat}

Solange Wasser als Wasserdampf in den Baustoffen enthalten ist, verursacht es keine Kondensatschäden.

maximal erreichbaren Druck des Wasserdampfes, dem Wasserdampf-sättigungsdruck p_{sat}.

Unter relativer Luftfeuchtigkeit versteht man den tatsächlichen Gehalt an Wasserdampf im Vergleich zum maximal möglichen Gehalt bei einer bestimmten Temperatur.

$$\varphi = \frac{p_D}{p_{sat}}$$

(010|3-01)

φ	relative Luftfeuchte	%
p_D	tatsächlicher Wasserdampfpartialdruck	Pa=N/m²
p_{sat}	Wasserdampfsättigungsdruck	Pa=N/m²

Die absolute Luftfeuchtigkeit hingegen gibt die in 1 m³ Luft enthaltene Wassermenge in g/m³ an. Üblicherweise wird die enthaltene Wasserdampf-menge rechnerisch erfasst durch den Dampfdruck und die maximal auf-nehmbare Wasserdampfmenge durch den Wasserdampfsättigungsdruck p_{sat}.

$$c_S = \frac{p_{sat}}{R_{H_2O} \cdot (\theta + 273{,}15)}$$

(010|3-02)

c_S	absolute Luftfeuchte	kg/m³
R_{H_2O}	≈ 462 (spezifische Gaskonstante von Wasserdampf)	J/kgK
θ	Temperatur (der Luft)	°C

Der Sättigungsdampfdruck berechnet sich gemäß EN ISO 13788 [199] nicht mehr nach der Formel (010|3-02), sondern nach folgender Beziehung:

$$p_{sat} = 610{,}5 \cdot e^{\frac{17{,}269 \cdot \theta}{237{,}3 + \theta}} \qquad \text{für } \theta \geq 0\ °C$$

$$p_{sat} = 610{,}5 \cdot e^{\frac{21{,}875 \cdot \theta}{265{,}5 + \theta}} \qquad \text{für } \theta < 0\ °C$$

(010|3-03)

θ	Temperatur (der Luft)	°C

Tabelle 010|3-01: Taupunkttemperaturen θ_{sat} gemäß EN ISO 13788 [199]

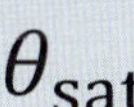

Temperatur θ [°C]	relative Luftfeuchtigkeit φ [%]													
	30,0	35,0	40,0	45,0	50,0	55,0	60,0	65,0	70,0	75,0	80,0	85,0	90,0	95,0
30	10,5	12,9	14,9	16,8	18,4	20,0	21,4	22,7	23,9	25,1	26,2	27,2	28,2	29,1
29	9,7	12,0	14,0	15,9	17,5	19,0	20,4	21,7	23,0	24,1	25,2	26,2	27,2	28,1
28	8,8	11,1	13,1	15,0	16,6	18,1	19,5	20,8	22,0	23,1	24,2	25,2	26,2	27,1
27	8,0	10,2	12,3	14,1	15,7	17,2	18,6	19,9	21,1	22,2	23,3	24,3	25,2	26,1
26	7,1	9,4	11,4	13,2	14,8	16,3	17,6	18,9	20,1	21,2	22,3	23,3	24,2	25,1
25	6,2	8,5	10,5	12,2	13,9	15,3	16,7	18,0	19,1	20,3	21,3	22,3	23,2	24,1
24	5,4	7,6	9,6	11,3	12,9	14,4	15,8	17,0	18,2	19,3	20,3	21,3	22,3	23,1
23	4,5	6,7	8,7	10,4	12,0	13,5	14,8	16,1	17,2	18,3	19,4	20,3	21,3	22,2
22	3,6	5,8	7,8	9,5	11,1	12,5	13,9	15,1	16,3	17,4	18,4	19,4	20,3	21,2
21	2,8	5,0	6,9	8,6	10,2	11,6	12,9	14,2	15,3	16,4	17,4	18,4	19,3	20,2
20	1,9	4,1	6,0	7,7	9,3	10,7	12,0	13,2	14,4	15,4	16,4	17,4	18,3	19,2
19	1,1	3,2	5,1	6,8	8,4	9,8	11,1	12,3	13,4	14,5	15,5	16,4	17,3	18,2
18	0,2	2,3	4,2	5,9	7,4	8,8	10,1	11,3	12,5	13,5	14,5	15,4	16,3	17,2
17	-0,7	1,4	3,3	5,0	6,5	7,9	9,2	10,4	11,5	12,5	13,5	14,5	15,3	16,2
16	-1,5	0,6	2,4	4,1	5,6	7,0	8,2	9,4	10,5	11,6	12,6	13,5	14,4	15,2
15	-2,4	-0,3	1,5	3,2	4,7	6,0	7,3	8,5	9,6	10,6	11,6	12,5	13,4	14,2
14	-3,3	-1,2	0,6	2,3	3,8	5,1	6,4	7,5	8,6	9,6	10,6	11,5	12,4	13,2
13	-4,1	-2,1	-0,3	1,4	2,8	4,2	5,4	6,6	7,7	8,7	9,6	10,5	11,4	12,2
12	-5,0	-3,0	-1,2	0,5	1,9	3,3	4,5	5,6	6,7	7,7	8,7	9,6	10,4	11,2
11	-5,9	-3,8	-2,1	-0,5	1,0	2,3	3,5	4,7	5,7	6,7	7,7	8,6	9,4	10,2
10	-6,8	-4,7	-3,0	-1,4	0,1	1,4	2,6	3,7	4,8	5,8	6,7	7,6	8,4	9,2

Tabelle 010|3-02: Sättigungsdampfdruck p_{sat} gemäß EN ISO 13788 [199]

Temperatur θ [°C]	Sättigungsdampfdruck [Pa]									
	0,0	0,1	0,2	0,3	0,4	0,5	0,6	0,7	0,8	0,9
30	4241	4265	4289	4314	4339	4364	4389	4414	4439	4464
29	4003	4026	4050	4073	4097	4120	4144	4168	4192	4216
28	3778	3800	3822	3844	3867	3889	3912	3934	3957	3980
27	3563	3584	3605	3626	3648	3669	3691	3712	3734	3756
26	3359	3379	3399	3419	3440	3460	3480	3501	3522	3542
25	3166	3185	3204	3223	3242	3261	3281	3300	3320	3340
24	2982	3000	3018	3036	3055	3073	3091	3110	3128	3147
23	2808	2825	2842	2859	2876	2894	2911	2929	2947	2964
22	2642	2659	2675	2691	2708	2724	2741	2757	2774	2791
21	2486	2501	2516	2532	2547	2563	2579	2594	2610	2626
20	2337	2351	2366	2381	2395	2410	2425	2440	2455	2470
19	2196	2210	2224	2238	2252	2266	2280	2294	2308	2323
18	2063	2076	2089	2102	2115	2129	2142	2155	2169	2182
17	1937	1949	1961	1974	1986	1999	2012	2024	2037	2050
16	1817	1829	1841	1852	1864	1876	1888	1900	1912	1924
15	1704	1715	1726	1738	1749	1760	1771	1783	1794	1806
14	1598	1608	1619	1629	1640	1650	1661	1672	1683	1693
13	1497	1507	1517	1527	1537	1547	1557	1567	1577	1587
12	1402	1411	1420	1430	1439	1449	1458	1468	1477	1487
11	1312	1321	1330	1338	1347	1356	1365	1374	1383	1393
10	1227	1236	1244	1252	1261	1269	1278	1286	1295	1303
9	1147	1155	1163	1171	1179	1187	1195	1203	1211	1219
8	1072	1080	1087	1094	1102	1109	1117	1124	1132	1140
7	1001	1008	1015	1022	1029	1036	1043	1050	1058	1065
6	935	941	948	954	961	967	974	981	988	994
5	872	878	884	890	897	903	909	915	922	928
4	813	819	824	830	836	842	848	854	860	866
3	757	763	768	774	779	785	790	796	801	807
2	705	710	715	721	726	731	736	741	747	752
1	656	661	666	671	676	680	685	690	695	700
0	611	615	619	624	629	633	638	642	647	652
-1	562	557	553	548	544	539	535	530	526	521
-2	517	513	509	504	500	496	492	488	484	479
-3	475	471	468	464	460	456	452	448	444	441
-4	437	433	430	426	422	419	415	412	408	405
-5	401	398	394	391	388	384	381	378	375	371
-6	368	365	362	359	356	353	350	347	344	341
-7	338	335	332	329	326	323	320	318	315	312
-8	309	307	304	301	299	296	294	291	288	286
-9	283	281	278	276	274	271	269	266	264	262
-10	259	257	255	252	250	248	246	244	241	239
-11	237	235	233	231	229	227	225	223	221	219
-12	217	215	213	211	209	207	205	203	202	200
-13	198	196	194	193	191	189	187	186	184	182
-14	181	179	177	176	174	173	171	169	168	166
-15	165	163	162	160	159	157	156	154	153	152
-16	150	149	147	146	145	143	142	141	139	138
-17	137	135	134	133	132	130	129	128	127	126
-18	124	123	122	121	120	119	117	116	115	114
-19	113	112	111	110	109	108	107	106	105	104
-20	103	102	101	100	99	98	97	96	95	94

Wird in einem abgeschlossenen Raum der Luft Wasserdampf zugeführt (z. B. beim Kochen, Duschen, Arbeiten, Ausatmen), so erhöht sich der Wasserdampfteildruck so lange, bis der Sättigungsdampfdruck erreicht ist. Wird er überschritten, so kondensiert Wasserdampf zu Wasser. Dieser Zustand liegt immer dann vor, wenn man es „dampfen" sieht.

Derselbe Effekt tritt aber auch ein, wenn bei gleichbleibendem Wasserdampfteildruck die Temperatur und damit der Sättigungsdruck sinken. In diesem

Wird in einem abgeschlossenen Raum der Luft Wasserdampf zugeführt, so erhöht sich der Wasserdampfteildruck so lange, bis der Sättigungsdampfdruck erreicht ist.

Zusammenhang sei darauf hingewiesen, dass feuchte Luft, also Luft mit höherer relativer Luftfeuchtigkeit, leichter ist als trockene Luft und daher aufsteigt. Nicht zuletzt dadurch sind eine ganze Reihe möglicher Schäden, die in Folge erhöhter Luftfeuchtigkeit auftreten, eher in den oberen Raumregionen zu finden.

Die den Sättigungsdruck übersteigende Menge Wasserdampf muss zu Wasser kondensieren (Beispiel: Nebelbildung). In diesem Fall spricht man vom Erreichen bzw. Unterschreiten der Taupunkttemperatur. Aus diesem Grund steigt in einem bewohnten und beheizten Raum nach Abschalten der Heizung die relative Luftfeuchtigkeit, wenn nicht gleichzeitig für (trockene) Lüftung gesorgt wird.

Löst man die beiden Gleichungen (010|3-02) nach der Temperatur auf, so erhält man die Taupunkttemperatur θ_{sat}. Führt man noch die relative Luftfeuchtigkeit φ als Verhältnis zwischen dem tatsächlich herrschenden Wasserdampf-partialdruck p_{D} und dem Sättigungsdampfdruck p_{sat} ein, so erhält man:

für $\theta \geq 0\,°C$

$$\theta_{\text{sat}} = \frac{237,3^2 \cdot \ln(\varphi) + 237,3 \cdot \theta \cdot \ln(\varphi) + 17,269 \cdot 237,3 \cdot \theta}{17,629 \cdot 237,3 - 237,3 \cdot \ln(\varphi) - \theta \cdot \ln(\varphi)}$$

für $\theta < 0\,°C$

$$\theta_{\text{sat}} = \frac{265,5^2 \cdot \ln(\varphi) + 265,5 \cdot \theta \cdot \ln(\varphi) + 21,875 \cdot 265,5 \cdot \theta}{21,875 \cdot 265,5 - 265,5 \cdot \ln(\varphi) - \theta \cdot \ln(\varphi)}$$

θ	Raumlufttemperatur	°C
$\varphi = p_D/p_{\text{sat}}$	relative Luftfeuchtigkeit	%

(010|3-04)

Sucht man nach dem Wert für $\varphi = 100\ \%$ so ergibt sich:

für $p_{\text{sat}} \geq 610,5\ Pa \quad \theta = \dfrac{237,3 \cdot \ln\left(\frac{p_{\text{sat}}}{610,5}\right)}{17,629 - \ln\left(\frac{p_{\text{sat}}}{610,5}\right)}$

für $p_{\text{sat}} < 610,5\ Pa \quad \theta = \dfrac{265,5 \cdot \ln\left(\frac{p_{\text{sat}}}{610,5}\right)}{21,875 - \ln\left(\frac{p_{\text{sat}}}{610,5}\right)}$

θ_{sat}

(010|3-05)

Diffusionswiderstand

Die in der Atmosphäre befindlichen Luft- und Wasserdampfmoleküle dringen aufgrund der Molekularbewegung in angrenzende Körper bzw. Begrenzungsflächen ein und wandern durch diese Körper hindurch. Man nennt dies Diffusion bzw. Wasserdampfdiffusion.

Abbildung 010|3-02: Wasserdampfdiffusion durch einen Bauteil

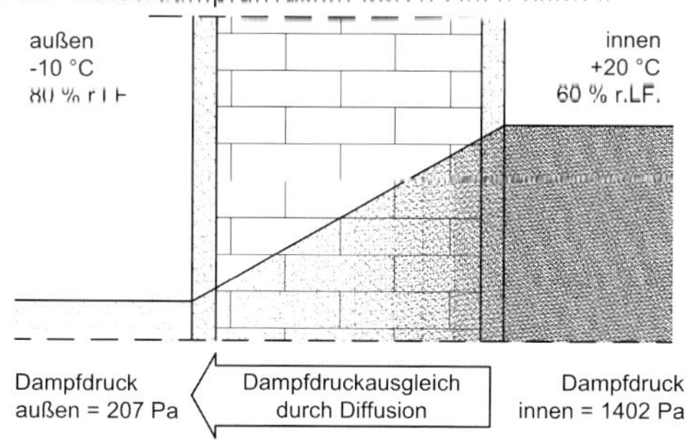

Durch die innen und außen unterschiedlichen Dampfdrücke sind die eindringenden Dampfmengen unterschiedlich groß, sodass sich aus der Differenz dieser beiden Mengen rechnerisch eine Restmenge ergibt, die sich aus dem Bereich höheren Dampfdrucks in den Bereich niedrigen Dampfdrucks zu bewegen scheint. Dabei verteilt sich die Wasserdampfmenge im Bauteilquerschnitt so, dass sie zwischen den Bereichen niedrigen und hohen Dampfdrucks linear ansteigt. Es kommt dabei lediglich zu einem Ausgleich zwischen den beiden Drücken, die Vorstellung, dass Wasserdampf durch den Bauteil hindurchgepresst wird, stimmt keinesfalls.

Ähnlich wie bei der Wärmedämmung von Bauteilen hemmt jede Bauteilschicht den Diffusionsvorgang in Abhängigkeit von ihrer Dampfdichtigkeit. Auch hier gibt es eine materialabhängige, spezifische Dichtigkeit, die Wasserdampf-Diffusionswiderstandszahl μ. Sie ist ein dimensionsloser Wert, der angibt, um wie viel eine Materialschicht dichter ist als eine gleich dicke Luftschicht. Selbstverständlich ist ein Bauteil oder eine Bauteilschicht umso dichter, je dicker er bzw. sie ist. Das Produkt aus Wasserdampf-Diffusionswiderstandszahl und Bauteildicke kennzeichnet die im Verhältnis zur gleich dicken Luftschicht relative Dampfdichtigkeit eines Bauteils. Das Produkt wird daher auch diffusionsäquivalente Luftschichtdicke s_d genannt.

$$s_\mathrm{d} = \mu \cdot d$$

Um berechnen zu können, wie groß die absolute Dampfdichtigkeit eines Bauteils ist, reicht die Angabe der äquivalenten Luftschichtdicke allerdings nicht aus. Vielmehr muss dazu die Dampfleitzahl der Luft zahlenmäßig eingerechnet werden. Aus beiden Größen zusammen ergibt sich der Dampfdurchlasswiderstand, bei mehrschichtigen Bauteilen ergibt sich der Gesamtdampfdurchlasswiderstand aus der Summe der Einzelwiderstände. Analog zum Wärmeübergangswiderstand wird auch der Diffusionsstrom durch Diffusionsübergangswiderstände behindert, diese Werte sind jedoch wegen ihrer Kleinheit vernachlässigbar.

Dampfdruckverlauf

Die Ermittlung des Dampfdruckverlaufes kann grafisch nach Glaser (Glaser-Diagramm) durchgeführt werden, wobei anstatt der Schichtdicken die Diffusionswiderstände der einzelnen Schichten aufgetragen werden und der tatsächliche Dampfdruck die lineare Verbindung zwischen dem Innen- und dem Außendampfdruck darstellt. Wie bei den Schichtgrenztemperaturen, wo die Temperaturdifferenz proportional der einzelnen Wärmedurchlasswiderstände aufgeteilt wird, erfolgt hier die Aufteilung der Dampfdruckdifferenz proportional der Diffusionswiderstände der einzelnen Schichten.

Abbildung 010|3-03: Ermittlung Dampfdruckverlauf

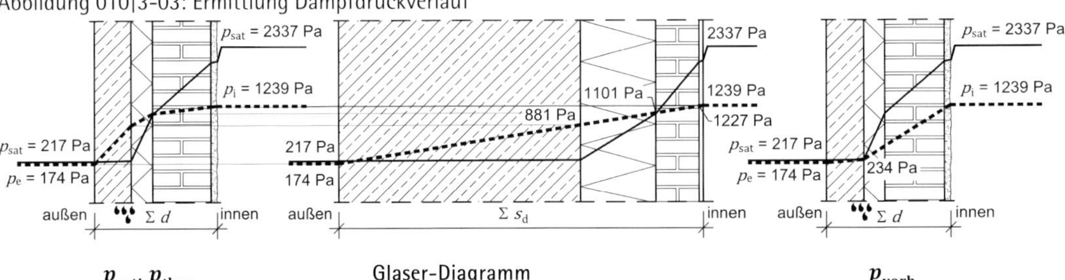

Bei der Wasserdampfdiffusion durch Bauteile kommt es nur zu einem Ausgleich zwischen den unterschiedlichen Dampfdrücken.

μ

s_d

(010|3-06)

010|3|3

Die Ermittlung des Dampfdruckverlaufes kann grafisch nach Glaser durchgeführt werden.

Beispiel 010|3-01: Dampfdruckverlauf

Dampfdruckverlauf einer 25 cm dicken Ziegelwand mit 10 cm Kerndämmung, 15 cm Stahlbeton-Vorsatzschale und Innenputz zwischen $\theta_e = -12\,°C$ und $\varphi_e = 80\,\%$ und $\theta_i = +20\,°C$ und $\varphi_i = 53\,\%$ (siehe dazu Kapitel 010|3|4).

Berechnung U-Wert, Temperaturen / homogene Außenwand	d [m]	λ [W/(mK)]	d/λ [m²K/W]	θ [°C]	$\mu \cdot d$ [m]	Dampfdrücke p_{sat} [Pa]	p_{theo} [Pa]	p_{vorh} [Pa]
				−12,0		217	174	174
Wärmeübergangswiderstand (außen)		$R_{se} =$	0,040					
				−11,7		223	174	174
Stahlbeton	0,150	2,300	0,065		11,25			
				−11,2		234	881	234
Wärmedämmung	0,100	0,040	2,500		3,50			
				+8,8		1132	1101	851
Mauerwerk	0,250	0,200	1,250		2,00			
				+18,7		2155	1227	1204
Innenputz	0,020	0,700	0,029		0,20			
				+19,0		2196	1239	1239
Wärmeübergangswiderstand (innen)		$R_{si} =$	0,130[1]					
				+20,0		2337	1239	1239
Wärmedurchgangswiderstand		$R_T =$	4,014					
Wärmedurchgangskoeffizient [W/(m²K)]		$U = 1/R_T =$	0,249					

p_{sat} = Sättigungsdampfdruck
p_{theo} = theoretischer Dampfdruckverlauf ohne Kondensatbildung
p_{vorh} = tatsächlicher Dampfdruckverlauf bei Kondensatbildung
1) gemäß Tabelle 010|3-03 ist ab 2003 ein Wärmeübergangswiderstand von 0,25 m²K/W anzusetzen

Abbildung 010|3-04: Beispiele Dampfdruckverlauf – Außen- und Innendämmung

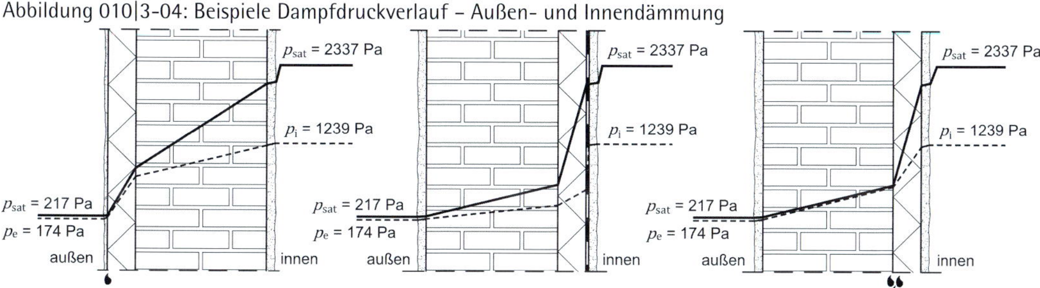

Eine Abweichung von der linearen Verteilung des Dampfdruckes entsteht bei Auftreten von Kondensat im Bauteil, da der vorhandene Dampfdruck nicht größer als der Sättigungsdampfdruck werden kann und dieser von den einzelnen Schichtgrenztemperaturen abhängig ist. Der tatsächliche Innen- und Außendampfdruck errechnet sich aus dem Sättigungsdampfdruck bei der entsprechenden Temperatur und der vorhandenen relativen Luftfeuchtigkeit.

Klimabedingungen

010|3|4

Die Klimabedingungen stellen den wichtigsten Teil der Annahmen zur Berechnung von Oberflächenkondensation oder Kondensation im Bauteilinneren dar. Gerade diese Bedingungen bestimmen auch die Einfachheit der Berechnung oder aber deren Komplexität. Dabei erfuhren diese Bedingungen in den letzten Jahrzehnten und im europäischen Umfeld zahlreiche Änderungen. Der einfachste Ansatz war die Annahme eines Blockklimas, der aber nicht mehr zeitgemäß ist. Etwas moderner sind Ansätze, die den Versuch einer Bilanzierung unternehmen. Damit ist gemeint, dass für ganz bestimmte Zeiten ein bestimmtes Außenklima angenommen wird und parallel zu diesem Kondensationsmengen und Verdunstungsmengen berechnet, einander gegenübergestellt und bewertet werden. Die ÖNORM B 8110-2:2003 [93] verfolgt diesen Weg auf Basis von Monatsmitteltemperaturen, über die eine Bilanzierung durchzuführen ist.

Die derzeit geltenden Klimabedingungen werden auf Basis von Monatsmitteltemperaturen angesetzt.

An dieser Stelle sei angemerkt, dass zwar dieses grundsätzliche Verfahren – auch bekannt als EURO-Glaser-Verfahren – hinsichtlich der Diffusion durch das Neuerscheinen der EN 13788 [186] zwar prinzipiell unverändert geblieben ist, aber zwei zusätzliche Fragestellungen mittlerweile hinzugekommen sind. Dies ist einerseits die Frage der Austrocknung unmittelbar nach Fertigstellung und andererseits der Mechanismus der Konvektion – also der Feuchttransport durch Durchströmung von kleinsten Öffnungen.

Grundsätzlich lassen sich beide Fragestellungen durch Simulationsrechnungen beantworten. Die wohl wichtigste Erkenntnis daraus ist die Überarbeitung der nachweisfreien Konstruktionen, zumal beide Fragestellungen auf diese zusätzlich anzuwenden sind.

ÖNORMEN B 8110-2:2003, EN ISO 13788:2002

010|3|4|1

Das in Rechnung zu stellende Außenklima ist dem Österreichischen Klimadaten-katalog zu entnehmen. Äußerst hilfreich kann in diesem Zusammenhang das Regressionsmodell der ÖNORM B 8110-2 [93] sein, welches erlaubt, Monatsmitteltemperaturen in Abhängigkeit von Klimaregion und Seehöhe wie folgt zu berechnen:

$$\theta_e = a + b \cdot {}^{H}\!/_{100}$$

θ_e	Monatsmitteltemperatur der Außenluft	°C
a, b	Regressionskoeffizienten (siehe Kapitel 010|7)	–
H	Seehöhe	m

(010\|3-07)

θ_e

Das obige Regressionsmodell eröffnet die Möglichkeit, Monatsmittel-temperaturen in Abhängigkeit von der Seehöhe und der Klimaregion zu erstellen. Dabei sind die drei Schichten folgende Seehöhenbereiche:

- bis 750 m
- 750 m bis 1500 m
- ab 1500 m

Die relative Luftfeuchtigkeit ergibt sich für alle Standorte mit 80 %, ausgenommen die Monate Mai, Juni, Juli und August mit 75 %.

Nimmt man den Standort von Klagenfurt als Worst case, so ergeben sich für das Bemessungsklima folgende Werte für die einzelnen Monate:

Beispiel 010|3-02: Bemessungsklima Klagenfurt gemäß ÖNORM B 8110-2:2003 [93]

Monat	Anzahl Tage	Temperaturen		relative Luftfeuchtigkeiten		
		außen θ_e	innen θ_i	außen φ_e	innen φ_i	
					Kondensat	Schimmel
		[°C]	[°C]	[%]	[%]	[%]
Jänner	31	-3,79	20,0	80,0	61,21	51,21
Februar	28	-0,76	20,0	80,0	64,24	54,24
März	31	3,66	20,0	80,0	65,00	55,00
April	30	8,51	20,0	80,0	65,00	58,51
Mai	31	13,23	20,0	75,0	68,23	59,84
Juni	30	16,49	20,0	75,0	71,49	64,74
Juli	31	18,35	20,0	75,0	73,35	67,52
August	31	17,64	20,0	75,0	72,64	66,46
September	30	14,23	20,0	80,0	69,23	61,34
Oktober	31	8,58	20,0	80,0	65,00	58,58
November	30	2,44	20,0	80,0	65,00	55,00
Dezember	31	-2,40	20,0	80,0	62,60	52,60

Für Wohnungen und Räume vergleichbarer Widmung werden die folgenden Innenluftbedingungen eingesetzt:

Die relative Luftfeuchtigkeit der Außenluft ergibt sich mit 80 %, ausgenommen die Monate Mai, Juni, Juli und August mit 75 %.

- Innenlufttemperatur 20 °C

- relative Luftfeuchtigkeit der Innenluft: Es wird angenommen, dass in einem großen Teil der Zeit im Winter eine relative Feuchtigkeit von 55 % (und geringer bei Außenlufttemperaturen unter 0 °C) gegeben ist bzw. nicht überschritten wird und in einem kleineren Teil der Zeit (maximal acht Stunden) durch die verschiedenen Tätigkeiten in der Wohnung die Luftfeuchtigkeit bis 65 % (und geringer bei Außenlufttemperaturen unter 0 °C) ansteigen kann; dementsprechend werden zwei Stufen für die Bemessung eingesetzt:

  - für die Bemessung zur Vermeidung von Kondenswasserbildung: 65 % bei Außenlufttemperaturen von 0 bis 10 °C und um je 1 % fallend je 1 K Temperaturabnahme der Außenluft unter 0 °C und um je 1 % steigend je 1 K Temperaturzunahme der Außenluft über 10 °C

  - für die Bemessung zur Verminderung des Risikos von Schimmelbildung: 55 % bei Außenlufttemperaturen von 0 bis 5 °C und um je 1 % ansteigend je 1 K Temperaturzunahme der Außenluft für >5 bis 10 °C und um je 1,5 % ansteigend je 1 K Temperaturzunahme der Außenluft über 10 °C und um je 1 % fallend je 1 K Temperatur der Außenluft unter 0 °C

Abbildung 010|3-05: relative Luftfeuchtigkeiten gemäß ÖNORM B 8110-2 [93]

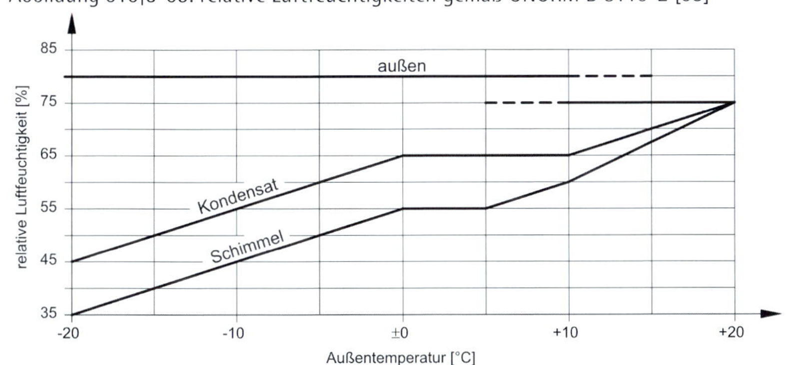

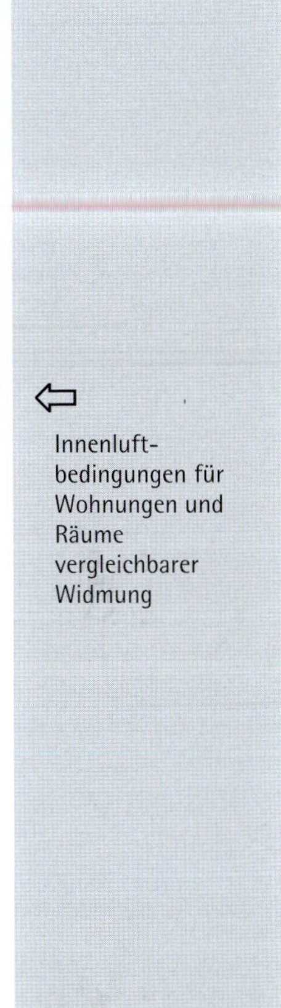

Normierte Übergangsbedingungen

010|3|4|2

Nach ÖNORM B 8110-2:1995 [104] wird ein innerer Wärmeübergangswiderstand R_{si} von 0,17 m²K/W bzw. für die Anschlussbereiche von Fenstern und Türen ein innerer Wärmeübergangswiderstand R_{si} von 0,25 m²K/W und ein äußerer Wärmeübergangswiderstand R_{se} vom 0,05 m²K/W angenommen, mit Ausnahme erdberührter Bauteile, für die selbstverständlich ein äußerer Wärmeübergangswiderstand R_{se} von 0,00 m²K/W anzusetzen ist. Für die ÖNORM B 8110-2:2003 [93] ändern sich die Werte gemäß folgender Tabelle:

Tabelle 010|3-03: Wärmeübergangswiderstände gemäß EN ISO 13788 [199]

	Wärmeübergangswiderstand [m²K/W]
an außenseitigen Oberflächen R_{se}	0,04
an innenseitigen Oberflächen R_{si}: an Verglasungen und Rahmen	0,13
an innenseitigen Oberflächen R_{si}: alle anderen raumseitigen Oberflächen	0,25

Vermeidung Oberflächenkondensat

010|3|5

Der Nachweis der Vermeidung von Oberflächenkondensation ist so zu führen, dass die Oberflächentemperatur θ_{si} höher liegt als die Taupunkttemperatur θ_{sat}. Das heißt, dass die Differenz zwischen Innenlufttemperatur θ_i und der

Oberflächentemperatur θ_{si} kleiner sein sollte als jene zwischen Innenlufttemperatur θ_i und Taupunkttemperatur $\theta_{sat,i}$. Dividiert man diese beiden Temperaturdifferenzen noch durch die Gesamttemperaturdifferenz zwischen innen und außen $(\theta_i-\theta_e)$, so ergibt sich folgende Bedingung für eine oberflächenkondensatfreie Konstruktion:

$$\frac{\theta_i - \theta_{sat\,i}}{\theta_i - \theta_e} \leq \frac{\theta_i - \theta_{si}}{\theta_i - \theta_e}$$

θ_i	Innenlufttemperatur	°C
$\theta_{sat,i}$	Taupunkttemperatur, innen	°C
θ_e	Außenlufttemperatur	°C
θ_{si}	Oberflächentemperatur, innen	°C

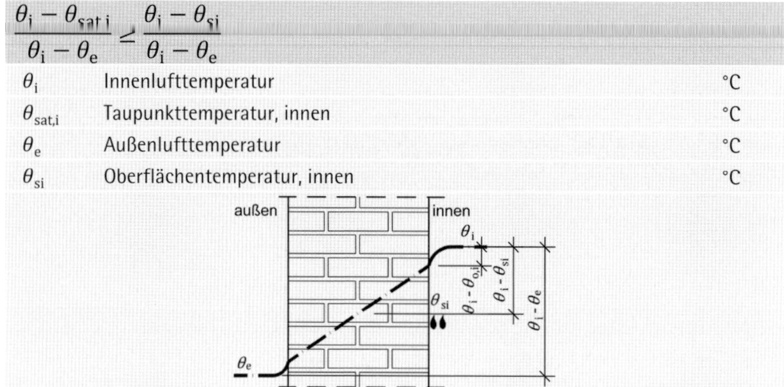

Die ÖNORM B 8110-2 und die ÖNORM EN ISO 13788 haben dazu den Temperaturfaktor f_{Rsi} und den Bemessungs-Temperaturfaktor $f_{Rsi,min}$ eingeführt:

$$f_{Rsi} = \frac{\theta_{si} - \theta_e}{\theta_i - \theta_e} \qquad f_{Rsi,min} = \frac{\theta_{si,min} - \theta_e}{\theta_i - \theta_e}$$

θ_{si}	Temperatur an der Innenoberfläche	°C
θ_i	Innentemperatur	°C
θ_e	Außentemperatur	°C

$$f_{Rsi}$$

Zieht man die Innenraumbedingungen aus der ÖNORM B 8110-2 [104] heran, so ergibt sich für die Vermeidung von Kondensat folgendes Bild:

Abbildung 010|3-06: Temperaturfaktoren f_{Rsi} und $f_{Rsi,min}$ für die Vermeidung von Oberflächenkondensat

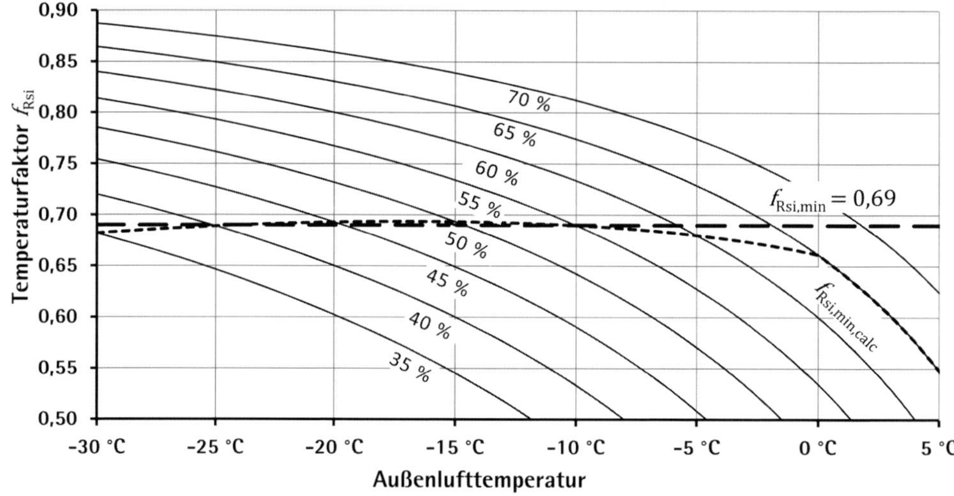

Zum Verständnis dieser Abbildung seien folgende beispielhafte Zusammenhänge schrittweise dargelegt:

- Voraussetzung ist die Annahme von 20 °C Raumtemperatur.

- Bei 20 °C Raumtemperatur ergibt sich ein Sättigungsdampfdruck von 2337 Pa.

$$p_{sat} = 610,5 \cdot e^{\frac{17,269 \cdot \theta}{237,3+\theta}} = 610,5 \cdot e^{\frac{17,269 \cdot 20}{237,3+20}} = 2337 \text{ Pa}$$

(010|3-10)

- Frage: Wie wird der erste Punkt (über –30 °C, der zwischen 0,85 und 0,90 liegt) jener Kurve berechnet, die die Werte von f_{Rsi} für eine relative Luftfeuchtigkeit von 70 % darstellt (oberste Kurve)?
    - Welcher Dampfdruck besteht an dieser Stelle?

$$p_{sat} = 610,5 \cdot e^{\frac{17,269 \cdot \theta}{237,3+\theta}} = 610,5 \cdot e^{\frac{17,269 \cdot 20}{237,3+20}} = 2337 \text{ Pa}$$

$$p_{70\%} = 2337 \text{ Pa} \cdot 70 \% = 1636 \text{ Pa}$$

(010|3-11)

    - Welcher Taupunkttemperatur entspricht dies?

$$\theta = \frac{237,3 \cdot \ln\left(\frac{p_{sat}}{610,5}\right)}{17,629 - \ln\left(\frac{p_{sat}}{610,5}\right)} = \frac{237,3 \cdot \ln\left(\frac{1636}{610,5}\right)}{17,629 - \ln\left(\frac{1636}{610,5}\right)} = 14,36 \text{ °C}$$

(010|3-12)

    - Damit kann der Wert für f_{Rsi} berechnet werden.

$$f_{Rsi} = \frac{\theta_{si} - \theta_e}{\theta_i - \theta_e} = \frac{(+14,36 \text{ °C}) - (-30 \text{ °C})}{(+20 \text{ °C}) - (-30 \text{ °C})} = 0,887$$

(010|3-13)

Um nun die Entstehung eines Wertes für $f_{Rsi,min}$ zu verstehen, muss man diese Berechnung exakt für die obigen Innenraumbedingungen durchführen:

- Voraussetzung ist wiederum die Annahme von 20 °C Raumtemperatur.
- Bei 20 °C Raumtemperatur ergibt sich ein Sättigungsdampfdruck von 2337 Pa.

$$p_{sat} = 610,5 \cdot e^{\frac{17,269 \cdot \theta}{237,3+\theta}} = 610,5 \cdot e^{\frac{17,269 \cdot 20}{237,3+20}} = 2337 \text{ Pa}$$

(010|3-14)

- Frage: Wie wird der erste Punkt (bei 35 % relativer Luftfeuchtigkeit, der zwischen 0,65 und 0,70 liegt) jener Kurve berechnet, die die Werte von $f_{Rsi,min,calc}$ darstellt (punktierte Kurve)?
    - Welcher Dampfdruck besteht an dieser Stelle?

$$p_{sat} = 610,5 \cdot e^{\frac{17,269 \cdot \theta}{237,3+\theta}} = 610,5 \cdot e^{\frac{17,269 \cdot 20}{237,3+20}} = 2337 \text{ Pa}$$

$$p_{70\%} = 2337 \text{ Pa} \cdot 35 \% = 818 \text{ Pa}$$

(010|3-15)

    Welcher Taupunkttemperatur entspricht dies?

$$\theta = \frac{237,3 \cdot \ln\left(\frac{p_{sat}}{610,5}\right)}{17,629 - \ln\left(\frac{p_{sat}}{610,5}\right)} = \frac{237,3 \cdot \ln\left(\frac{818}{610,5}\right)}{17,629 - \ln\left(\frac{818}{610,5}\right)} = 4,09 \text{ °C}$$

(010|3-16)

    - Damit kann der Wert für f_{Rsi} berechnet werden.

$$f_{Rsi} = \frac{\theta_{si} - \theta_e}{\theta_i - \theta_e} = \frac{(+4,09 \text{ °C}) - (-30 \text{ °C})}{(+20 \text{ °C}) - (-30 \text{ °C})} = 0,682$$

(010|3-17)

Dies setzt allerdings den Zusammenhang zwischen 35 % relativer Luftfeuchtigkeit und einer Außentemperatur von -30 °C voraus. Gemäß den obigen
Randbedingungen kann dies angenommen werden (für die Bemessung zur
Kondensatvermeidung: 65 % bei Außenlufttemperaturen von 0 bis 10 °C und
um je 1 % fallend je 1 K Temperaturabnahme der Außenluft unter 0 °C und um
je 1 % steigend je 1 K Temperaturzunahme der Außenluft über 10 °C).
Allerdings deckt sich dies nicht mit den informativen Angaben aus dem Anhang
der ÖNORM EN ISO 13788 [186]. Dort geht man von einer Feuchtedifferenz
zwischen der absoluten Luftfeuchte innen und der absoluten Luftfeuchte außen
in folgender Art und Weise aus:

- Für die Innentemperatur und für die relative Luftfeuchtigkeit werden
  folgende Annahmen vorgeschlagen:

Abbildung 010|3-07: Annahmen für Innentemperatur und rel. Luftfeuchtigkeit gemäß informativem Anhang der
ÖNORM EN ISO 13788 [186]

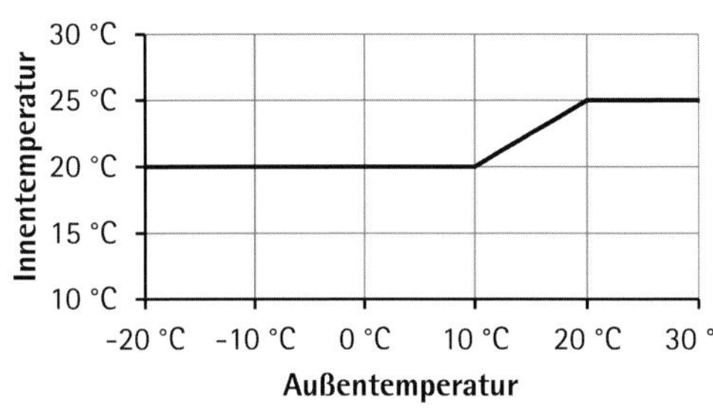
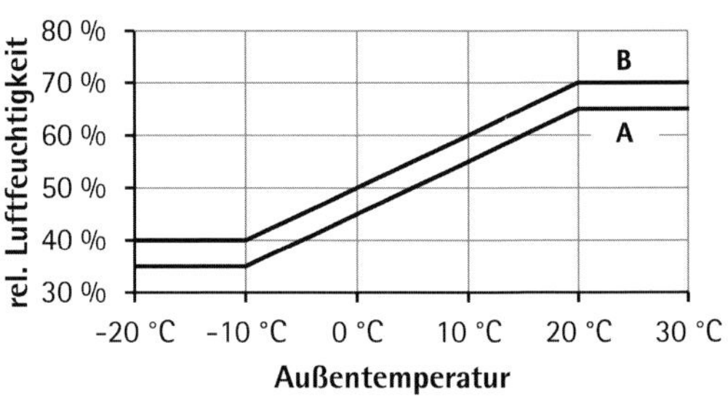

- Weiters werden folgende Luftfeuchteklassen benannt, die sich durch die
  absolute Luftfeuchtedifferenz zwischen innen und außen voneinander
  abgrenzen:

Tabelle 010|3-04: Festlegung von Luftfeuchteklasse gemäß informativem Anhang der
ÖNORM EN ISO 13788 [186]

Luftfeuchteklasse	Gebäude	Δv [kg/m³]
FK1	unbelegte Gebäude, Lagerung trockener Güter	0,002
FK2	Büros, Wohnhäuser bei normaler Belegung und Lüftung	0,004
FK3	Wohnhäuser mit unbekannter Belegung	0,006
FK4	Sporthallen, Küchen, Kantinen	0,008
FK5	besondere Gebäude, z. B. Wäschereien, Brauereien, Schwimmbäder	0,010

Luftfeuchteklassen legen die absolute Luftfeuchtedifferenz zwischen innen und außen fest.

Abbildung 010|3-08: Wasserdampfdruckdifferenzen der Feuchteklassen in
Abhängigkeit von der außenseitigen Temperatur gemäß
informativem Anhang der ÖNORM EN ISO 13788 [186]

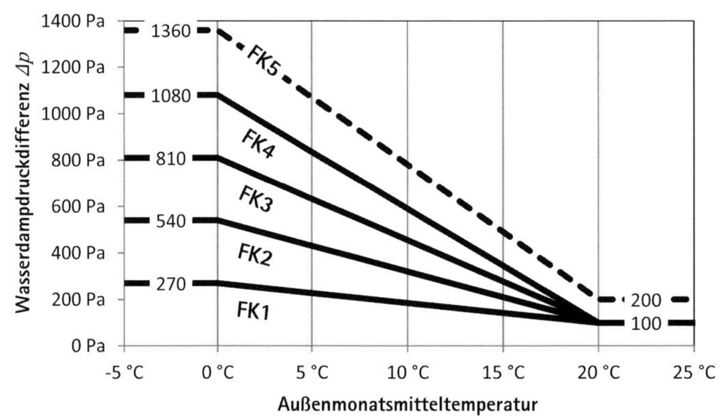

Die Umrechnung erfolgt gemäß folgender Formel:

$$\Delta p = \Delta c \cdot R_{H_2O} \cdot \frac{T_i + T_e}{2} = \frac{G}{n \cdot V} \cdot R_{H_2O} \cdot \frac{T_i + T_e}{2} \rightarrow \Delta c = \frac{G}{n \cdot V}$$

(010|3-18)

Δc	Differenz des absoluten Luftfeuchtigkeitsgehalts	kg/m³
Δp	Wasserdampfdruckdifferenz	Pa
R_{H_2O}	462 (spezifische Gaskonstante von Wasserdampf)	J/kgK
T_i	Innentemperatur	K
T_e	Außentemperatur	K
G	raumseitige Feuchtbelastung	kg/h
$n \cdot V$	Luftvolumenstrom	m³/h

- Gemäß ÖNORM B 8110-5 [100] kann davon ausgegangen werden, dass die absolute Luftfeuchtigkeit in Österreich kaum im Monatsmittelwert unter 0,003 kg/m³ sinkt, so entspräche dies praktisch einer Untergrenze von ca. 42 % für die Luftfeuchteklasse 2 bzw. 54 % für die Luftfeuchteklasse 3 für den kältesten Monat. Dies würde insbesondere in den Übergangsjahreszeiten zu Änderungen im Bemessungsklima führen.

An dieser Stelle sei darauf hingewiesen, dass zum gegenwärtigen Zeitpunkt intensive Diskussionen in den zuständigen Normengremien stattfinden, wie allenfalls auch die informativen europäischen Luftfeuchteklassen berücksichtigt werden könnten.

In Analogie ergibt sich Abbildung 010|3-09 für das Risiko der Schimmelbildung unter der Voraussetzung, dass man die Erhöhung des Risikos ab 80 % relativer Luftfeuchtigkeit annimmt.

Für den Fall des Bemessungs-Innenraumklimas muss die Bedingung $f_{Rsi} \geq 0,71$ zur Hintanhaltung von Schimmelbildung bzw. $f_{Rsi} \geq 0,69$ zur Vermeidung von Kondensation erfüllt werden.

Für die Schimmelbildung wird die Erhöhung des Risikos ab 80 % relativer Luftfeuchtigkeit angenommen.

Abbildung 010|3-09: Temperaturfaktoren f_{Rsi} und $f_{Rsi,min}$ für das Risiko der Schimmelbildung

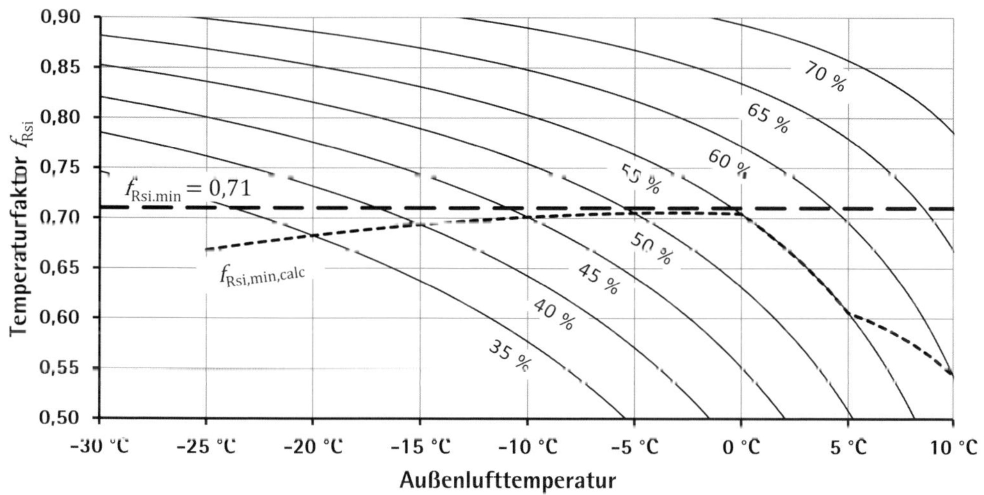

Das folgende Beispiel geht von einem U-Wert von 0,50 W/(m²K) aus, der sich aus 1/(0,04+1,83+0,17) errechnet. Setzt man für dieses Beispiel die Wärmeübergangswiderstände der ÖNORM B 8110-2 [93] ein, so erhält man folgende beispielhafte Oberflächentemperaturen.

Beispiel 010|3-03: Aufbaubeurteilung – relative Luftfeuchtigkeit
38 cm dicke, beidseits verputzte Außenwand mit einem U-Wert von 0,5 W/(m²K)

Außentemperatur [°C]	Oberflächenkondensat ab relativen Luftfeuchtigkeiten von Raumtemperatur [°C]					
	18		20		22	
	Wand	Ecke	Wand	Ecke	Wand	Ecke
-20	74 %	58 %	73 %	57 %	72 %	56 %
-15	77 %	63 %	76 %	62 %	75 %	60 %
-10	80 %	68 %	79 %	66 %	78 %	65 %
-5	83 %	73 %	82 %	71 %	81 %	69 %
±0	87 %	78 %	86 %	76 %	84 %	74 %

Außentemperatur [°C]	Schimmelrisiko ab relativen Luftfeuchtigkeiten von Raumtemperatur [°C]					
	18		20		22	
	Wand	Ecke	Wand	Ecke	Wand	Ecke
-20	59 %	47 %	58 %	46 %	58 %	45 %
-15	61 %	50 %	61 %	49 %	60 %	48 %
-10	64 %	54 %	63 %	53 %	62 %	52 %
-5	67 %	58 %	66 %	57 %	65 %	55 %
±0	69 %	62 %	68 %	61 %	68 %	59 %

zugehörige Wärmebrückenberechnungen siehe Farbteil Bild 010|2-27.

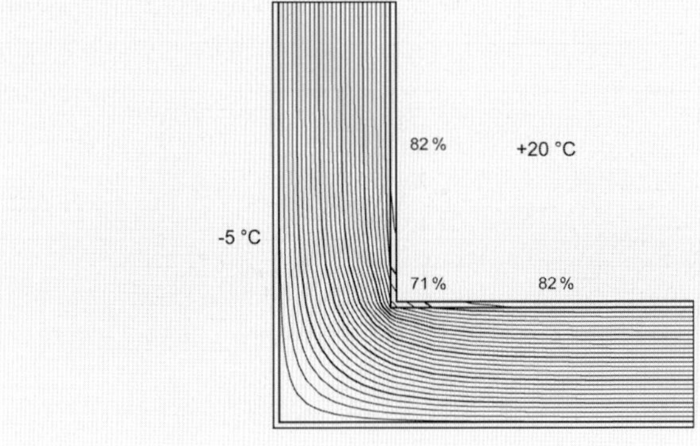

Risiko der Schimmelbildung

Nachdem in den letzten Jahren oftmals Kondensatfreiheit nachgewiesen wurde und trotzdem Schimmelprobleme aufgetreten sind, war es notwendig, die Natur der Schimmelpilze näher in die Betrachtungen des Tauwasserschutzes miteinzubeziehen. Aufgrund der Erkenntnis, dass Schimmelsporen zu deren Entwicklung nicht unbedingt ausgefallenes Wasser – also Tauwasser – vorfinden müssen, sondern ihnen mitunter auch niedrigere Feuchtigkeitswerte ausreichen, wurden als neuer Grenzwert 80 % relative Luftfeuchtigkeit gesetzt. Dieser Wert ist willkürlich und kann nicht als Garant für eine absolute Vermeidung einer Schimmelbildung angesehen werden. Daher beschreibt diese Grenze auch nicht die Vermeidung von Schimmelbildung, sondern nur die Verringerung des Risikos zur Schimmelbildung.

Der Grenzwert 80 % relative Luftfeuchtigkeit kann nicht als Garant für eine absolute Vermeidung einer Schimmelbildung angesehen werden.

Kondensation im Bauteilinneren

Ist der Wärmestrom durch eine ebene Bauteilschicht abhängig von den beiden Oberflächentemperaturen, der Dicke d und der Wärmeleitfähigkeit λ, ausgedrückt als Wärmedurchlasswiderstand R_t, so finden diese Größen für Vorgänge der Diffusion ihre Entsprechung in den Wasserdampf-Teildrücken, der Bauteilschichtdicke d und der Wasserdampf-Diffusionswiderstandszahl μ. Das Ergebnis ist dann der Wasserdampf-Diffusionswiderstand.

$$R_t = \frac{d}{\lambda} \qquad \frac{1}{\Delta} = 1{,}5 \cdot 10^6 \cdot \mu \cdot d = 1{,}5 \cdot 10^6 \cdot s_d \qquad \text{(010|3-19)}$$

R_t	Wärmedurchlasswiderstand	m²K/W
d	Dicke der Bauteilschicht	m
λ	Wärmeleitfähigkeit	W/mK
$1/\Delta$	Wasserdampf-Diffusionswiderstand	m
μ	Diffusionswiderstandszahl	–
s_d	diffusionsäquivalente Luftschichtdicke	m

Bei einschichtigen Bauteilen oder bei Konstruktionen, deren Schichten aus Baustoffen mit ähnlichen Wärme- und Dampfleiteigenschaften bestehen (z. B. Mauerwerk mit Putz), bauen sich Dampfdruck und Temperatur bzw. Sättigungsdruck gleichermaßen ab. Bei diesen Konstruktionen ist normalerweise nicht mit Kondensatbildung zu rechnen. Lediglich bei sehr hohen relativen Luftfeuchtigkeiten innen und außen fällt in einer mehr oder weniger breiten Bauteilzone Tauwasser aus. Hier macht sich bemerkbar, dass die Sättigungsdrucklinie keine Gerade ist, wie üblicherweise angenommen. Die Geraden des vorhandenen Dampfdrucks, die die Dampfstromdichten kennzeichnen, liegen dann als Tangenten an der Sättigungsdruckkurve an.

Abbildung 010|3-10: Kondensatbildung einschaliger Bauteil

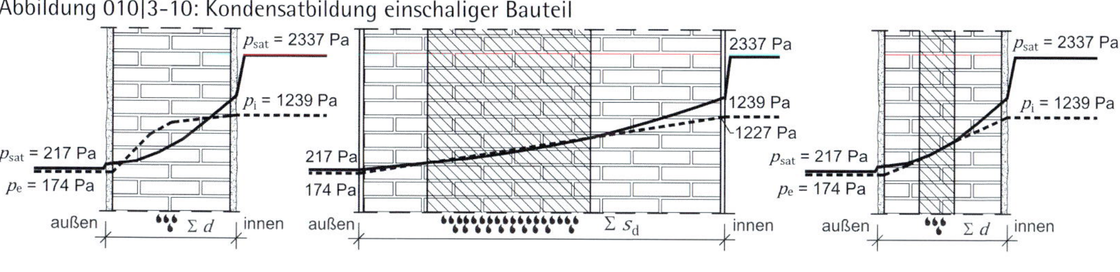

Die Trocknung des Tauwassers erfolgt von den beiden Rändern der Tauwasserzone her. Die beiden Diffusionsstromdichten werden dabei in dem Maße geringer, wie die Zone schmäler wird, weil dadurch der zu überwindende Diffusionswiderstand gleichzeitig größer wird. Der Austrocknungsvorgang verlangsamt sich also stetig. Bei der Berechnung der verdunstenden Mengen wird in der Regel vereinfachend davon ausgegangen, dass die Diffusionsströme von Anfang an von der Mitte der durchfeuchteten Zone ausgehen. Es ist dies eine für die Trocknungsgeschwindigkeit ungünstige Annahme, weil von vornherein mit den geringsten Diffusionsstromdichten gerechnet wird.

Die Vorgangsweise einer Kondensationsberechnung für einen ebenen Bauteil aus mehreren homogenen Bauteilschichten ergibt sich wie folgt:

1. Man berechnet in einem ersten Schritt die beiden Oberflächentemperaturen an der Außenseite θ_{se} und an der Innenseite des Bauteils θ_{si} (Formeln (010|3-20)).

2. Zu diesen Temperaturen ermittelt man die entsprechenden Wasserdampfsättigungsdrücke $p_{s,e}$ und $p_{s,i}$ und die Temperaturen θ_m für alle Ebenen, an denen sich Bauteilschichten berühren. Dabei ist $R_{t,i}$ der Wärmedurchlasswiderstand der i-ten Schicht, wobei die innerste Schicht den Index 1 trägt und die äußerste Schicht den Index n.

3. Daran anschließend kann man die Wasserdampf-Teildrücke p_m der entsprechenden Grenzflächen berechnen. Diese sind jedenfalls für die äußere Oberfläche mit $\varphi_\mathrm{e} = 80\,\%$ bzw. mit $\varphi_\mathrm{i} = 65\,\%$ anzunehmen, allerdings mit eventueller Verminderung bei negativen Außentemperaturen (Formeln (010|3-21)).

$$\theta_\mathrm{se} = \theta_e + R_\mathrm{se} \cdot U \cdot (\theta_i - \theta_e)$$
$$\theta_\mathrm{si} = \theta_i + R_\mathrm{si} \cdot U \cdot (\theta_i - \theta_e)$$
$$\theta_\mathrm{m} = \theta_i - (\theta_i - \theta_e) \cdot U \cdot \left(R_\mathrm{si} + \sum_{i=1}^{m} R_\mathrm{t,i}\right)$$

(010|3-20)

θ_si	Oberflächentemperatur innen	°C
θ_se	Oberflächentemperatur außen	°C
R_si	innerer Wärmeübergangswiderstand	m²K/W
R_se	äußerer Wärmeübergangswiderstand	m²K/W
θ_m	Temperatur zwischen zwei Schichten	°C

$$p_\mathrm{i} = \varphi_\mathrm{i} \cdot p_\mathrm{s,i} \qquad\qquad p_\mathrm{e} = \varphi_\mathrm{e} \cdot p_\mathrm{s,e}$$
$$p_\mathrm{m} = p_\mathrm{i} - (p_\mathrm{i} - p_e) \cdot \frac{\sum_{i=1}^{m} \mu_\mathrm{i} \cdot d_\mathrm{i}}{\sum_{i=1}^{n} \mu_\mathrm{i} \cdot d_\mathrm{i}}$$

(010|3-21)

$p_\mathrm{s,i}, p_\mathrm{s,e}$	Wasserdampfdruck innen und außen	Pa
$\varphi_\mathrm{i}, \varphi_\mathrm{e}$	relative Luftfeuchtigkeit innen und außen	%
p_m	Wasserdampfdruck einer bestimmten Schicht	Pa
μ_i	Diffusionswiderstandszahl	–
d_i	Schichtdicke	m

4. Der Vergleich der Teildrücke mit den Sättigungsdrücken liefert dann jene Bereiche, für die Kondensatgefahr besteht. Gemäß ÖNORM B 8110-2 [93] sind Bauteilschichten mit einem Wärmedurchlasswiderstand >0,25 m²K/W so lange zu unterteilen, bis deren Wärmedurchlasswiderstände kleiner gleich 0,25 m²K/W sind.

5. Abschließend können die eindiffundierende Wasserdampfdiffusionsstromdichte g'_ein für jede Schicht m und in Analogie die ausdiffundierende Wasserdampfdiffusionsstromdichte g'_aus berechnet werden. Kondensation tritt jedenfalls nur dann auf, wenn die eindiffundierende Wasserdampfdiffusionsstromdichte größer als die ausdiffundierende ist, und es berechnet sich damit die stündlich kondensierende Wasserdampfmenge (Formeln (010|3-22)).

$$g'_\mathrm{ein,m} = \frac{p_\mathrm{i} - p_\mathrm{m}}{1{,}5 \cdot 10^6 \cdot \sum_{j=1}^{m} \mu_\mathrm{j} \cdot d_\mathrm{j}}$$
$$g'_\mathrm{aus,m} = \frac{p_m - p_e}{1{,}5 \cdot 10^6 \cdot \sum_{j=m+1}^{n} \mu_\mathrm{j} \cdot d_\mathrm{j}}$$
$$g'_\mathrm{K} = g'_\mathrm{ein} - g'_\mathrm{aus}$$

(010|3-22)

g'_ein	eindiffundierende Wasserdampfdiffusionsstromdichte	kg/m²h
g'_aus	ausdiffundierende Wasserdampfdiffusionsstromdichte	kg/m²h
g'_K	stündlich kondensierende Wasserdampfmenge	kg/m²h

Diese Berechnungsweise ist für alle Temperaturen gemäß dem angegebenen Berechnungsklima durchzuführen und dabei jene Höchsttemperatur $\theta_\mathrm{e,K}$ zu ermitteln, für die keine Kondensation mehr auftritt. Dabei sind die Fälle, bei denen Kondensation in einer oder zwei Ebenen oder in einer Zone auftritt, zu unterscheiden. Gibt die Zahl N_i die Anzahl der Stunden an, für die eine Außentemperatur des Berechnungsklimas herrscht, so ergibt sich die flächenbezogene kondensierende Wasserdampfmenge G'_K über die gesamte Kondensationsperiode.

Dem gegenüber steht die ausdiffundierende Wasserdampfmenge während der Austrocknungsperiode G'_A, die unter der Voraussetzung für Innen- und Außenluft von +15 °C und 70 % relativer Luftfeuchtigkeit zu berechnen ist (Formeln (010|3-23)).

$$G'_K = \sum_{i=\theta_{e,min}}^{\theta_{e,K}} g'_{K,i} \cdot N_i$$

$$G'_A = \left(\frac{(1-\varphi_i) \cdot p_S}{1,5 \cdot 10^6 \cdot \sum_{j=1}^{m} \mu_j \cdot d_j} + \frac{(1-\varphi_e) \cdot p_S}{1,5 \cdot 10^6 \cdot \sum_{j=m+1}^{n} \mu_j \cdot d_j} \right) \cdot 2880$$

(010|3-23)

G'_K	eindiffundierende Wasserdampfmenge	kg
G'_A	ausdiffundierende Wasserdampfmenge	kg

Dabei besteht die Annahme einer Austrocknungsperiode von 2880 Stunden. Gemäß ÖNORM B 8110-2:1995 [104] wären für eine Vermeidung der Gefährdung durch Tauwasser nachfolgende Kriterien einzuhalten: dass
-   eine Speicherung des Kondenswassers möglich ist,
-   die Kondensatmenge 500 g/m² und Tauwasserperiode nicht überschreitet,
-   durch das Kondenswasser der Wärmedurchlasswiderstand des Bauteils um nicht mehr als 10 % vermindert wird,
-   keine Baustoffschädigung durch das Kondensat besteht und
-   die Kondensatmenge wieder austrocknen kann.

Zusammenfassend lassen sich folgende Grundregeln zur Vermeidung von Bauteilkondensatbildung, d. h. einem Erreichen oder Überschneiden von Wasserdampfteildruck und Sättigungsdruck ableiten:

-   Der Wärmedämmwert der Einzelschichten sollte von innen nach außen zunehmen.
-   Die Dampfdichtigkeit der Einzelschichten sollte von innen nach außen abnehmen.
-   Notfalls sind Dampfbremsen auf der Innenseite der Wärmedämmung anzubringen.

Eine geringe Menge Kernkondensat, die sich im Laufe des Winters ansammelt, ist unbedenklich, wenn sichergestellt ist, dass sie im Laufe des Sommers wieder austrocknet. Konstruktionen mit Außendämmung und geringem Dampfdurchlasswiderstand der äußeren Schichten sind in der Regel auch unter extremen Klimabedingungen nicht kondensatgefährdet, denn im gesamten Querschnitt wird durch die Wärmedämmung ein hoher Sättigungsdruck gewährleistet.

Nach der neuen EN ISO 13788 wird nach folgendem Prinzip vorgegangen.

$$g = \delta_0 \cdot \frac{\Delta p}{s_d} = 2 \cdot 10^{-10} \cdot \frac{\Delta p}{s_d}$$

(010|3-24)

Δp	Dampfdruckdifferenz	Pa
s_d	wasserdampfdiffusionsaquivalente Luftschichtdicke	m
δ_0	Wasserdampfdiffusions-Leitkoeffizient der Luft	kg/msPa

Der Gesamt-Wärmedurchlasswiderstand berechnet sich unter Verwendung der hier anzuwendenden Wärmeübergangswiderstände. Diese sind der Tabelle 010|2-02 zu entnehmen.

$$R'_T = R_{se} + \sum_{j=1}^{N} R_j + R_{si}$$

(010|3-25)

R_j	Wärmedurchlasswiderstand der j-ten Schicht	m²K/W
R_{se}, R_{si}	Wärmedurchlasswiderstand außen und innen	m²K/W

$$s'_{d,T} = \sum_{j=1}^{N} s_{d,j} \qquad s'_{d,c} = \sum_{j=1}^{c} s_{d,j} \qquad s'_{d,n} = \sum_{j=1}^{n} s_{d,j}$$

(010|3-26)

$s'_{d,T}$	wasserdampfdiffusionsäquivalente Gesamtluftschichtdicke	m
$s'_{d,c}$	wasserdampfdiffusionsäquivalente Luftschichtdicke bis zur Kondensatebene	m
$s'_{d,n}$	wasserdampfdiffusionsäquivalente Luftschichtdicke bis zur n-ten Schicht	m

Akkumulierter Wärmedurchlasswiderstand bis zur n-ten Schicht

$$R'_n = R_{se} + \sum_{j=1}^{n} R_j$$

(010|3-27)

Damit lassen sich an den Schichtgrenzen die Temperaturen wie folgt berechnen:

$$\theta_n = \theta_e + \frac{R'_n}{R'_T} \cdot (\theta_i - \theta_e)$$

(010|3-28)

θ_e, θ_i	Außen- und Innentemperatur	°C

Bei Kondensation an einer Schichtgrenze wird nach folgendem Prinzip vorgegangen:

$$g_c = \delta_0 \cdot \left(\frac{p_i - p_c}{s'_{d,T} - s'_{d,c}} - \frac{p_c - p_e}{s'_{d,c}} \right)$$

(010|3-29)

p_i, p_e	Wasserdampfdruck innen, außen	Pa
p_c	Wasserdampfdruck an Kondensatebene	Pa

Umgekehrt lässt sich die Verdunstungsmenge für diesen Fall wie folgt berechnen:

$$g_{ev} = \delta_0 \cdot \left(\frac{p_i - p_c}{s'_{d,T} - s'_{d,c}} - \frac{p_c - p_e}{s'_{d,c}} \right)$$

(010|3-30)

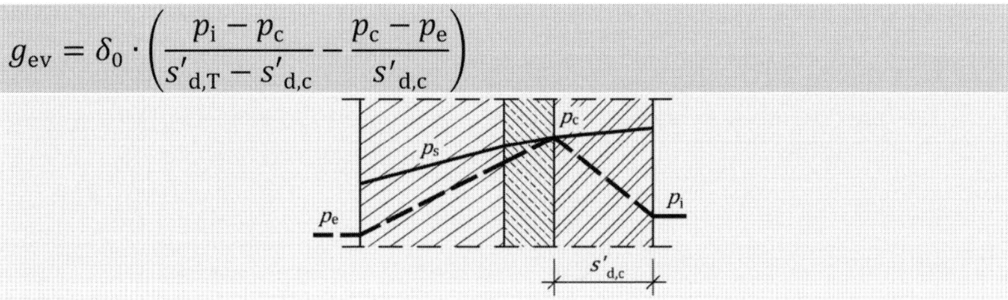

Bei Kondensation an mehreren Schichten wird alternativ nach folgendem Prinzip vorgegangen:

$$\text{Grenzschicht c1:} \quad g_{c1} = \delta_0 \cdot \left(\frac{p_{c2} - p_{c1}}{s'_{d,c2} - s'_{d,c1}} - \frac{p_{c1} - p_e}{s'_{d,c1}} \right)$$

$$\text{Grenzschicht c2:} \quad g_{c2} = \delta_0 \cdot \left(\frac{p_i - p_{c2}}{s'_{d,T} - s'_{d,c2}} - \frac{p_{c2} - p_{c1}}{s'_{d,c1}} \right)$$

(010|3-31)

Für die Verdunstungsperiode ergibt sich analog:

Grenzschicht c1:
$$g_{ev1} = \delta_0 \cdot \left(\frac{p_{c2} - p_{c1}}{s'_{d,c2} - s'_{d,c1}} - \frac{p_{c1} - p_e}{s'_{d,c1}} \right)$$

Grenzschicht c2:
$$g_{ev2} = \delta_0 \cdot \left(\frac{p_i - p_{c2}}{s'_{d,T} - s'_{d,c2}} - \frac{p_{c2} - p_{c1}}{s'_{d,c2} - s'_{d,c1}} \right)$$

(010|3-32)

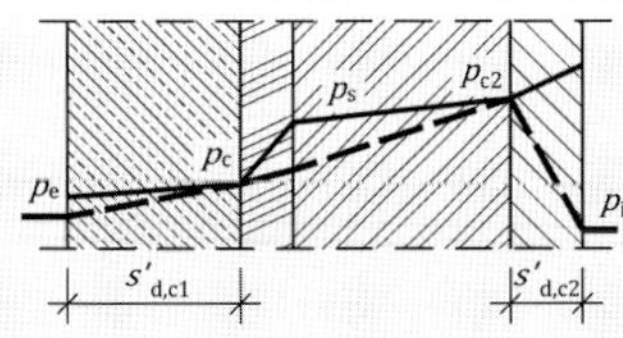

Dabei wird anders als in bisherigen Berechnungen nicht mit einem Stundenklima gerechnet, sondern mit Monatsmittelwerten. Das bedeutet, dass auch die Verdunstungsperiode jeweils komplett durchzurechnen ist. Das praktische Vorgehen kann wie folgt empfohlen werden:

1. Man stellt mit dem kältesten Monat fest, ob überhaupt an einer Grenzschicht Kondensation auftritt.

2. Ist das der Fall, sucht man den ersten Monat, in dem Kondensation aufritt und akkumuliert die Kondensationsmenge ab diesem Monat.

3. Wenn auch Verdunstung vorkommt, akkumuliert man weiter, bis kein Kondensat mehr vorhanden ist.

4. Die Festlegungen der bisherigen Berechnungen bezüglich der maximalen Kondensationsmenge bleiben unberührt.

⇦ praktisches Vorgehen zur Berechnung von Kondensat im Bauteil

Diese neue Methode führt zu geringfügig anderen Ergebnissen. Nachdem angenommen werden darf, dass die „alte" Methode etwas schärfer war, konnte man sich bei der Verabschiedung der Norm dazu durchringen, auch „alte" Ergebnisse weiterhin gültig zu belassen.

Ausblick

010|3|8

Damit bleibt abschließend ein Ausblick zu geben. Dazu braucht es vermutlich mehrere Schritte.

- Festhalten, für welche Fälle das bisherige Nachweisverfahren ausreichend ist
- Beschreiben des zusätzlichen Nachweisschrittes betreffend Austrocknung im Falle eines bekannten Feuchteanfalls
- Beschreiben der Methodik bezüglich konvektiven Feuchteeintritts
- Überarbeiten der sogenannten Bemessungs-Randbedingungen im Zusammenhang mit den Feuchtklassen der Europäischen Normung

Es sei an dieser Stelle festgehalten, wie wenig die Diskussion über zu viele Normen der Realität gerecht wird. Hier gibt es offensichtlich die Notwendigkeit von Regelungen, gleichzeitig aber ein massives Ressourcenproblem zu dessen Lösung. Möge dies vor dem Zusammenhang mit allgemeinen gesellschaftlichen Interessen bald gelöst werden.

Beispiel 010|3-04: Aufbaubeurteilung – Kondensatbildung

Ausgangspunkt Aufbau

Berechnung U-Wert homogene Außenwand	d [m]	λ [W/(mK)]	d/λ [m²K/W]	μ [-]	$\mu \cdot d$ [m]
Wärmeübergangswiderstand (außen)		$R_{se} =$	0,040		
Stahlbeton	0,100	2,300	0,043	75,0	7,500
Dämmung	0,100	0,040	2,500	35,0	3,500
Stahlbeton	0,150	2,300	0,065	75,0	11,250
Innenputz	0,020	0,700	0,029	10,0	0,200
Wärmeübergangswiderstand (innen)		$R_{si} =$	0,130		
Wärmedurchgangswiderstand		$R_{T} =$	2,807		
Wärmedurchgangskoeffizient [W/(m²K)]		$U = 1/R_T =$	0,356	$\Sigma \mu \cdot d =$	22,450

Berechnung der Kondensat- bzw. Verdunstungsmengen

Monat	t_e [°C]	φ_e [%]	t_i [°C]	φ_i [%]	N_i [d]	g_c bzw. g_{ev} [g/m²]
1	-3,79	80,00	20,00	61,21	31	26,15
2	-0,76	80,00	20,00	64,24	28	19,85
3	3,66	80,00	20,00	65,00	31	11,82
4	8,51	80,00	20,00	65,00	30	-3,77
5	13,23	75,00	20,00	68,23	31	-26,51
6	16,49	75,00	20,00	71,49	30	-40,75
7	18,35	75,00	20,00	73,35	31	-52,43
8	17,64	75,00	20,00	72,64	31	-48,36
9	14,23	80,00	20,00	69,23	30	-24,34
10	8,58	80,00	20,00	65,00	31	-4,12
11	2,44	80,00	20,00	65,00	30	14,63
12	-2,40	80,00	20,00	62,60	31	24,42

Kumulierung der Ergebnisse

Monat	g_c bzw. g_{ev} [g/m²]	g_{cum} [g/m²]	N_i [d]	g_{cum} [kg/m²]
11	14,63	14,63	30	Kondensation
12	24,42	39,05	31	Kondensation
1	26,15	65,20	31	Kondensation
2	19,85	85,04	28	Kondensation
3	11,82	96,86	31	Kondensation
4	-3,77	93,10	30	Verdunstung
5	-26,51	66,59	31	Verdunstung
6	-40,75	25,84	30	Verdunstung
7	-25,84	0,00	16	Verdunstung
8	-48,36	0,00	-	Verdunstung
9	-24,34	0,00	-	Verdunstung
10	-4,12	0,00	-	Verdunstung

Es ergibt sich, dass nach Einsetzen der ersten Kondensationsbildung im November maximal 96,86 g/m² im März erreicht werden und im Juli bereits theoretisch nach 16 Tagen die gesamte Kondensationsmenge verdunstet ist.

Sommerlicher Wärmeschutz

In Österreich gibt es seit 1989 einen normativen Nachweis für die Vermeidung der sommerlichen Überwärmung. Allerdings ist das Verfahren massiver Kritik ausgesetzt, zumal es Luftwechsel von der Größe der Immissionsflächen abhängig ermittelt (wie dies durchaus in der Praxis auch oft der Fall ist), dabei aber die Öffenbarkeit dieser Immissionsflächen nicht überprüft. Grundsätzlich basieren die alten Anforderungen auf einem ausgewählten Sommerklima, das für Österreich ein statistisches Maximum darstellt, und der Annahme, dass Menschen grundsätzlich an Wohlbefinden verlieren, wenn die Lufttemperatur über 27 °C ansteigt. Allerdings setzt die Norm auch voraus, dass jedenfalls Lüftung auch zu einem Zeitpunkt stattfindet, wo dies überhaupt sinnvoll ist – also in den kühleren Nachtstunden –, und dass allenfalls innerhalb des Nachweises verwendete Abschattungseinrichtungen auch während der Immissionszeit in Verwendung sind.

Mittlerweile ist ein neues Rechenverfahren durch das Erscheinen der Neufassung der ÖNORM B 8110-3:2012 eingeführt worden, dessen Darstellung sich allerdings durch Hinweise auf die Europäischen Normen EN ISO 13791 und EN ISO 13792 beschränkt. Nicht zuletzt aus diesem Grund ist der zwar äußerst begrüßenswerte Umstand, dass Verfahren methodisch nachzujustieren, in den bautechnischen Vorschriften noch nicht verankert, zumal ebendort ausschließlich Methoden, für die Validierungen exakt dargelegt sind, vorgeschrieben werden können und dürfen.

Für einen rechnerischen Nachweis – und zwar sowohl nach dem alten Verfahren als auch nach dem neuen – ist der ungünstigste Raum aus der Sicht der sommerlichen Überwärmung zu suchen. Es ist dies naturgemäß einer jener Räume, der eine große Immissionsfläche besitzt und im Verhältnis dazu wenig Speichermasse bzw. Speicherkapazität aufweist. Bei der Berechnung des Heizwärmebedarfs von Gebäuden können auch Gewinne in Rechnung gestellt werden. Gewinne infolge solarer Strahlung fallen jedoch nicht immer dann an, wenn sie aus energetischer Sicht erwünscht sind. Aufgrund der thermischen Trägheit von Bauteilen im Gebäude stellt sich eine Verschiebung des Temperaturverlaufs der Raumluft gegenüber der Außenluft ein. Ist im Winter eine Speicherung allenfalls stattgefundener solarer Immission wünschenswert, so gilt für den Sommer ein wahrscheinlich umgekehrtes Bild. Dann sollen die Bauteilmassen über die Nachtstunden auskühlen, um am darauffolgenden Tag wieder als Speichermasse gegen die Raumlufterwärmung zufolge solarer Einstrahlung zu wirken.

In diesem Kapitel werden beide Verfahren dargestellt, wobei insbesondere die Darstellung des neuen Verfahrens einen Beitrag zu einer zukünftig gesicherten Anwendung leisten soll.

Wärmespeicherung

Wärmespeicherung darf nicht mit Wärmedämmung verwechselt werden. Während die Wärmedämmung mit zunehmendem Raumgewicht abnimmt, nimmt die Wärmespeicherung zu. Eine gute Wärmespeicherung bewirkt:
- langsames Aufheizen der Räume
- langsames Auskühlen bei Heizungsunterbrechung
- geringe Temperaturschwankungen im Raum
- verzögerte Wärmeabgabe bei Sonnenbestrahlung von außen

Die hohe Wärmespeicherung ist überall dort erstrebenswert, wo Räume dauernd beheizt werden, besonders wirksam aber auch bei Sonneneinstrahlung im Sommer. Das langsame Aufheizen bewirkt, dass sich die Räume während des Sommertages nicht voll erwärmen und in der Nacht durch die Wärmeabgabe der Wände nicht voll auskühlen. Gerade in Dachgeschoßen wäre eine gute Speicherfähigkeit wichtig und kann dort wegen der aus statischen Gründen oft eingeschränkten Ausbaulasten nicht immer erreicht werden. Eine geringe Speicherfähigkeit ist hingegen bei allen Räumen erwünscht, die nur eine kurze Benutzungsdauer aufweisen und rasch aufgeheizt werden sollen.

Bauteile, die sich in einer Umgebung mit höherer Temperatur befinden, haben das Bestreben, Wärme aus der sie umgebenden Luft aufzunehmen. Wird während dieses Vorgangs der Luft keine Wärme zugeführt, so kühlt sie wegen der Wärmeabgabe an den Bauteil ab. Wird die Luft erwärmt, so verringert die Wärmespeicherung die Aufheizung bzw. verlangsamt sie.

Die in den Bauteil eindringende Wärme wird im Bauteil so lange gespeichert, wie die Umgebungstemperatur größer als die Bauteiltemperatur ist. Die speicherbare bzw. gespeicherte Wärmemenge ist dabei abhängig vom Wärmespeicherwert der Konstruktion und der Temperaturdifferenz zwischen Bauteil- und Lufttemperatur. Werden zwischen der Wärme abgebenden Luft und der Wärme speichernden Bauteilschicht Wärmedämmschichten angeordnet, so verringert sich die Wärmespeicherfähigkeit dadurch, dass nur noch die geringere Temperaturdifferenz zwischen Dämmschicht und Wärmespeicherschicht wirksam wird. Bei diesen Bauteilen verändert sich also die Wärmespeicherfähigkeit je nach Richtung des Wärmestromes. Es ergibt sich dadurch eine unterschiedliche innere und äußere Wärmespeicherfähigkeit.

Abbildung 010|4-01: Wärmeaufnahme und -abgabe (schematisch)

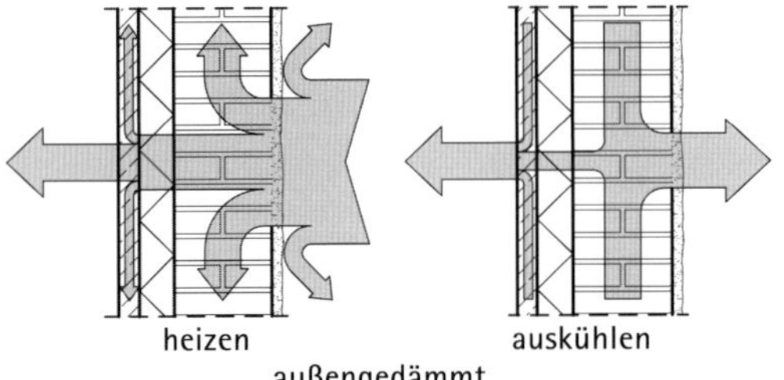

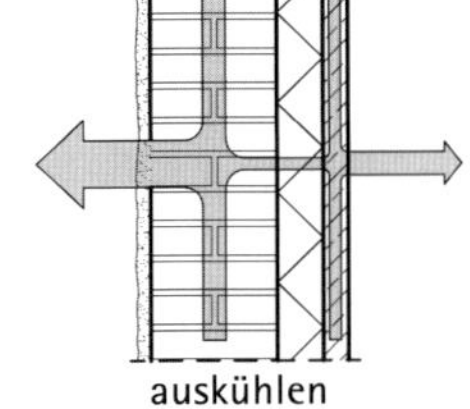

Abbildung 010|4-02: Wärmeträgheit [33]

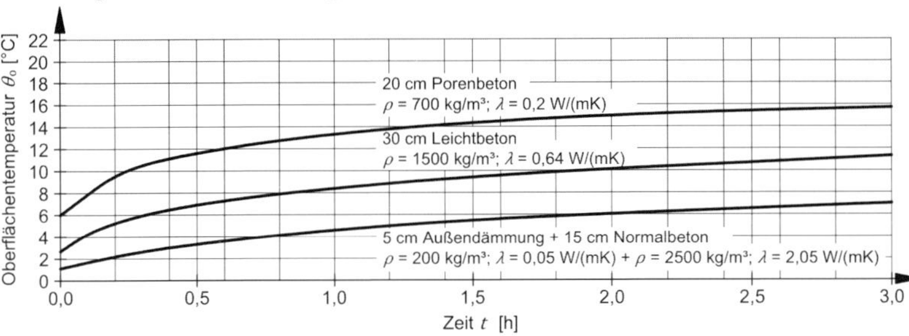

Bisher nicht erwähnt und bewertet wurde die Frage, wie schnell die Speicherfähigkeit eines Bauteils erschöpft ist. Es leuchtet ein, dass eine optimale Raumklimabeeinflussung nur dann stattfindet, wenn die beschriebene Wärmeaufnahme und Wärmeabgabe im Gegentakt zur Aufheizung und Auskühlung, also zum Beispiel im Tag-Nacht-Rhythmus, erfolgt.

Abbildung 010|4-03: Temperaturamplitudendämpfung und Phasenverschiebung [33]

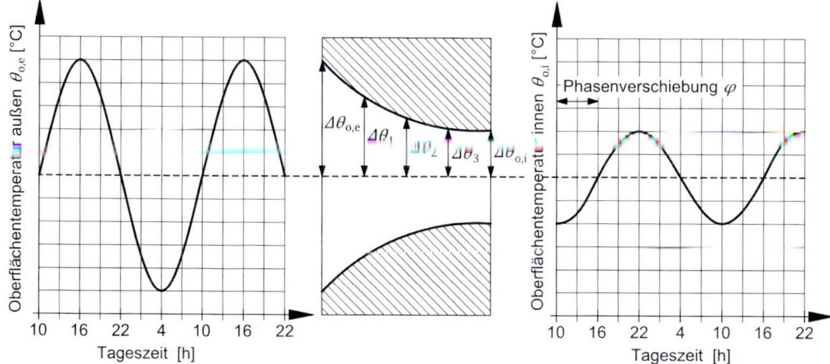

Neben der Wärmespeicherfähigkeit des Bauteils ist daher dessen Wärmebeharrungsvermögen oder Wärmeträgheit von Belang. Diese Eigenschaft gibt Aufschluss darüber, wie schnell die Wärme in den Bauteil eindringen kann. Sie ist also abhängig von der Wärmeeindringzahl. Diese steigt sowohl mit wachsender Wärmeleitzahl als auch mit der Dichte des Materials. Berührt man z. B. eine Stahlplatte und einen Wärmedämmstoff mit der bloßen Hand, dann ist die empfundene Temperatur der Stahlplatte viel niedriger als die des Wärmedämmstoffes, auch wenn beide Gegenstände die gleiche Temperatur aufweisen. Besonders Wärmedämmstoffe und andere Materialien mit einer kleinen Wärmeleitfähigkeit zeichnen sich durch eine geringe Wärmeeindringzahl aus.

Speicherwirksame Masse – vereinfachte Berechnung

Grundsätzlich ist es relativ einfach, die thermische Trägheit von Bauteilen zu berechnen. Es bedarf nur der Lösung der instationären Wärmeleitungsgleichung für eine gewisse Periode im eingeschwungenen Zustand. Basierend auf Europäischen Normen, geschieht dies in der ÖNORM EN ISO 13786 [185] unter Miteinbeziehung der Übergangswiderstände als Speicherkapazität von Bauteilen.

Die spezifische Wärmekapazität ist eine der wenigen Stoffparameter, für die noch keine Normprüfung besteht, obwohl eine Fülle von Literaturwerten vorhanden ist. In ÖNORM B 0110-3 [109] ist ein einfaches Verfahren ausgearbeitet worden. Der zeitliche Temperaturverlauf $\theta(t)$ in einem Material, welches bei der Temperatur θ_a konditioniert wurde und in ein Wärmebad θ_b getaucht wird, lässt sich dann nach Formel (010|4-01) ausdrücken, wobei λ die Wärmeleitfähigkeit, ρ die Rohdichte und c die spezifische Wärmekapazität ist. Misst man diesen Temperaturverlauf, kann durch Iteration die unbekannte spezifische Wärmekapazität ermittelt werden.

$$\theta(t) = f(t, \lambda, c, \rho, \theta_a, \theta_b)$$

In den Bildern 010|2-35 bis 37 des Farbteils Kapitel 010|2 sind der Eintauchvorgang und die Temperaturentwicklung in idealisierten Materialprismen mit verschiedenen spezifischen Wärmekapazitäten und gleichen Rohdichten und Wärmeleitfähigkeiten abgebildet. Die ÖNORM B 8110-3 [109] verwendet ebendiesen Berechnungsalgorithmus, vernachlässigt aber die Übergangswiderstände und rechnet nach Erhalt der Speicherkapazität unter nachfolgenden Annahmen in Speichermassen um:

Die Wärmeträgheit gibt Aufschluss darüber, wie schnell die Wärme in den Bauteil eindringen kann.

010|4|1|1

(010|4-01)

- Annahme der spezifischen Speicherkapazität mit 0,5 kJ/(kg·K) für metallische, mit 1,0 kJ/(kg·K) für mineralische und 2,0 kJ/(kg·K) für organische Baustoffe
- Berücksichtigung von maximal der Hälfte der Bauteildicke (z. B. werden bei 16 cm dicken Bauteilen nur 8 cm berücksichtigt), maximal 10 cm (z. B. werden bei 30 cm dicken Bauteilen nur 10 cm berücksichtigt) oder maximal bis zur ersten Dämmstoffschicht (z. B. werden bei einem Fußbodenaufbau nur der Trockenestrich oder der Betonestrich bis zur Trittschalldämmschicht berücksichtigt)
- Die so zu berechnende Speicherkapazität $d \cdot \rho \cdot c$ wird anschließend mit der Referenzspeicherkapazität c_0 = 1046,7 J/(kg·K) in Speichermassen umgerechnet.

Ein exaktes Verfahren ist der ÖNORM ISO EN 13786 [185] zu entnehmen, wo auch die Grenzen der vereinfachten Methode aufgezeigt sind. Dabei ergeben sich grundsätzlich drei Lösungen, und zwar die Lösung unter
- adiabatischen Randbedingungen,
- konstanten Randbedingungen und
- periodischen Randbedingungen.

Gemäß der ÖNORM B 8110-3:1999 wurde die speicherwirksame Masse aus dem Minimum der drei Lösungen ermittelt, seit der ÖNORM B 8110-3:1999 soll mit der Lösung unter periodischen Randbedingungen weitergerechnet werden. Dies bedeutet, dass sich gemäß dieser Norm auch die Ergebnisse minimal ändern, allerdings grundsätzlich auf die ungünstigere Seite, was Ergebnisse nach dem bisherigen Verfahren jedenfalls in der überwiegenden Anzahl Fälle sicher erscheinen lässt.

$$m_{\mathrm{w,B,A}} = \frac{c \cdot \rho \cdot d}{c_0}$$

(010|4-02)

$m_{\mathrm{w,B,A}}$	flächenbezogene speicherwirksame Masse	kg/m²
c	spezifische Wärmekapazität nach obiger Festlegung	kJ/kgK
ρ	Rohdichte der Bauteilschicht	kg/m³
d	in Rechnung zu stellende Dicke nach obiger Festlegung	m
c_0	Referenzspeicherkapazität	kJ/kgK

$$m_{\mathrm{w,B,A}}$$

Beispiel 010|4-01: vereinfachte Berechnung der speicherwirksamen Masse

20 cm Stahlbetonwand mit außenliegendem Wärmedämmverbundsystem:

Schichtaufbau	d [m]	$d_{(\leq 10\mathrm{cm})}$ [m]	ρ [kg/m³]	c [kJ/(kg·K)]	$d \cdot c \cdot \rho$ [kJ/(m²K)]
Spachtelung	0,005	0,005	1600	1,00	8,00
Stahlbeton	0,200	0,095	2400	1,08	246,24
Speicherkapazität					254,24
Umrechnung in Speichermassen				[kg/(m²K)]	242,13
exaktes Ergebnis				[kg/(m²K)]	282,88

75 cm beidseits verputztes Vollziegelmauerwerk:

Schichtaufbau	d [m]	$d_{(\leq 10\mathrm{cm})}$ [m]	ρ [kg/m³]	c [kJ/(kg·K)]	$d \cdot c \cdot \rho$ [kJ/(m²K)]
Innenputz	0,020	0,02	1600	1,00	32,00
Vollziegelmauerwerk	0,750	0,08	1700	0,92	122,40
Speicherkapazität					154,40
Umrechnung in Speichermassen				[kg/(m²K)]	147,00
exaktes Ergebnis				[kg/(m²K)]	127,59

Speicherwirksame Masse – exakte Berechnung

010|4|1|2

Die exakte Berechnung der thermischen Trägheit von Gebäuden oder Räumen nach der ÖNORM EN ISO 13786 [184] erfordert erheblichen mathematischen

Aufwand. Grundsätzlich ist bei den folgenden Betrachtungen von sogenannten eingeschwungenen Zuständen auszugehen, die sich hinsichtlich der Temperatur und des Wärmestromes durch folgende beide Ansätze zusammenfassen lassen [22]:

Ansatz für die Beschreibung der Temperatur im eingeschwungenen Zustand:

$$\theta_n(t) = \theta_n + |\theta_n| \cdot cos(\omega t + \psi) = \theta_n + \frac{1}{2}\left[\theta_{+n} \cdot e^{j\omega t} + \theta_{-n} \cdot e^{-j\omega t}\right]$$

(010|4-03)

Ansatz für die Beschreibung des Wärmeflusses im eingeschwungenen Zustand:

$$\psi_n(t) = \bar{\phi}_n + |\hat{\phi}_n| \cdot cos(\omega t + \varphi) = \bar{\phi}_n + \frac{1}{2}\left[\hat{\phi}_{+n} \cdot e^{j\omega t} + \hat{\phi}_{-n} \cdot e^{-j\omega t}\right]$$

(010|4-04)

Als Periode dient jedenfalls ein Tag. Abweichungen davon sind durchaus denkbar, sobald von Nutzungsabständen auszugehen ist. Beispielsweise war es früher üblich, die thermische Trägheit von bestimmten Gebäuden für eine Periode von 72 Stunden zu berechnen, um die Periode eines Wochenendes zu simulieren.

Definition der Kreisfrequenz für die Periode eines Tages:

$$\omega = \frac{2\pi}{T} = \frac{2\pi}{86400}$$

(010|4-05)

Definition der harmonischen thermischen Leitwerte L_{mn} im eingeschwungenen Zustand:

$$\phi_m = -\sum_n L_{mn} \cdot \hat{\theta}_n$$

(010|4-06)

Definition der Wärmekapazität:

$$C_m = \frac{1}{\omega} \cdot \left|\sum_n L_{mn}\right|$$

(010|4-07)

Definition des flächenbezogenen thermischen Leitwertes eines ebenen Bauteils:

$$Y_{mn} = \frac{L_{mn}}{A} = -\frac{\hat{q}_m}{\hat{\theta}_n}$$

(010|4-08)

Definition der flächenbezogenen Wärmekapazität eines ebenen Bauteils:

$$\chi_m = \frac{C_m}{A} = \frac{1}{\omega} \cdot |Y_{mm} - Y_{mn}|$$

(010|4-09)

Definition des allgemeinen Dekrementfaktors:

$$f = \frac{|\hat{q}_m|}{|\hat{\theta}_n| \cdot U} = \frac{|L_{mn}|}{A \cdot U}$$

(010|4-10)

Definition der periodischen Eindringtiefe:

$$\delta = \sqrt{\frac{\lambda \cdot T}{\pi \cdot \rho \cdot c}}$$

(010|4-11)

Definition der Übergangsmatrix:

$$\begin{pmatrix}\hat{\theta}_2 \\ \hat{q}_2\end{pmatrix} = \begin{pmatrix}Z_{11} & Z_{12} \\ Z_{21} & Z_{22}\end{pmatrix} \cdot \begin{pmatrix}\hat{\theta}_1 \\ \hat{q}_1\end{pmatrix}$$

(010|4-12)

Festlegung des Verhältnisses aus Schichtdicke und Eindringtiefe:

$$\xi = \frac{d}{\delta}$$

(010|4-13)

Festlegung der Schichtmatrixelemente:

$$Z_{11} = Z_{22} = \cosh(\xi) \cdot \cos(\xi) + [\sinh(\xi) \cdot \sin(\xi)] \cdot i$$

$$Z_{12} = -\frac{\delta}{2 \cdot \lambda} \left\{ \begin{matrix} \sinh(\xi) \cdot \cos(\xi) + \cosh(\xi) \cdot \sin(\xi) + \\ [\cosh(\xi) \cdot \sin(\xi) - \sinh(\xi) \cdot \cos(\xi)] \end{matrix} \right\}$$

$$Z_{21} = -\frac{\lambda}{\delta} \left\{ \begin{matrix} \sinh(\xi) \cdot \cos(\xi) - \cosh(\xi) \cdot \sin(\xi) + \\ [\sinh(\xi) \cdot \cos(\xi) + \cosh(\xi) \cdot \sin(\xi)] \end{matrix} \right\}$$

(010|4-14)

Definition der Übergangsmatrix einer Luftschicht:

$$Z_{air} = \begin{pmatrix} 1 & -R_{air} \\ 0 & 1 \end{pmatrix}$$

(010|4-15)

Definition der Übergangsmatrix eines Wärmeüberganges:

$$Z_{S} = \begin{pmatrix} 1 & -R_{S} \\ 0 & 1 \end{pmatrix}$$

(010|4-16)

Berechnung der Bauteilmatrix (Multiplikation sämtlicher Schichtmatrizen):

$$Z = Z_{se} \cdot Z_{n} \cdot Z_{n-1} \cdot Z_{n-2} \cdot \ldots \cdot Z_{3} \cdot Z_{2} \cdot Z_{1} \cdot Z_{si}$$

(010|4-17)

Berechnung des flächenbezogenen thermischen Leitwertes (Admittanz) an der Innenseite und der Außenseite:

$$Y_{11} = \frac{Z_{11}}{Z_{12}} \qquad Y_{22} = \frac{Z_{22}}{Z_{12}}$$

(010|4-18)

Berechnung des periodischen thermischen Leitwertes (Konduktanz) an der Innenseite und der Außenseite:

$$L_{11} = A \cdot Y_{11} = \frac{A \cdot Z_{11}}{Z_{12}} \qquad L_{22} = A \cdot Y_{22} = \frac{A \cdot Z_{22}}{Z_{12}}$$

(010|4-19)

Berechnung des Zeitfaktors für den thermischen Leitwert:

$$\Delta t_{Y} = \frac{T}{2\pi} \cdot \arg(Y_{mn})$$

(010|4-20)

Berechnung der Wärmekapazitäten an der Innenseite und der Außenseite:

$$C_{1} = A \cdot \frac{T \cdot |Z_{11} - 1|}{2\pi \cdot |Z_{12}|} \qquad C_{2} = A \cdot \frac{T \cdot |Z_{22} - 1|}{2\pi \cdot |Z_{12}|}$$

(010|4-21)

Berechnung des Dekrementfaktors:

$$f = \frac{1}{|Z_{12}| \cdot U}$$

(010|4-22)

Berechnung des Zeitfaktors für das Dekrement:

$$\Delta t_{f} = \frac{T}{2\pi} \cdot \arg(Z_{12})$$

(010|4-23)

Vermeidung sommerlicher Überwärmung 010|4|2

Grundsätzlich gäbe es viele verschiedene Möglichkeiten des Nachweises der Vermeidung einer sommerlichen Überwärmung. In Österreich wird seit vielen

Jahren erfolgreich der Weg beschritten, die ausreichende thermische Trägheit, beschrieben durch Mindestmengen an immissionsflächenbezogenen wirksamen Speichermassen, und die Einhaltung von Luftwechseln bei Nachtlüftung nachzuweisen. Dabei wird einerseits als Referenzklima das Wiener Klima herangezogen, was ähnlich den Annahmen im Teil Feuchtigkeitsschutz mit dem Klagenfurter Klima einen Quasi-Worst-Case bedeutet, und andererseits dieser Nachweis für den jeweils ungünstigsten Raum eines Gebäudes geführt. Das heißt, dass Maßnahmen, die aufgrund der Nachweisführung ebendort getroffen werden, entweder in allen Räumen zur Anwendung kommen müssen oder aber für andere Räume auch eine entsprechende Berechnung zu erfolgen hat.

Insbesondere die Nachweisführung im Bereich von „Nicht-Wohnungen" hat mit äußerster Sorgfalt zu erfolgen, da aus der Erfahrung bekannt ist, dass technische Wärmequellen und Personenwärmen kombiniert mit Vorschriften des Schließens von Fenstern während der Nachtstunden eine nicht zu bewältigende Vorgabe darstellen. Als Nachweisvorgang ergibt sich dann, dass nach Ermittlung

1. aller flächenbezogenen speicherwirksamen Massen,

2. aller Bauteilflächen und somit der speicherwirksamen Massen,

3. aller Immissionsflächen unter der Berücksichtigung der verwendeten Verglasungstypen und allenfalls vorhandener Abschattungseinrichtungen einschließlich hinzuzurechnender äquivalenter Immissionsflächen für technische Wärmequellen und Personen und

4. des Luftvolumenstromes unter Verwendung des normgemäßen Luftwechsels

die immissionsflächenbezogene speicherwirksame Masse mit den obigen Anforderungen zu vergleichen ist. Werden die Anforderungen erfüllt, ist der Nachweis erbracht, werden sie nicht erfüllt, sind entsprechende Änderungen vorzunehmen. Im Allgemeinen kann bei unveränderter Bauweise nur durch Reduktion der tatsächlichen Immissionsflächen oder durch Erhöhung der Qualität der Verglasungstypen bzw. der Abschattungseinrichtungen ein positives Ergebnis erzielt werden.

Tabelle 010|4-01: speicherwirksame Masse – Formelzeichen und Einheiten

	Formelzeichen	Einheit
speicherwirksame Masse eines Bauteils	$m_{w,B}$	[kg]
flächenbezogene speicherwirksame Masse eines Bauteils	$m_{w,B,A}$	[kg/m²]
gesamte speicherwirksame Masse eines Raumes	m_w	[kg]
immissionsflächenbezogene speicherwirksame Masse eines Raumes	$m_{w,I}$	[kg/m²]
volumenbezogene speicherwirksame Masse eines Raumes	$m_{w,V}$	[kg/m³]
speicherwirksame Masse der Einrichtung	$m_{w,E}$	[kg]

Tabelle 010|4-02: Speicherkapazität – Formelzeichen und Einheiten

	Formelzeichen	Einheit
flächenbezogene wirksame Wärmespeicherkapazität	C_A	[J/(m²K)]
Referenzspeicherkapazität	c_0	[J/(kg·K)]
wirksame Normwärmespeicherkapazität des Raumes	C_w	[J/K]
wirksame Normwärmespeicherkapazität des Bauteils	$C_{w,B}$	[J/K]
flächenbezogene wirksame Normwärmespeicherkapazität des Bauteils	$C_{w,B,A}$	[J/(m²K)]
volumsbezogene wirksame Normwärmespeicherkapazität des Raumes	$C_{w,V}$	[J/(m³K)]
spezifische Wärmekapazität der Einrichtungsgegenstände	c_E	[J/(kg·K)]

Tabelle 010|4-03: Energiedurchlass – Formelzeichen und Einheiten

	Formelzeichen	Einheit
Gesamtenergiedurchlassgrad eines transparenten Bauteils	g	[-]
Abminderungsfaktor einer Abschattungseinrichtung	z	[-]
Orientierungs- und Neigungsfaktor	z_{ON}	[-]
Luftwechselzahl	n_L	[1/h]
Volumen des Raumes	V	[m³]
immissionsbezogener stündlicher Luftvolumenstrom	$V_{L,S}$	[m³/(m²h)]

Für die Berechnung der flächenbezogenen speicherwirksamen Massen gemäß ÖNORM B 8110-3 [109] werden nachfolgende spezielle Vorschriften in Abweichung zu den genauen Ableitungen getroffen.

1. Berechnung der Bauteilmatrix (Multiplikation sämtlicher Schichtmatrizen)

$$Z = Z_n \cdot Z_{n-1} \cdot Z_{n-2} \cdot \ldots \cdot Z_3 \cdot Z_2 \cdot Z_1$$

(010|4-24)

2. Es werden damit die Übergangsmatrizen der Wärmeübergänge vernachlässigt.

3. Darüber hinaus ist bei der Berechnung des flächenbezogenen thermischen Leitwertes (Admittanz) an der Innenseite und der Außenseite das Minimum aus Formeln (010|4-25) anzusetzen.

$$Y_{11} = \frac{Z_{11}}{Z_{12}} \qquad Y_{11} = \frac{Z_{21}}{Z_{12}} \qquad Y_{11} = \frac{Z_{11} - 1}{Z_{12}}$$

$$Y_{22} = \frac{Z_{22}}{Z_{12}} \qquad Y_{22} = \frac{Z_{21}}{Z_{12}} \qquad Y_{11} = \frac{Z_{22} - 1}{Z_{12}}$$

(010|4-25)

Tabelle 010|4-04: B1 nach ÖNORM B 8110-3:1999

		Dicke des Wandbildners [cm]						
		5	10	15	20	25	30	35
A [1]		54	89	108	115	118	118	118
B [1]		50	81	97	103	106	106	106
C [1]		48	77	91	97	99	99	99
D [1]		36	53	64	68	71	71	72
E		59	118	172	198	210	216	216
F [1]	[kg/m²]	55	89	103	109	110	110	110
G [1]		45	70	77	81	81	81	81
H [1]		35	48	52	54	54	54	54
I		24	48					
J [2]		22	22	22				
K [2]		27	26	26				
L [2]		11	11	11				

(Zeile links: flächenbezogene speicherwirksame Masse)

A	...	Vollziegelmauerwerk	G	... Blähton ohne Sand
B	...	Vollziegelmauerwerk	H	... Blähton ohne Sand
C	...	Hochlochziegelmauerwerk	I	... Gipsbauplatten
D	...	Hochlochziegelmauerwerk	J	... Holzspanplatte 1 × 19 mm beidseitig
E	...	Stampfbeton	K	... Gipskartonplatte 2 × 15 mm beidseitig
F	...	Betonhohlsteinmauerwerk	L	... Gipskartonplatte 2 × 12,5 mm beidseitig

1) verputzt mit 1,5 cm Gipsmörtel innen und 1,5 cm Mörtel außen
2) Dicke des Wandbildners entspricht der Dicke der Ständerkonstruktion mit Dämmschicht aus Mineralfaser

4. Bei der Berechnung des flächenbezogenen thermischen Leitwertes an der Innenseite und der Außenseite für die ÖNORM B 8110-3:2012 sind die Formeln (010|4-25) anzusetzen.

$$Y_{11} = \frac{Z_{11} - 1}{Z_{12}} \qquad Y_{11} = \frac{Z_{22} - 1}{Z_{12}}$$

(010|4-26)

Tabelle 010|4-05: B1 nach ÖNORM B 8110-3:2012

<table>
<tr><td rowspan="2" colspan="3"></td><td colspan="7">Dicke des Wandbildners [cm]</td></tr>
<tr><td>5</td><td>10</td><td>15</td><td>20</td><td>25</td><td>30</td><td>35</td></tr>
<tr><td rowspan="12">flächenbezogene speicher-
wirksame Masse</td><td>A [1]</td><td rowspan="12">[kg/m²]</td><td>54</td><td>89</td><td>116</td><td>132</td><td>136</td><td>133</td><td>128</td></tr>
<tr><td>B [1]</td><td>50</td><td>81</td><td>106</td><td>121</td><td>126</td><td>124</td><td>119</td></tr>
<tr><td>C [1]</td><td>48</td><td>77</td><td>99</td><td>112</td><td>114</td><td>111</td><td>107</td></tr>
<tr><td>D [1]</td><td>[illegible]</td><td>[illegible]</td><td>[illegible]</td><td>[illegible]</td><td>[illegible]</td><td>[illegible]</td><td>[illegible]</td></tr>
<tr><td>E</td><td>73</td><td>126</td><td>169</td><td>196</td><td>206</td><td>206</td><td>200</td></tr>
<tr><td>F [1]</td><td>55</td><td>89</td><td>114</td><td>125</td><td>125</td><td>121</td><td>116</td></tr>
<tr><td>G [1]</td><td>45</td><td>70</td><td>87</td><td>92</td><td>91</td><td>87</td><td>84</td></tr>
<tr><td>H [1]</td><td>35</td><td>50</td><td>59</td><td>61</td><td>59</td><td>56</td><td>55</td></tr>
<tr><td>I</td><td>24</td><td>48</td><td></td><td></td><td></td><td></td><td></td></tr>
<tr><td>J [2]</td><td>22</td><td>23</td><td>23</td><td></td><td></td><td></td><td></td></tr>
<tr><td>K [2]</td><td>27</td><td>27</td><td>28</td><td></td><td></td><td></td><td></td></tr>
<tr><td>L [2]</td><td>12</td><td>12</td><td>12</td><td></td><td></td><td></td><td></td></tr>
</table>

5. Mit den so berechneten flächenbezogenen, wirksamen Wärme-
    speicherkapazitäten kann unter Berücksichtigung der Referenz-
    speicherkapazität $c_0 = 1046{,}7$ [J/(kg·K)] die flächenbezogene
    speicherwirksame Masse eines Bauteils berechnet werden.

$$m_{w,B,A} = \frac{C_{w,R,A}}{c_0}$$ (010|4-27)

6. Diese flächenbezogene, speicherwirksame Masse eines Bauteils muss nun
    mit den Bauteilflächen A multipliziert werden. Diese Bauteilgrößen
    ergeben als Summe über alle wirksamen Bauteile die gesamte
    speicherwirksame Masse des betrachteten Raumes.

Die Berechnung der flächenbezogenen, speicherwirksamen Masse eines Bauteils
wird durch Programme erleichtert und kann auch mit den Tabellen des
Anhanges der ÖNORM B 8110-3 [109] ermittelt werden (Kapitel 010|7).

7. Als nächster Schritt müssen einerseits die Immissionsfläche des Raumes
    und andererseits der immissionsflächenbezogene, stündliche
    Luftvolumenstrom ermittelt werden.

$$A_I = \sum A_{AL} \cdot f_G \cdot g \cdot z \cdot Z_{ON} + A_S + A_T$$ (010|4-28)

Dabei stellen A_S die Personenwärme in 0,2 m² pro Person dar und A_T die
technischen Wärmequellen in 2 m² je 1 kW gleichzeitig genutzter
elektrischer Leistung.

$$V_{L,S} = \frac{n_L \cdot V}{A_I}$$ (010|4-29)

8. In Abhängigkeit vom immissionsflächenbezogenen, stündlichen Luft-
    volumenstrom ist nun die mindesterforderliche immissionsflächen-
    bezogene, speicherwirksame Masse zu ermitteln.

Für die Luftwechselzahl n_L gibt die ÖNORM B 8110-3 [109] in Abhängigkeit
von der Lage der Fenster (in ein, zwei oder mehreren Fassaden bzw.
Dachebenen) und der Flügelstellung unter Sommerbedingungen folgende
Werte vor:

Tabelle 010|4-06: Luftwechselzahl n_L

Anzahl der Fassaden- oder Dachebenen mit Lüftungsöffnungen	n_L bei voller Öffnung der Lüftungsflügel [1/h]
eine Fassadenebene	1,50
zwei Fassadenebenen	2,50
drei oder mehr Fassadenebenen	3,00

Anforderungen

In Abhängigkeit vom immissionsflächenbezogenen, stündlichen Luftvolumenstrom ist die mindesterforderliche immissionsflächenbezogene, speicherwirksame Masse zu ermitteln.

Tabelle 010|4-07: mindeste immissionsflächenbezogene speicherwirksame Masse

immissionsflächenbezogener stündlicher Luftvolumenstrom $V_{L,s}$ [m³/(m²h)]	immissionsflächenbezogene speicherwirksame Masse $m_{w,Al}$[2] [kg/m²]
≥100	≥2000
75	≥4000
50 [1]	≥8000

1) Immissionsbezogene Luftströme von weniger als 50 m³/(m²h) führen zu einem hohen Überwärmungsrisiko und sind daher grundsätzlich zu vermeiden.
2) im Bedarfsfall zu interpolieren

Verglasungstypen

Für den Gesamtenergiedurchlassgrad g werden in der ÖNORM B 8110-3 [109] folgende Richtwerte angegeben:

Tabelle 010|4-08: Gesamtenergiedurchlassgrad [109]

Glasart und Bezeichnung	Aufbau Glasdicke/ ZR[3]/Glasdicke [mm]	Lichttransmissionsgrad e	Strahlungstransmissionsgrad s	Gesamtenergiedurchlassgrad g[1]
Einfachglas [2]	4	0,90	0,85	0,87
Doppelverglasung [2]	4/ZR/4	0,80	0,72	0,75
3-fach-Verglasung [2]	4/ZR/4/ZR/4	0,72	0,64	0,67
4-fach-Verglasung [2]	4/ZR/4/ZR/4/ZR/4	0,64	0,55	0,60
Wärmeschutzglas 1,4 goldbeschichtet	4/ZR/4	0,60	0,45	0,57
Wärmeschutzglas 1,6 goldbeschichtet	4/ZR/4	0,65	0,53	0,65
Wärmeschutzglas neutral goldbeschichtet	4/ZR/4	0,62	0,44	0,50
Wärmeschutzglas neutral silberbeschichtet	4/ZR/4	0,79	0,52	0,67
Sonnenschutzglas	5/ZR/5	0,66	0,40	0,50
Profilbauglas einfach	6	0,89	0,81	0,84
Profilbauglas doppelt	6/ZR/6	0,79	0,60	0,70
Profilbauglas zinkoxidbeschichtet	6/ZR/6	0,72	0,54	0,60
Profilbauglas kobaltoxidbeschichtet	6/ZR/6	0,27	0,23	0,33

1) Werden gegenüber der Tabelle günstigere Rechenwerte für die Sonnenenergiedurchlässigkeit transparenter Bauteile deklariert, so sind Nachweise einer akkreditierten Prüfanstalt vorzulegen.
2) ungefärbtes Fensterglas
3) ZR = Zwischenraum von 6 mm bis 12 mm

Tabelle 010|4-09: Abschattungsfaktor [109]

Abschattungsvorrichtung	Abminderungsfaktor z
keine Abschattungsvorrichtung	1,00
Außenjalousie, Fensterläden mit Jalousiefüllung (beweglich, unterlüftet, Belichtung ohne künstliche Beleuchtung möglich)	0,27
Zwischenjalousie	0,53
Innenjalousie (je nach Farbe und Material)	0,75
Vordächer, Balkone und horizontale Lamellenblenden	0,32
Markisen (seitlicher Lichteinfall möglich)	0,43
Rollläden, Fensterläden mit voller Füllung	0,32
helle Innenvorhänge[1], Reflexionsvorhänge[1] und Innenmarkisen	0,75
Bepflanzung[1]	0,50 bis 1,00 [2]

1) Werden gegenüber der Tabelle günstigere Rechenwerte für die Abminderungsfaktoren deklariert, so sind Nachweise einer akkreditierten Prüfanstalt vorzulegen.
2) Ohne besonderen Nachweis ist der ungünstigere Wert zu wählen.

Beispiel 010|4-02: Vermeidung sommerlicher Überwärmung

Raum 6 × 4 × 2,6 m
Fenster 5 × 1,5 m in Richtung Süden

Berechnung U-Wert	d	λ	d/λ	c	ρ
homogene Außenwand	[m]	[W/(mK)]	[m²K/W]	[kJ/(kgK)]	[kg/m³]
Wärmeübergangswiderstand (außen)		$R_{se} =$	0,040		
Außenputz	0,020	1,000	0,020	1,130	1800,0
Mauerwerk	0,380	0,180	2,111	0,920	800,0
Innenputz	0,020	0,700	0,029	0,840	1600,0
Wärmeübergangswiderstand (innen)		$R_{si} =$	0,130		
Wärmedurchgangswiderstand		$R_T =$	2,330		
Wärmedurchgangskoeffizient	[W/(m²K)]	$U = 1/R_T =$	0,429		
flächenbezogene speicherwirksame Masse innen *)		$m_{w,B,A,i,24} =$	57,85	[kg/m²]	
homogene Innenwand	[m]	[W/(mK)]	[m²K/W]	[kJ/(kgK)]	[kg/m³]
Wärmeübergangswiderstand (innen)		$R_{se} =$	0,130		
Innenputz	0,020	0,700	0,029	0,840	1600,0
Mauerwerk	0,170	0,580	0,293	0,920	1400,0
Innenputz	0,020	0,700	0,029	0,840	1600,0
Wärmeübergangswiderstand (innen)		$R_{si} =$	0,130		
Wärmedurchgangswiderstand		$R_T =$	0,611		
Wärmedurchgangskoeffizient	[W/(m²K)]	$U = 1/R_T =$	1,637		
flächenbezogene speicherwirksame Masse innen *)		$m_{w,B,A,i,24} =$	96,33	[kg/m²]	

*) flächenbezogene speicherwirksame Massen aus exakter Berechnung für T = 24 Stunden

Ermittlung Speichermassen:

Bauteil	Fläche	%	Speichermasse	%·kg·m²
	[m²]	[%]	[kg]	[kg]
Außenwand	8,1	100	57,85	468,59
Fußboden	24,0	100	89,47	2147,28
Decke	24,0	100	216,17	5188,08
Innenwand	44,8	100	96,33	4315,58
Fenster – Glas	7,5	75	45,70	257,06
Fenster – Rahmen	7,5	25	85,10	159,56
Türe	2,0	100	23,80	47,60
Möblierung	24,0	100	38,00	912,00
Summe Speichermassen				12297,7 kg

Einsatz von: Wärmeschutzglas neutral $Ag\ G/ZR/G$

A_{AL}	7,50 m²	f_G		0,75
$A_{AL} \cdot f_G$	5,63 m²	$A_{AL} \cdot f_R = A_{AL} \cdot (1 - f_G)$		1,88 m²
g	0,67	$A_{AL} \cdot f_G \cdot g$		3,77 m²
z	1,00	$A_{AL} \cdot f_G \cdot g \cdot z$		3,77 m²
Z_{ON}	1,00	$A_{AL} \cdot f_G \cdot g \cdot z \cdot Z_{ON}$		3,77 m²

Summe Speichermassen		12297,70 kg
Bodenfläche		24,00 m²
Volumen		62,40 m³
Luftwechselzahl	$n_L =$	1,50 je h
	$V_{LS} =$	24,84 m/h
vorhanden:	12297,7 kg / 3,77 m² =	3263,00 kg/m²
Anforderung:	(Tab. 010.4-06)	12026,00 kg/m² **)

**) fiktive Extrapolation für ein V_{LS} <50 m/h

Abschattungseinrichtung erforderlich: Markisen

A_{AL}	7,50 m²	f_G		0,75
$A_{AL} \cdot f_G$	5,63 m²	$A_{AL} \cdot f_R = A_{AL} \cdot (1 - f_G)$		1,88 m²
g	0,67	$A_{AL} \cdot f_G \cdot g$		3,77 m²
z	0,43	$A_{AL} \cdot f_G \cdot g \cdot z$		1,62 m²
Z_{ON}	1,00	$A_{AL} \cdot f_G \cdot g \cdot z \cdot Z_{ON}$		1,62 m²

Summe Speichermassen		12297,70 kg
Bodenfläche		24,00 m²
Volumen		62,40 m³
Luftwechselzahl	$n_L =$	1,50 je h
	$V_{LS} =$	57,76 m/h
vorhanden:	12297,7 kg / 1,62 m² =	7588,00 kg/m²
Anforderung:	(Tab. 010.4-06)	6758,00 kg/m² ***)

***) Interpolation für ein V_{LS} <57,76 m/h

Die Anforderung mit 6758 kg/m² wird bei einer Beschattung durch Markisen erfüllt.

Abschattungsarten

Für die Abschattungsfaktoren z werden in der ÖNORM B 8110-3 [109] Richtwerte nach Tabelle 010|4-09 angegeben.

Orientierung

Für die Z_{ON}-Faktoren zur Berücksichtigung der Glasflächen-Orientierung und Neigung werden ebenfalls im neuen Entwurf Werte vorgegeben:

Tabelle 010|4-10: Z_{ON}-Faktoren

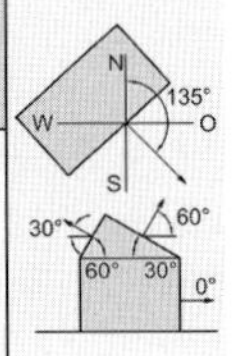

Neigung der Flächennormalen [°]	Orientierung							
	0° N	45° NO	90° O	135° SO	180° S	225° SW	270° W	315° NW
0	0,54	0,82	1,13	1,14	1,00	1,14	1,13	0,82
30	0,85	1,15	1,54	1,70	1,69	1,70	1,54	1,15
45	1,26	1,40	1,73	1,90	1,93	1,90	1,73	1,40
60	1,61	1,68	1,89	2,04	2,08	2,04	1,89	1,68
90	2,06							

Sommerlicher Wärmeschutz nach OIB-RL6

An dieser Stelle sei festgehalten, dass gemäß der OIB-RL6:2015 dieser Nachweis heute noch ausreichend für den behördlichen Nachweis ist. Allerdings sind infolge der Umstellung von der Minimum-Lösung auf die Lösung mit periodischen Randbedingungen auch dafür noch keine Validierungsbeispiele fertiggestellt.

Jedenfalls ist aber für den Fall, dass die neue ÖNORM B 8110-3:2012 [98] nicht aus den Vertragsbedingungen auf zivilrechtlicher Ebene ausgenommen wurde, auf dieser Ebene eine Verpflichtung zu einem Nachweis ableitbar, jedoch mit besagter Unsicherheit der nicht vorhandenen Validierung.

Es bleibt zu hoffen, dass bis zur nächsten Ausgabe der OIB-RL6 dieser Umstand beseitigt sein wird und somit eine einheitliche Nachweisführung wiederum möglich ist.

Kühlbedarf

Bisher wurde der sommerliche Wärmeschutz unter dem Gesichtspunkt betrachtet, dass keine „aktive" Kühlung notwendig ist, sondern dass lediglich passive Maßnahmen wie Lüften und Abschatten bei ausreichend vorhandener thermischer Trägheit ausreichend sind.

Leider ist dies in Anbetracht moderner Bauweisen und bestimmter Nutzungen eine Annahme, die heute immer öfter nicht erfüllt wird. Dies führt zu der Notwendigkeit einer „aktiven" Kühlung durch Klimaanlagen oder anderer haustechnischer Maßnahmen. Gleichzeitig bedeutet dies aber ein Anwachsen der Energienachfrage im Sommer. Nachdem ebendiese im Sommer nicht beliebig durch thermische Kraftwerke befriedigt werden kann – man bedenke den im Allgemeinen niedrigen Wasserstand der Flüsse und damit einhergehende Kühlungsprobleme –, ist es eines der Hauptanliegen der Gesamtenergie-effizienz-Richtlinie für Gebäude der EU, neben dem Heizwärmebedarf und einer entsprechenden Ausführung und Wartung der Heizungsanlage auch den Bedarf an Kühlung zu ermitteln und seine technische Befriedigung zu regeln.

Dazu ist es jedenfalls notwendig, sich ähnlich wie in der ÖNORM B 8110-3 [109] mit Grenztemperaturen zu beschäftigen. In der derzeit laufenden Diskussion werden als Grenztemperaturen immer wieder Werte zwischen 25 °C und 27 °C genannt. Ohne den Ausgang der Debatte vorwegnehmen zu können, erscheint als erster Ansatz die Festlegung der Grenztemperatur als grundsätzlich gangbarer Weg.

Der Kühlbedarf ist in Analogie zum Heizwärmebedarf eine abstrakte physikalische Größe. Seine Berechnung erfolgt in Analogie zum Heizwärmebedarf nach dem Monatsbilanzverfahren. Ist man bei der Berechnung des Heizwärmebedarfes von der Beziehung nach Gleichung (010|4-30) ausgegangen, wobei als Bemessungsinnentemperatur $\theta_{\mathrm{min,Winter}}$ = 20 °C angenommen wurde, so ist der komplementäre Werte der Kühlbedarf, der mit der Bemessungstemperatur $\theta_{\mathrm{max,Sommer}}$ = 26 °C ermittelt wird.

$$Q_{\mathrm{h}} = Q_{\ell} - \eta \cdot Q_{\mathrm{g}}$$

(010|4-30)

Q_{ℓ}	Wärmeverlust als Summe aus Transmissionsverl. und Lüftungsverl.	kWh
Q_{g}	Wärmegewinn als Summe aus inneren und solaren Gewinnen	kWh
η	Ausnutzungsgrad	%

$$Q_{c} = (1 - \eta) \cdot Q_{\mathrm{g}}$$

(010|4-31)

Q_{c}	Kühlbedarf	kWh

Eine ausführliche Darstellung der Ermittlung des Kühlbedarfes ist im Erweiterungsband 1/1 zur Bauphysik über Energieeinsparung und Wärmeschutz – Energieausweis und Gesamtenergieeffizienz [29] enthalten.

Ermittlung der operativen Temperatur

010|4|5

Grundsätzlich war bereits immer in den Vorgängerfassungen der ÖNORM B 8110-3 die Möglichkeit enthalten, den Nachweis zur Vermeidung der sommerlichen Überwärmung mittels Simulationsrechnung – also der Ermittlung der operativen Temperatur – zu führen. Seit der Fassung aus dem Jahr 2012 wird diesem Umstand breiterer Raum gewidmet, wobei eine Validierung – wie im Kapitel 010|4|3 erwähnt – noch aussteht. Daher sei an dieser Stelle ausdrücklich festgehalten, dass der in diesem Abschnitt prinzipiell dargestellte Weg zur Ermittlung der operativen Temperatur bis zur endgültigen Validierung vermutlich noch Änderungen und Präzisierungen unterliegen wird. Jedenfalls stellt dieses Kapitel hoffentlich den Start konzentrierter Arbeiten in diesem Zusammenhang dar.

Insbesondere die Tatsache der numerischen Sensibilität sei an dieser Stelle erwähnt. So werden die bekannten numerischen Abweichungen zwischen EXCEL-Berechnungen und VBA-Berechnungen an dieser Stelle sichtbar. Nicht zuletzt daher gilt es der Genauigkeit bzw. dem Umgang mit ihr besonderes Augenmerk zu schenken.

Temperatur und Strahlung am Standort

010|4|5|1

Für den Standort ist die Normsommeraußentemperatur $\theta_{\mathrm{max,13}}$ aus der ÖNORM B 8110-5 in Abhängigkeit von der Seehöhe und der Klimaregion (Tabelle 010|4-11) gegeben. Diese Normsommeraußentemperatur stellt jene Außenluft-temperaturen dar, die eine Überschreitungshäufigkeit von 130 Tagen in 10 Jahren besitzt.

Tabelle 010|4-11: Beispielwerte für $\theta_{max,13}$

$\theta_{max,13}$	Bundesland	Ort	Klimaregion	Seehöhe
23,2 °C	Burgenland	Eisenstadt	N/SO	196 m
21,8 °C	Kärnten	Klagenfurt	SB	448 m
22,5 °C	Niederösterreich	St. Pölten	N	276 m
22,6 °C	Oberösterreich	Linz	N	260 m
21,7 °C	Salzburg	Salzburg	NF	436 m
22,3 °C	Steiermark	Graz	S/SO	369 m
21,2 °C	Tirol	Innsbruck	NF	573 m
21,9 °C	Vorarlberg	Bregenz	W	398 m
24,9 °C	Wien	Wien	N	172 m

Der Tagesverlauf ist daraus wie folgt zu ermitteln:

$$T(h) = \theta_{max,13} + \Delta T(h)$$

(010|4-32)

Tabelle 010|4-12: Komponenten des zur Sonne gerichteten Einheitsvektors zu den vollen Stunden des 15. Juli an einem Standort mit 15° 00' geografischer Länge und 47° 30' geografischer Breite

Zeit	$\Delta T(h)$	e_x	e_y	e_z	Zeit	$\Delta T(h)$	e_x	e_y	e_z
1:00	-4,72 K	0,000	0,000	0,000	13:00	5,57 K	0,436	0,023	0,900
2:00	-5,63 K	0,000	0,000	0,000	14:00	6,20 K	0,417	-0,219	0,882
3:00	-6,37 K	0,000	0,000	0,000	15:00	6,55 K	0,353	-0,445	0,823
4:00	-6,93 K	0,000	0,000	0,000	16:00	6,64 K	0,247	-0,641	0,726
5:00	-7,28 K	0,000	0,000	0,000	17:00	6,40 K	0,108	-0,793	0,599
6:00	-7,24 K	-0,442	0,892	0,097	18:00	5,70 K	-0,056	-0,892	0,449
7:00	-5,83 K	-0,265	0,929	0,257	19:00	4,52 K	-0,232	-0,929	0,288
8:00	-3,49 K	-0,088	0,903	0,420	20:00	2,96 K	-0,410	-0,903	0,126
9:00	-0,96 K	0,079	0,816	0,573	21:00	1,19 K	0,000	0,000	0,000
10:00	1,33 K	0,224	0,673	0,705	22:00	-0,59 K	0,000	0,000	0,000
11:00	3,18 K	0,336	0,484	0,808	23:00	-2,21 K	0,000	0,000	0,000
12:00	4,58 K	0,409	0,262	0,874	24:00	-3,59 K	0,000	0,000	0,000

Der Tagesverlauf von Global- und Diffusstrahlung für beliebige orientierte und geneigte Empfangsflächen für die Seehöhe des Standortes ist unter Verwendung der Komponenten des Einheitsvektors n der Flächennormale auf eine Empfangsfläche in Abhängigkeit von Azimut α und Neigung v zu ermitteln:

$$n_x = -\cos v \cdot \cos\alpha \qquad n_y = \cos v \cdot \sin\alpha \qquad n_z = \sin v$$

(010|4-33)

α	Azimut der Empfangsfläche
v	Neigung der Empfangsfläche

Normalstrahlungsintensität außerhalb der Atmosphäre:

$$S = 1322,4 \text{ in W/m}^2$$

(010|4-34)

Normalstrahlungsintensität $I(h)$ für die Stunde h, geschwächt beim Durchgang durch die Atmosphäre:

$$I(h) = S \cdot e^{-\frac{T}{M(h)}}$$

(010|4-35)

T	Linke'scher Trübungsfaktor: $T = 4,5$	-
$M(h)$	Maß für die zur Stunde h durchstrahlte Luftmasse: $M(h) = \dfrac{93807,6}{10000 - H} \cdot e_z(h) + 0,912918$	-
H	Seehöhe des Standorts	m

Cosinus des Winkels ω zwischen der Richtung zur Sonne und der Flächennormalen:

$$\cos\omega(h) = e_x(h) \cdot n_x + e_y(h) \cdot n_y + e_z(h) \cdot n_z$$

(010|4-36)

Direktstrahlung $B(h)$ auf die Empfangsfläche für die Stunde h:

$$\cos\omega(h) > 0 \qquad\qquad B(h) = I(h) \cdot \cos\omega(h)$$
$$\cos\omega(h) \leq 0 \qquad\qquad B(h) = 0$$

(010|4-37)

ω	Winkel zwischen der Richtung zur Sonne und der Flächennormale	Grad

Himmelsstrahlung $H(h)$ zur Stunde h auf die Empfangsfläche:

$$H(h) = \kappa \cdot (S - I(h)) \cdot e_z(h) \cdot \frac{1 + n_z}{2}$$

(010|4-38)

κ	Reitz'scher Trübungsfaktor: $\kappa = 0,333$	-

Terrestrische Reflexstrahlung $R(h)$ zur Stunde h auf die Empfangsfläche:

$$R(h) = \rho \cdot (I(h) + \kappa(S - I(h)) \cdot e_z(h) \cdot \frac{1 + n_z}{2}$$

(010|4-39)

ρ	Reflexionszahl der terrestrischen Umgebung: $\rho = 0,2$	-

Diffusstrahlung $D(h)$ zur Stunde h auf die Empfangsfläche:

$$D(h) = H(h) + R(h)$$

(010|4-40)

Globalstrahlung $G(h)$:

$$G(h) = B(h) + D(h) = B(h) + H(h) + R(h)$$

(010|4-41)

Damit erhält man als Inputgrößen für die folgenden Berechnungen:

Tabelle 010|4-13: Inputgrößen für den Standort

$T_{e,Luft}(h)$	Außenluft	°C
$B(h)$	Direktstrahlung	W/m²
$D(h)$	Diffusstrahlung	W/m²

Berechnungen für den Raum

010|4|5|2

In einem nächsten Schritt sind für jeden Raum die Wärmezufuhr durch Geräte und Personen, der hygienische Luftwechsel und die Speicherkapazität für die Einrichtung zu bestimmen:

Tabelle 010|4-14: Inputgrößen für den betrachteten Raum

$q_{IL,Per}(h)$	Wärmezufuhr durch Personen	W
$q_{IL,Ger}(h)$	Wärmezufuhr durch Geräte	W
$v_h(h)$	hygienischer Volumenstrom	m³/h
$C_{Einrichtung}$	Einrichtungskapazität	J/K

Die Tabelle 010|4-15 gibt die Normwerte für die Wärmezufuhr durch Geräte an. Aus den Einheiten ist ablesbar, ob mit der Fläche des Raumes oder der Anzahl von Menschen im Raum multipliziert werden muss oder der angegebene Wert unverändert weiterverwendet werden kann:

Tabelle 010|4-15: Normwerte für die Wärmezufuhr durch Geräte

	Wohn-gebäude	Büro-gebäude	Kinder-garten	Volksschule	Schulen	Kranken-häuser	Pflege-heime	Pensionen	Hotels
	W/m²	W/cap	W/Raum	W/Raum	W/Raum	W/cap	W/cap	W/m²	W/m²
00:00 bis 01:00	1,76	0,0	0,0	0,0	0,0	100,0	100,0	1,76	1,76
01:00 bis 02:00	1,67	0,0	0,0	0,0	0,0	100,0	100,0	1,67	1,67
02:00 bis 03:00	1,80	0,0	0,0	0,0	0,0	100,0	100,0	1,80	1,80
03:00 bis 04:00	1,80	0,0	0,0	0,0	0,0	100,0	100,0	1,80	1,80
04:00 bis 05:00	2,61	0,0	0,0	0,0	0,0	100,0	100,0	2,61	2,61
05:00 bis 06:00	5,76	0,0	0,0	0,0	0,0	100,0	100,0	5,76	5,76
06:00 bis 07:00	5,09	0,0	0,0	0,0	0,0	100,0	100,0	5,09	5,09
07:00 bis 08:00	8,06	0,0	0,0	0,0	0,0	100,0	100,0	8,06	8,06
08:00 bis 09:00	6,84	150,0	100,0	150,0	150,0	100,0	100,0	6,84	6,84
09:00 bis 10:00	6,30	150,0	100,0	150,0	150,0	100,0	100,0	6,30	6,30
10:00 bis 11:00	5,67	150,0	100,0	150,0	150,0	100,0	100,0	5,67	5,67
11:00 bis 12:00	4,10	150,0	100,0	150,0	150,0	100,0	100,0	4,10	4,10
12:00 bis 13:00	3,47	150,0	100,0	0,0	0,0	100,0	100,0	3,47	3,47
13:00 bis 14:00	3,33	150,0	100,0	300,0	300,0	100,0	100,0	3,33	3,33
14:00 bis 15:00	5,36	150,0	100,0	300,0	300,0	100,0	100,0	5,36	5,36
15:00 bis 16:00	6,30	150,0	100,0	300,0	300,0	100,0	100,0	6,30	6,30
16:00 bis 17:00	7,70	150,0	100,0	50,0	50,0	100,0	100,0	7,70	7,70
17:00 bis 18:00	6,71	0,0	0,0	0,0	0,0	100,0	100,0	6,71	6,71
18:00 bis 19:00	6,26	0,0	0,0	0,0	0,0	100,0	100,0	6,26	6,26
19:00 bis 20:00	5,36	0,0	0,0	0,0	0,0	100,0	100,0	5,36	5,36
20:00 bis 21:00	4,32	0,0	0,0	0,0	0,0	100,0	100,0	4,32	4,32
21:00 bis 22:00	3,11	0,0	0,0	0,0	0,0	100,0	100,0	3,11	3,11
22:00 bis 23:00	2,70	0,0	0,0	0,0	0,0	100,0	100,0	2,70	2,70
23:00 bis 24:00	1,98	0,0	0,0	0,0	0,0	100,0	100,0	1,98	1,98

Die beiden folgenden Tabellen geben die Normwerte für die Wärmezufuhr durch Personen bzw. den hygienischen Luftwechsel an:

Tabelle 010|4-16: Normwerte für die Wärmezufuhr durch Personen

	Wohn-gebäude	Büro-gebäude	Kinder-garten	Volksschule	Schulen	Kranken-häuser	Pflege-heime	Pensionen	Hotels
	W/m²	W/cap	W/cap	W/cap	W/cap	W/cap	W/cap	W/m²	W/m²
00:00 bis 01:00	3,76	0,0	0,0	0,0	0,0	80,0	80,0	0,0	3,76
01:00 bis 02:00	3,76	0,0	0,0	0,0	0,0	80,0	80,0	0,0	3,76
02:00 bis 03:00	3,76	0,0	0,0	0,0	0,0	80,0	80,0	0,0	3,76
03:00 bis 04:00	3,76	0,0	0,0	0,0	0,0	80,0	80,0	0,0	3,76
04:00 bis 05:00	3,76	0,0	0,0	0,0	0,0	80,0	80,0	0,0	3,76
05:00 bis 06:00	3,76	0,0	0,0	0,0	0,0	80,0	80,0	35,0	3,76
06:00 bis 07:00	3,76	0,0	0,0	0,0	0,0	80,0	80,0	35,0	3,76
07:00 bis 08:00	0,94	0,0	30,0	30,0	40,0	80,0	80,0	35,0	0,94
08:00 bis 09:00	0,94	80,0	60,0	60,0	80,0	80,0	80,0	35,0	0,94
09:00 bis 10:00	0,94	80,0	60,0	60,0	80,0	80,0	80,0	35,0	0,94
10:00 bis 11:00	0,94	80,0	60,0	60,0	80,0	80,0	80,0	35,0	0,94
11:00 bis 12:00	0,94	80,0	60,0	60,0	80,0	80,0	80,0	35,0	0,94
12:00 bis 13:00	0,94	80,0	60,0	0,0	0,0	80,0	80,0	35,0	0,94
13:00 bis 14:00	2,82	80,0	60,0	60,0	80,0	80,0	80,0	35,0	2,82
14:00 bis 15:00	2,82	80,0	60,0	60,0	80,0	80,0	80,0	35,0	2,82
15:00 bis 16:00	2,82	80,0	60,0	60,0	80,0	80,0	80,0	35,0	2,82
16:00 bis 17:00	2,82	80,0	30,0	30,0	40,0	80,0	80,0	35,0	2,82
17:00 bis 18:00	3,76	0,0	0,0	0,0	0,0	80,0	80,0	35,0	3,76
18:00 bis 19:00	3,76	0,0	0,0	0,0	0,0	80,0	80,0	35,0	3,76
19:00 bis 20:00	3,76	0,0	0,0	0,0	0,0	80,0	80,0	35,0	3,76
20:00 bis 21:00	3,76	0,0	0,0	0,0	0,0	80,0	80,0	35,0	3,76
21:00 bis 22:00	3,76	0,0	0,0	0,0	0,0	80,0	80,0	35,0	3,76
22:00 bis 23:00	3,76	0,0	0,0	0,0	0,0	80,0	80,0	0,0	3,76
23:00 bis 24:00	3,76	0,0	0,0	0,0	0,0	80,0	80,0	0,0	3,76

Tabelle 010|4-17: Normwerte für den hygienischen Luftwechsel

	Wohn-gebäude	Büro-gebäude	Kinder-garten	Volksschule	Schulen	Kranken-häuser	Pflege-heime	Pensionen	Hotels
	m³/m²h	m³/h	m³/h	m³/h	m³/h	m³/h	m³/h	m³/m²h	m³/m²h
00:00 bis 01:00	1,411	0,0	0,0	0,0	0,0	35,0	35,0	1,411	1,411
01:00 bis 02:00	1,411	0,0	0,0	0,0	0,0	35,0	35,0	1,411	1,411
02:00 bis 03:00	1,411	0,0	0,0	0,0	0,0	35,0	35,0	1,411	1,411
03:00 bis 04:00	1,411	0,0	0,0	0,0	0,0	35,0	35,0	1,411	1,411
04:00 bis 05:00	1,411	0,0	0,0	0,0	0,0	35,0	35,0	1,411	1,411
05:00 bis 06:00	1,411	0,0	0,0	0,0	0,0	35,0	35,0	1,411	1,411
06:00 bis 07:00	1,411	0,0	0,0	0,0	0,0	35,0	35,0	1,411	1,411
07:00 bis 08:00	1,411	0,0	9,5	9,5	17,5	35,0	35,0	1,411	1,411
08:00 bis 09:00	0,353	35,0	19,0	19,0	35,0	35,0	35,0	0,353	0,353
09:00 bis 10:00	0,353	35,0	19,0	19,0	35,0	35,0	35,0	0,353	0,353
10:00 bis 11:00	0,353	35,0	19,0	19,0	35,0	35,0	35,0	0,353	0,353
11:00 bis 12:00	0,353	35,0	19,0	19,0	35,0	35,0	35,0	0,353	0,353
12:00 bis 13:00	0,353	35,0	19,0	0,0	0,0	35,0	35,0	0,353	0,353
13:00 bis 14:00	0,353	35,0	19,0	19,0	35,0	35,0	35,0	0,353	0,353
14:00 bis 15:00	1,058	35,0	19,0	19,0	35,0	35,0	35,0	1,058	1,058
15:00 bis 16:00	1,058	35,0	19,0	19,0	35,0	35,0	35,0	1,058	1,058
16:00 bis 17:00	1,058	35,0	9,5	9,5	17,5	35,0	35,0	1,058	1,058
17:00 bis 18:00	1,058	0,0	0,0	0,0	0,0	35,0	35,0	1,058	1,058
18:00 bis 19:00	1,411	0,0	0,0	0,0	0,0	35,0	35,0	1,411	1,411
19:00 bis 20:00	1,411	0,0	0,0	0,0	0,0	35,0	35,0	1,411	1,411
20:00 bis 21:00	1,411	0,0	0,0	0,0	0,0	35,0	35,0	1,411	1,411
21:00 bis 22:00	1,411	0,0	0,0	0,0	0,0	35,0	35,0	1,411	1,411
22:00 bis 23:00	1,411	0,0	0,0	0,0	0,0	35,0	35,0	1,411	1,411
23:00 bis 24:00	1,411	0,0	0,0	0,0	0,0	35,0	35,0	1,411	1,411

Berechnungen für opake Bauteile

010|4|5|3

Für opake Bauteile sind vorab zu berechnen:

Tabelle 010|4-18: Inputgrößen für opake Bauteile

A_BT	Fläche des Bauteils BT	m²
$C_\mathrm{BT,i}$	Speicherkapazität innen des Bauteils BT	kJ/m²K
$C_\mathrm{BT,e}$	Speicherkapazität außen des Bauteils BT	kJ/m²K
$T_\mathrm{BT,e,eff}$	effektive Außentemperatur für außenliegende Bauteile	°C
K_BT	Wärmedurchgangskoeffizient ohne Übergangswiderstände	W/m²K

Dabei wird die effektive Außentemperatur aus der Lufttemperatur, der auftretenden Globalstrahlung und der Umgebungstemperatur wie folgt ermittelt:

$$T_\mathrm{BT,e,eff} = T_\mathrm{e,Luft} + \frac{1}{h_0} \cdot \left(G(h) \cdot \alpha_\mathrm{sol} + h_\mathrm{rad} \cdot \left(T_\mathrm{BT,e,Umgebung} - T_\mathrm{e,Luft} \right) \right)$$

(010|4-42)

$T_\mathrm{BT,e,eff}$	effektive Außentemperatur des Bauteils BT	°C
$T_\mathrm{e,Luft}$	Außenlufttemperatur	°C
h_e	externer Wärmetransferkoeffizient; gemäß ÖNORM EN ISO 6946 [163] gilt: $h_\mathrm{e} = 25$	W/m²K
$G(h)$	Globalstrahlung auf die Bauteiloberfläche	W/m²
α_sol	Absorptionskoeffizient für die Sonnenstrahlung	-
h_rad	externer Strahlungswärmetransferkoeffizient; gemäß ÖNORM EN ISO 6946 [163] gilt: $h_\mathrm{rad} = 5$	W/m²K
$T_\mathrm{BT,e,Umgebung}$	Temperatur der Umgebung	°C

Die Umgebungstemperatur wird aus der Himmelstemperatur unter Berücksichtigung des Formfaktors für Strahlung und der Außenlufttemperatur ermittelt:

$$T_{BT,e,Umgebung} = F_{BT,r} \cdot T_{e,Himmel} + (1 - F_{BT,r}) \cdot T_{e,Luft}$$

(010|4-43)

$T_{BT,e,Umgebung}$	Temperatur der Umgebung	°C
$F_{BT,r}$	Formfaktor für die Strahlung zwischen Bauteil und Himmel; gemäß ÖNORM EN ISO 13790 [188] gilt: $F_{BT,r} = 1,0$ horizontales opakes Bauteil (Dach) ohne Verschattung $F_{BT,r} = 0,5$ vertikales opakes Bauteil (Wand) ohne Verschattung	-
$T_{e,Himmel}$	Temperatur des Himmels; gemäß ÖNORM EN ISO 13790 [188] gilt: $T_{e,Himmel} = T_{e,Luft} - 11$	°C
$T_{e,Luft}$	Außenlufttemperatur	°C

Berechnungen für transparente Bauteile

010|4|5|4

Für transparente Bauteile sind vorab zu berechnen:

Tabelle 010|4-19: Inputgrößen für transparente Bauteile

B_{FE}	Breite des Fensters FE	m
H_{FE}	Höhe des Fensters FE	m
U_{FE}	U-Wert des Fensters FE	W/m²K
A_{FE}	Fläche des Fensters FE	m²
$F_{FE,r}$	Formfaktor für die Strahlung zwischen Fenster und Himmel; gemäß ÖNORM EN ISO 13790 [188] gilt: $F_{FE,r} = 1,0$ horizontales transparentes Bauteil (Lichtkuppel) ohne Verschattung $F_{FE,r} = 0,5$ vertikales transparentes Bauteil (Fenster) ohne Verschattung	-
ε_{FE}	Exponent, der die Reduktion des Strahlungstransmissionsgrads in Abhängigkeit von der vorliegenden Glasart bestimmt	-
$q_{sol}(h)$	solare Wärmezufuhr	W/m²

Der solare Wärmestrom beträgt:

$$q_{Sol}(h) = \big(B(h) \cdot r_B(\omega) + D(h) \cdot r_D(\omega)\big) \cdot A_g \cdot g \cdot (F_{SC} \cdot F_S)$$

(010|4-44)

$B(h)$	Direktstrahlung an der Außenseite der Verglasung	W/m²
$r_B(\omega)$	winkelabhängiger Reduktionsfaktor für die Direktstrahlung	-
$D(h)$	Diffusstrahlung an der Außenseite der Verglasung	W/m²
$r_D(\omega)$	Reduktionsfaktor für die Diffusstrahlung	-
A_g	Glasfläche	m²
g	Gesamtenergiedurchlassgrad	-
F_{SC}	Verschattungsfaktor zur Berücksichtigung der Verschmutzung des Glases	-
F_S	Verschattungsfaktor zur Berücksichtigung von Gebäuden und Umgebung	-

$q_{Sol}(h)$

Reduktionsfaktor für die Direktstrahlung $r_B(\omega)$:

$$r_B(\omega) = \frac{\tau_S(\omega)}{\tau_S(0)} = 1 - (1 - \cos\omega)^\varepsilon$$

(010|4-45)

ε	Exponent, der die Reduktion des Strahlungstransmissionsgrads in Abhängigkeit von der vorliegenden Glasart bestimmt	-

Reduktionsfaktor für die Diffusstrahlung $r_D(\omega)$:

$$r_D(\omega) = \frac{\varepsilon \cdot (\varepsilon + 3)}{(\varepsilon + 1) \cdot (\varepsilon + 2)}$$

(010|4-46)

Die ÖNORM B 8110-3 [98] gibt für einige Glasarten Defaultwerte an:

Tabelle 010|4-20: Defaultwerte für einige Glasarten gemäß ÖNORM B 8110-3 [98]

			U_g	$\tau_{e,Licht}$	$\tau_{e,R}$	g	ε	
Bestand	Verglasung	1-fach	5,8	0,90	0,85	0,87	3,1	unbeschichtet[1]
		2-fach	2,8	0,81	0,72	0,75	2,3	
		3-fach	2,0	0,72	0,64	0,67	2,0	
		4-fach	1,5	0,63	0,55	0,60	2,0	
	Profilbauglas	1-fach	5,8	0,80	0,80	0,82	3,0	
		2-fach	2,8	0,71	0,67	0,70	2,0	
Bestand	Verglasung	2-fach	1,9	0,80	0,67	0,71	2,5	beschichtet[2]
		2-fach	1,7	0,80	0,64	0,69	2,5	
		2-fach	1,5	0,80	0,61	0,67	2,5	
		2-fach	1,3	0,80	0,58	0,65	2,5	
		2-fach	1,1	0,80	0,55	0,65	2,5	
Neubau und Sanierung	Verglasung	2-fach	1,1	0,70	0,40	0,50	2,5	beschichtet[3]
		2-fach	1,1	0,60	0,30	0,35	3,0	
		2-fach	1,1	0,50	0,20	0,25	3,0	
		3-fach	0,7	0,70	0,45	0,50	1,5	
		3-fach	0,5	0,70	0,45	0,50	1,5	
		3-fach	0,7	0,50	0,20	0,25	2,0	
		3-fach	0,5	0,50	0,20	0,25	2,0	
	Profilbauglas	2-fach	1,1	0,70	0,50	0,60	2,0	
		2-fach	1,1	0,50	0,25	0,30	2,0	

1) Werte dürfen für die Beurteilung von bestehenden Gebäuden ohne weiteren Nachweis verwendet werden.
2) Werte dürfen für die Beurteilung von Bestandsgebäuden – wenn der U_g-Wert bekannt ist – ohne weiteren Nachweis verwendet werden.
3) Werte zur Planung von Neubauten bzw. Sanierungen

Die ÖNORM B 8110-3:2012 [98] enthält Richtwerte für F_c Sonnenschutzvorrichtungen in Abhängigkeit vom solaren Transmissionsgrad $\tau_{e,B}$ und vom solaren Reflexionsgrad $\rho_{e,B}$ berechnet nach der ÖNORM EN 13363-1 [152] (U_g = 1,10 W/m²K).

Simulationsberechnung

010|4|5|5

Vorab sind eine Starttemperatur T_0 und ein Zeitintervall dt festzulegen. Erfahrungsgemäß führt eine Festlegung von T_0 = 20 °C und dt = 10 sec in einer hohen Anzahl von Fällen zu einer nur mehr sehr geringen Änderung der operativen Temperatur zwischen aufeinanderfolgenden Tagen. Für den Außenbereich sind neben der Außentemperatur die Himmelstemperatur und die effektiven Bauteiltemperaturen zu bestimmen.

$$T_e(t) = T_{e,n-1} + \frac{T_{e,n} - T_{e,n-1}}{3600} \cdot [t - (n-1) \cdot 3600]$$

$$T_{sky}(t) = T_e(t) - 10$$

$$T_{BT,o}(t) = T_{BT,o,n-1} + \frac{T_{BT,e,n} - T_{BT,e,n-1}}{3600} \cdot [t - (n-1) \cdot 3600]$$

(010|4-47)

Weiters sind die Wärmeströme für den Innenbereich zu bestimmen:

$$q_{sol}(t) = q_{sol,n-1} + \frac{q_{sol,n} - q_{sol,n-1}}{3600} \cdot [t - (n-1) \cdot 3600]$$

$$q_{IL,conv}(t) = q_{sol}(t) \cdot f_{sol} + q_{IL,Ger,n} \cdot f_{Ger} + q_{IL,Per,n} \cdot f_{Per}$$

$$q_{IL,rad}(t) = q_{sol}(t) \cdot (1 - f_{sol}) + q_{IL,Ger,n} \cdot (1 - f_{Ger}) + q_{IL,Per,n} \cdot (1 - f_{Per})$$

$$\text{mit} \quad f_{sol} = 0,1 \quad f_{Ger} = 0,5 \quad f_{Per} = 0,5$$

(010|4-48)

Tabelle 010|4-21: Defaultwerte für einige Abschattungseinrichtungen gemäß ÖNORM B 8110-3 [98]

Lage	Licht-durchlass	Farbe	$\tau_{e,B}$	$\rho_{e,B}$	F_c		
					$g = 0{,}70$	$g = 0{,}50$	$g = 0{,}25$
außen	wenig	weiß	0,05	0,70	0,08	0,10	0,16
außen	wenig	hell	0,05	0,50	0,11	0,13	0,22
außen	wenig	dunkel	0,05	0,30	0,13	0,17	0,29
außen	wenig	schwarz	0,05	0,10	0,15	0,20	0,36
außen	mittel	weiß	0,20	0,60	0,23	0,25	0,33
außen	mittel	hell	0,20	0,40	0,25	0,28	0,40
außen	mittel	dunkel	0,20	0,20	0,27	0,32	0,46
außen	mittel	schwarz	0,20	0,10	0,30	0,35	0,53
außen	stark	weiß	0,40	0,40	0,42	0,45	0,57
außen	stark	hell	0,40	0,30	0,44	0,48	0,63
außen	stark	dunkel	0,40	0,20	0,46	0,52	0,70
außen	stark	schwarz	0,40	0,10	0,49	0,55	0,76
zwischen	wenig	weiß	0,05	0,70	0,50	0,64	0,82
zwischen	wenig	hell	0,05	0,50	0,63	0,73	0,86
zwischen	wenig	dunkel	0,05	0,30	0,77	0,83	0,90
zwischen	wenig	schwarz	0,05	0,10	0,90	0,92	0,94
zwischen	mittel	weiß	0,20	0,60	0,51	0,65	0,82
zwischen	mittel	hell	0,20	0,40	0,64	0,74	0,86
zwischen	mittel	dunkel	0,20	0,20	0,77	0,83	0,91
zwischen	mittel	schwarz	0,20	0,10	0,91	0,93	0,95
zwischen	stark	weiß	0,40	0,40	0,51	0,65	0,83
zwischen	stark	hell	0,40	0,30	0,65	0,75	0,87
zwischen	stark	dunkel	0,40	0,20	0,78	0,84	0,91
zwischen	stark	schwarz	0,40	0,10	0,91	0,93	0,96
innen	wenig	weiß	0,05	0,70	0,50	0,64	0,82
innen	wenig	hell	0,05	0,50	0,63	0,73	0,86
innen	wenig	dunkel	0,05	0,30	0,77	0,83	0,90
innen	wenig	schwarz	0,05	0,10	0,90	0,92	0,94
innen	mittel	weiß	0,20	0,60	0,51	0,65	0,82
innen	mittel	hell	0,20	0,40	0,64	0,74	0,86
innen	mittel	dunkel	0,20	0,20	0,77	0,83	0,91
innen	mittel	schwarz	0,20	0,10	0,91	0,93	0,95
innen	stark	weiß	0,40	0,40	0,51	0,65	0,83
innen	stark	hell	0,40	0,30	0,65	0,75	0,87
innen	stark	dunkel	0,40	0,20	0,78	0,84	0,91
innen	stark	schwarz	0,40	0,10	0,91	0,93	0,96

Die Wärmeströme in die Bauteile aus dem Innenraum berechnen sich wie folgt:

$$q_{BT,conv,i} = h_{conv,i} \cdot A_{BT} \cdot (T_L - T_{BT,i})$$
$$q_{BT,rad,i} = h_{rad,i} \cdot A_{BT} \cdot (T_R - T_{BT,i})$$

(010|4-49)

Dabei sind folgende Wärmeübergangskoeffizienten zu verwenden:

Tabelle 010|4-22: Wärmeübergangskoeffizienten, innen

Transport	Wärmestrom		W/m²K
	Wärmestrom	$\leftrightarrow$	$h_{conv,i} = 2{,}5$
Konvektion	Wärmestrom	$\uparrow$	$h_{conv,i} = 5{,}0$
	Wärmestrom	$\downarrow$	$h_{conv,i} = 0{,}7$
Strahlung			$h_{rad,i} = 5{,}5$

Die Wärmeströme in die Bauteile aus dem Außenraum berechnen sich wie folgt:

internes Bauteil
$$q_{BT,e} = h_{conv,i} \cdot A_{BT} \cdot (T_L - T_{BT,e}) + h_{rad,i} \cdot A_{BT} \cdot (T_R - T_{BT,e})$$
externes Bauteil
$$q_{BT,e} = h_e \cdot A_{BT} \cdot (T_{BT,e,akt} - T_{BT,e})$$

(010|4-50)

Dazu kommt noch ein allfälliger Anteil ($T_{BT,i} = T_{BT,e}$ für ein internes Bauteil) durch Wärmeleitung:

$$q_{BT,Leit} = U_{BT}^* \cdot A_{BT} \cdot (T_{BT,i} - T_{BT,e})$$

(010|4-51)

U_{BT}^* Wärmedurchgangskoeffizient ohne Übergangswiderstände   W/m²K

Der Lüftungsstrom berechnet sich in Abhängigkeit von den Fensterstellungen zu:

$$V_{FE,geschlossen} = \left(\sum_{FE} F_{geschlossen} \right) \cdot 0$$

$$V_{FE,offen} = \left(\sum_{FE} F_{offen} \right) \cdot \sqrt{|T_L - T_{e,akt}|}$$

$$V_{FE,gekippt} = \left(\sum_{FE} F_{gekippt} \right) \cdot \sqrt{|T_L - T_{e,akt}|}$$

$$V_{Fenster} = V_{FE,geschlossen} + V_{FE,offen} + V_{FE,gekippt}$$

$$q_{Vent} = 0{,}34 \cdot V \cdot (T_{e,akt} - T_L) \text{ mit } \rho_L \cdot c_{p,L} = 0{,}34 \, \text{Wh}/(\text{m}^3 \cdot \text{K})$$

(010|4-52)

$$q_{BT} = -1 \cdot \left(\sum_{BT} q_{BT,ci} \right)$$

$$T_{ef,i} = T_L + \frac{h_{ri}}{h_{ri} + h_{ci}} \cdot (T_R - T_L)$$

(010|4-53)

$$T_{FE,e} = T_{e,akt} + \frac{\varepsilon_{eff}}{h_e} \cdot \left(SF_{FE} \cdot T_{sky,akt} + (1 - SF_{FE}) \cdot T_{e,akt} - T_{e,akt} \right)$$

(010|4-54)

$$T_{FE} = T_{ef,i} - (T_{ef,i} - T_{FE,e}) \cdot U_{FE} \cdot \left(\frac{1}{h_{ci} + h_{ri}} \right)$$

(010|4-55)

$$q_{FE} = \sum_{FE} A_{FE} \cdot h_{ci} \cdot (T_{FE} - T_L)$$

$$T_{L,neu} = T_L + \frac{q_{IL,conv,akt} + q_{BT} + q_{Vent} + q_{Fenster}}{C_E} \cdot dt$$

(010|4-56)

$$T_{BT,i} = T_{BT,i} + \frac{q_{BT,ci} + q_{BT,ri} + q_{BT,Leit}}{C_{BT,i}} \cdot dt$$

$$T_{BT,e} = T_{BT,e} + \frac{q_{BT,e} + q_{BT,Leit}}{C_{BT,e}} \cdot dt$$

(010|4-57)

Daran anschließend wird aus den Ergebnissen die operative Temperatur berechnet.

$$T_{op} = 0{,}5 \cdot (T_L + T_R)$$

(010|4-50)

Diese Berechnung ist über mehrere Tage durchzuführen, bis die Änderung der operativen Temperatur geringer als 0,01 K ist.

Abschließend sei festgehalten, dass die ÖNORM B 8110-3 auch noch die Möglichkeit von Lüftungsschächten vorsieht. Selbstverständlich lassen sich auch Raumlufttechnikanlagen abbilden. Beides verändert die Berechnung von q_{Vent}.

Die Anforderungen sind dann erfüllt, wenn die operative Temperatur 27,0 °C sowie während der Zeit von 22:00 Uhr bis 06:00 Uhr 25,0 °C nicht überschreitet.

Ebenfalls gilt die Anforderung als erfüllt, wenn der vereinfachte Nachweis über die ausreichenden Speichermassen erbracht wird. Dies darf allerdings nur unter folgenden Voraussetzungen durchgeführt werden:

- Es handelt sich um ein Wohngebäude.
- Der Tagesmittelwert der Außentemperatur beträgt höchstens 23,0 °C. Sämtliche Fenster des als kritisch eingestuften Einzelraumes können nachts offen gehalten werden.

Beispiel 010|4-03: ein und derselbe Raum mit einer anforderungsüberschreitenden und einer nahezu anforderungserfüllenden Ausstattung (Anforderungen gemäß ÖNORM B 8110-3 [98] an einem Standort mit $\theta_{\mathrm{max,13}} = 24,9\ °C$

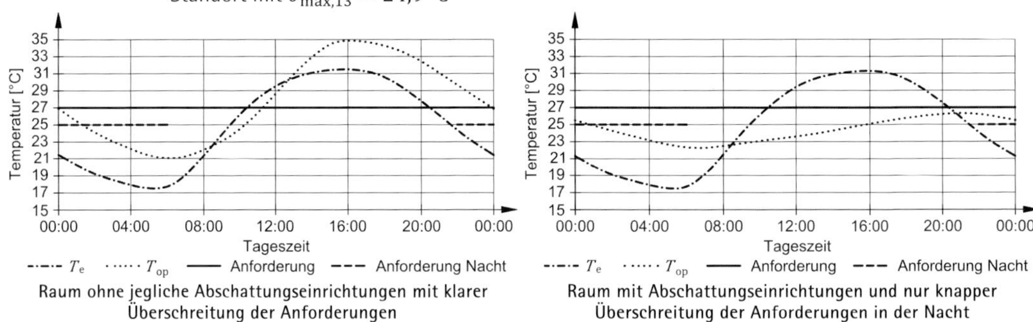

Raum ohne jegliche Abschattungseinrichtungen mit klarer Überschreitung der Anforderungen

Raum mit Abschattungseinrichtungen und nur knapper Überschreitung der Anforderungen in der Nacht

Im rechten Bild wird die Anforderung gemäß ÖNORM B 8110-3 noch immer nicht erfüllt, hingegen die Anforderungsformulierung gemäß ÖNORM EN 15251 (siehe Kapitel 010|1|1) von 24,9·0,33+18,8+3 = 30,1 klar erfüllt.

Anmerkungen zum Verfahren   010|4|5|6

Abschließend seien noch einige Anmerkungen zu diesem Verfahren und zu den Vorgängen rund um dieses Verfahren festgehalten:

- Man kann aus den Vorgängen lernen, dass Verfahren keinesfalls vor der Verschriftlichung der Methodik und umfassender Validierung als Norm beschlossen werden sollten. Gleichwohl wird dies auch hinkünftig immer wieder vorkommen, allerdings hoffentlich in einem überblickbareren Bereich.

- Die Tatsache der numerischen Sensibilität und der Sensitivität der Annahmen (z. B.: Emissionsvermögen, Himmelstemperatur) stellen unter Umständen infrage, ob derartige Verfahren nicht hinsichtlich ihres Wordings geändert werden sollten. So ist die Prognose der Vermeidung von Temperaturen jenseits von 27 °C bzw. 25 °C naturgemäß an die Richtigkeit der Annahmen für den jeweiligen Fall gebunden. Nicht zuletzt daher muss sorgsam mit derartigen Aussagen umgegangen werden.

- Die herausragende Stellung des Verfahrens sei an dieser Stelle aber nicht vernachlässigt. Die Tatsache, dass damit Heizlast und Kühllast ermittelt werden können, eröffnet für die Zukunft ganz neue Möglichkeiten, in geschlossener Art und Weise mit einem Tool sehr viele Dinge gleichzeitig nachweisen zu können. Nicht zuletzt deshalb werden sich die Mühen bis zum vollständigen „Funktionieren" lohnen.

Schallschutz 010|5

Lärmeinwirkung auf den Menschen kann zweierlei Folgen haben: eine allgemeine Beeinträchtigung, besonders des Nervensystems, und Gehörschäden. Erfahrungsgemäß haben Lautstärken bis 40 dB(A) für Gesunde keine gesundheitliche Schädigung zur Folge. Lautstärken von 40 bis 70 dB(A) führen bei zu langer Einwirkung zu Ermüdungserscheinungen, deren Beseitigung eine ausreichende Erholungzeit mit genügender Schlaftiefe und Schlaflänge erfordert. Schädigungen können also bereits in diesem Lautstärkebereich auftreten. Selbst Lautstärken unter 65 dB(A) können psychische Reaktionen auslösen; Aggressivität, Kopfschmerzen bis zur Neurose können die Folge sein. Bei Lautstärken von 65 bis 90 dB(A) kommen zu den psychischen Reaktionen noch Störungen des vegetativen – also vom menschlichen Willen unabhängigen – Nervensystems hinzu. Bei Lautstärken von 90 bis 120 dB(A) führt kurzzeitige Einwirkung zu einer vorübergehenden Schwerhörigkeit. Bei lang dauernder und jahrelanger Einwirkung ist vielfach dauernde Schwerhörigkeit, ja sogar Taubheit zu befürchten. Dieselbe Schädigung ist auch bei verhältnismäßig kurzzeitiger Einwirkung von Lärm, der größer als 120 dB(A) ist, möglich.

Eine besondere Bedeutung kommt im Rahmen des Schallschutzes der Ruhephase des Menschen zu. Insbesondere während dieser Zeit – im Allgemeinen der Nacht – besteht ein besonderes Ruhebedürfnis. Schalleinwirkungen während dieser Zeit können zu einer erheblichen Beeinträchtigung des Wohlbefindens führen. Nicht zuletzt deshalb sind Schallschutzanforderungen in Diskussion, zumal Menschen höchst unterschiedlich auf Schall reagieren, und dies auch im Laufe eines Menschenlebens unter Umständen nicht gleichbleibend. Ein wenig erinnert diese Voraussetzung an die Vorschriften über die Barrierefreiheit. Dabei ist es Personen ohne Handikap unverständlich, warum Vorschriften das Bauen verteuern müssen, besteht jedoch durch ein zufälliges Ereignis auch nur temporär ein Handikap, begreift man schnell, wie hilfreich Barrierefreiheit sein kann bzw. wie störend ihr Fehlen sein kann. Ebenso kann Lärm in unterschiedlichen Lebensphasen unterschiedlich „ertragen" werden. Wie bei den meisten Themen im Baubereich kommt natürlich auch hier der grundsätzlichen Planung eine besondere Bedeutung zu. So wäre es ratsam, mit der Raumanordnung den Schallschutz günstig zu beeinflussen und keinesfalls durch diese ungünstige Konstellationen hervorzurufen. Natürlich kommen hierbei auch der Ausstattung und der Einrichtung eine gewisse Bedeutung zu. An dieser Stelle sei auch festgehalten, dass natürlich auch das menschliche Verhalten, allenfalls eine soziokulturell übliche Rücksichtnahme, einen wesentlichen Einfluss aufweist. Auf politischer Ebene haben insbesondere die WHO (Weltgesundheitsorganisation) und die Europäische Union mit Richtlinien, Empfehlungen und den Mitgliedstaaten auferlegten Aktionsprogrammen der nationalen und föderalistischen Gesetzgebung ganz wesentliche Impulse gegeben. Ganz allgemein kann dazu auch im internationalen Vergleich gesagt werden, dass die Schallschutzanforderungen gegen Außenlärm und Lärm innerhalb des Gebäudes insofern voneinander abhängen, als die dabei auftretenden Pegel sich gegenseitig beeinflussen. Dies führt sehr oft zu der Überlegung, durch Nachlassen bei einer der Anforderungen die jeweils andere indirekt zu verbessern, dabei werden aber die einleitend genannten gesundheitlichen Aspekte vernachlässigt.

Die meisten Menschen können sich zwar mit der Zeit an einen bestimmten Lärm gewöhnen, häufig bildet sich dann aber eine Überempfindlichkeit gegenüber anderen Lärmarten aus. Die Festlegung von Schallschutzanforderungen und die Planung von darauf abgestimmten Schallschutzmaßnahmen setzen voraus, dass möglichst genaue Kenntnisse über die Art des Lärms und dessen Störwirkung auf den Menschen vorliegen. So einfach es ist, die Lärmbelastung in Form der vorhandenen Schallpegel messtechnisch zu erfassen, so schwierig ist es, diese Messergebnisse hinsichtlich ihrer Aussage über Lärmbelästigung bzw. Störwirkung zu interpretieren.

Grundbegriffe

Zum Verständnis der in den gesetzlichen Vorschriften und diversen Richtlinien angeführten Bewertungskriterien ist es notwendig, eine Reihe von Grundbegriffen zu definieren.

Schall

Als Schall bezeichnet man mechanische Schwingungen eines Mediums mit Frequenzen im Hörbereich des menschlichen Ohres (16 bis 20.000 Hz). Schall mit Frequenzen von weniger als 16 Hz heißt Infraschall, hat Schall Frequenzen von mehr als 20.000 Hz, so wird er als Ultraschall bezeichnet.

Schall sind mechanische Schwingungen eines Mediums mit Frequenzen im Hörbereich des menschlichen Ohres.

Frequenz f

Dies ist die Anzahl der Schwingungen in der Zeiteinheit, das heißt der zeitliche Abstand von zwei gleichen Schwingungszuständen. Die Anzahl der Schwingungen in 1 Sekunde [s] wird mit Hertz [Hz] bezeichnet (Hz = 1/s).

Fortpflanzung von Schall

Wird ein fester Körper, der mit der ihn umgebenden Luft in Berührung steht, zu einer Schwingung angeregt, so versetzt der Körper die an ihn grenzenden Luftmoleküle ebenfalls in Schwingung, die ihrerseits weitere, an sie angrenzende Moleküle in Schwingung bringen. Dabei tritt eine Folge von Luftteilchenverdichtungen und -verdünnungen auf, die sich wellenartig ausbreitet. Man nennt eine solche Form der Ausbreitung „Druckwelle", wobei sich der durch das Verdichten und Verdünnen der Luft entstehende Schalldruck mit dem atmosphärischen Luftdruck überlagert. Zur Fortpflanzung von Schallwellen ist daher Materie nötig, welche die Schwingung übertragen kann. Im Vakuum kann kein Schall weitergeleitet werden. Je nach Medium unterscheidet man daher:

Zur Fortpflanzung von Schallwellen ist Materie nötig.

- Luftschall: in Gasen
- Wasserschall: in Flüssigkeiten
- Körperschall: in festen Körpern

Abbildung 010|5-01: Schallausbreitung

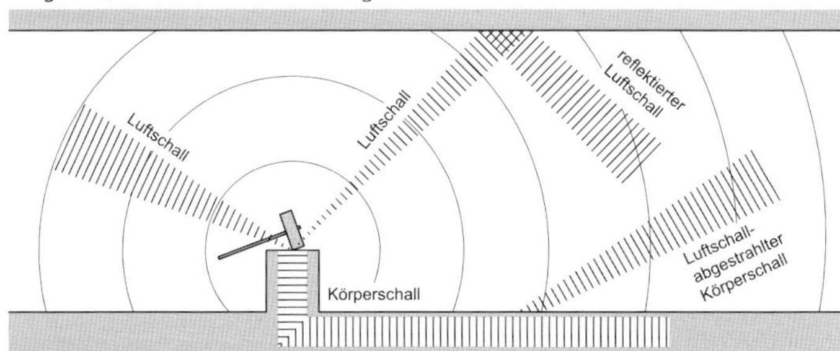

Zusätzlich zur Schallausbreitung mittels Longitudinalwellen in allen drei Medien können sich Schallwellen in festen Stoffen auch mittels Transversalwellen und Biegewellen fortpflanzen.

Schallausbreitungsgeschwindigkeit c_S

Die Schallausbreitungsgeschwindigkeit ist in den einzelnen Medien unterschiedlich hoch. Im Ausbreitungsmedium Luft beträgt die Schallgeschwindigkeit bei 20 °C etwa 340 m/s. In festen und flüssigen Stoffen ist die Schallgeschwindigkeit höher.

Wellenlänge λ

Erfolgt die Schallanregung mit einer konstanten Frequenz, so sind die Abstände zwischen zwei aufeinanderfolgenden Erregungszuständen gleich. Die Abstände werden als Wellenlänge λ [m] der Schwingung bezeichnet. Unter Kenntnis der Frequenz f [Hz] und der Schallausbreitungsgeschwindigkeit c_S [m/s] kann die Wellenlänge λ [m] nach Gleichung (010|5-01) ermittelt werden.

$$\lambda = \frac{c_S}{f}$$

(010|5-01)

λ	Wellenlänge	m
c_S	Schallgeschwindigkeit	m/s
f	Frequenz	Hz

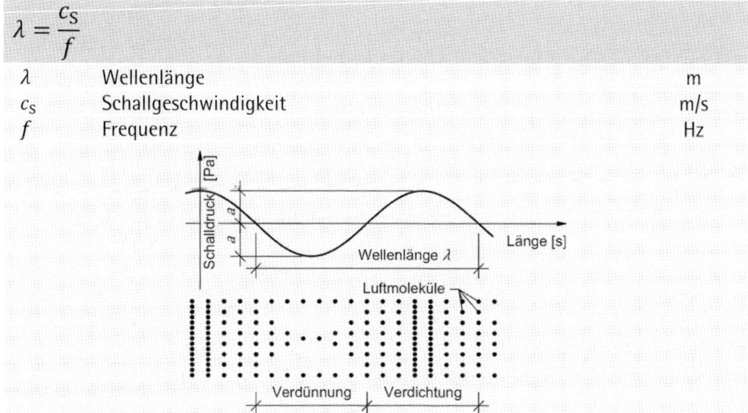

Je größer die Wellenlänge, das heißt, je kleiner die Frequenz ist, desto schwieriger gestaltet sich die Schalldämmung in diesem Bereich. Die Schallgeschwindigkeit c_S ist in jedem Festkörper vom Elastizitätsmodul E_{dyn} und der Dichte ρ abhängig.

Je kleiner die Frequenz ist, desto schwieriger gestaltet sich die Schalldämmung.

$$c_S = 1000 \cdot \sqrt{E_{dyn}/\rho}$$

(010|5-02)

E_{dyn}	dynamischer Elastizitätsmodul	N/mm²
ρ	Rohdichte	kg/m³

Tabelle 010|5-01: Stoffkennwerte Schallgeschwindigkeit [48]

Material	Elastizitätsmodul E_{dyn}		Dichte ρ	Schallgeschwindigkeit c_S
	[N/mm²]	[N/m²]	[kg/m³]	[m/s]
Beton	48000	$4{,}8 \cdot 10^{10}$	$2{,}4 \cdot 10^3$	4500
Leichtbeton	4000	$4{,}0 \cdot 10^9$	$1{,}0 \cdot 10^3$	2000
Holz	6900 – 15000	$6{,}9 \cdot 10^9 - 1{,}5 \cdot 10^{10}$	$0{,}6 \cdot 10^3$	3400 – 5000
Stahl	208000	$2{,}08 \cdot 10^{11}$	$7{,}8 \cdot 10^3$	5170
Glas	52000	$5{,}2 \cdot 10^{10}$	$2{,}5 \cdot 10^3$	4550
Sand	20 – 200	$2{,}0 \cdot 10^7 - 2{,}0 \cdot 10^8$	2,0	100 – 300

Abbildung 010|5-02: Beziehung Tonhöhe – Lautstärke

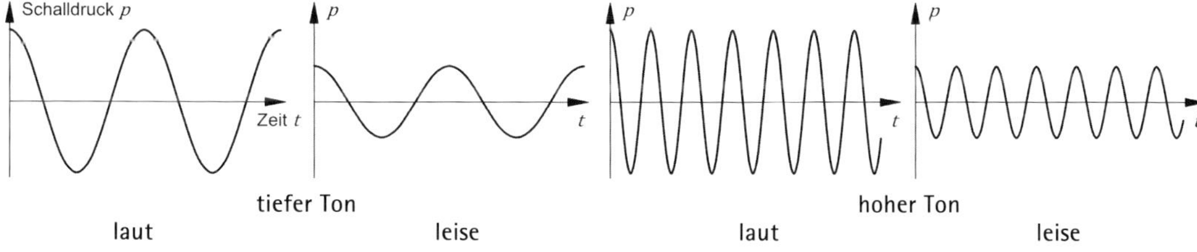

Schallpegel, Hörfläche

Die vom Ohr wahrnehmbaren Schalldrücke p erstrecken sich über etwa fünf Zehnerpotenzen. Deshalb erweist sich bei der grafischen Darstellung oder bei Berechnungen eine logarithmische Skalierung, bezeichnet mit Schallpegel L_p [dB], als zweckmäßig.

$$L_p = 10 \cdot \log\left(\frac{p^2}{p_0^2}\right) = 20 \cdot \log\left(\frac{p}{p_0}\right)$$

(010|5-00)

L_p Schalldruckpegel   dB

Die Einheit des Schallpegels und aller Schallpegeldifferenzen ist das Dezibel [dB]. Der international festgelegte Bezugsdruck p_0 hat den folgenden Wert:

$$p_0 = 2 \cdot 10^{-5}$$

(010|5-04)

p_0 Bezugsdruck   Pa=N/m²

Stellt man den Schallpegel L_{min}, bei dem die Schallwahrnehmung beim Menschen einsetzt (= Hörschwelle), und den Schallpegel L_{max}, bei dem eine Schmerzempfindung auftritt (= Schmerzschwelle), jeweils in Abhängigkeit von der Frequenz im Hörbereich des Menschen grafisch dar, so erhält man die sogenannte Hörfläche, den Bereich zwischen Schmerz- und Hörschwelle. Der Schallpegel L_p ist mit geeigneten Geräten relativ einfach messbar, indem der Schalldruck p gemessen und sein 20-facher Logarithmus, bezogen auf den Bezugsschall durch p, angezeigt wird. Dieses Messergebnis sagt jedoch nicht aus, wie laut der Mensch das Geräusch empfindet.

Diese Pegeldarstellung hat zur Folge, dass Schallereignisse nicht mehr einfach addiert werden können, sondern vor der Addition in Schalldrücke umgerechnet werden müssen. Dabei ist L_{ges} der Schallpegel in dB und p_{ges} der Schalldruck in Pa, jeweils resultierend aus beiden oder mehreren Schallquellen.

Beispiel 010|5-01: Schallpegeladdition

100 dB + 100 dB ≠ 200 dB, sondern:

$$L_{ges} = 10 \cdot \log\left(10^{\frac{100}{10}} + 10^{\frac{100}{10}}\right) = 103$$

100 dB + 100 dB = 103 dB
Pegelverdopplung bzw. zwei Schallquellen mit gleichem Emissionspegel führen zu einer Erhöhung um 3 dB.

50 dB + 50 dB + 50 dB + 50 dB + 50 dB + 50 dB + 50 dB + 50 dB + 50 dB + 50 dB ≠ 500 dB, sondern:

$$L_{ges} = 10 \cdot \log\left(10^{\frac{50}{10}} + ... + 10^{\frac{50}{10}}\right) = 60$$

10 · 50 dB = 60 dB

bewerteter Schallpegel

Um dem frequenzabhängigen Lautstärkeempfinden des Menschen auch messtechnisch Rechnung zu tragen, wurde der Begriff des bewerteten Schallpegels definiert. Hierbei wird zum gemessenen Schallpegel L ein frequenzabhängiger Korrekturwert ΔL hinzugezählt und das Gesamtergebnis an einer Skala angezeigt. Im Bauwesen wird hauptsächlich der „A-bewertete Schallpegel" verwendet. Das Gesamtergebnis wird dann in dB(A) angegeben.

Abbildung 010|5-03: Beziehung Schalldruck – Schallpegel – Frequenz – Phon [33]

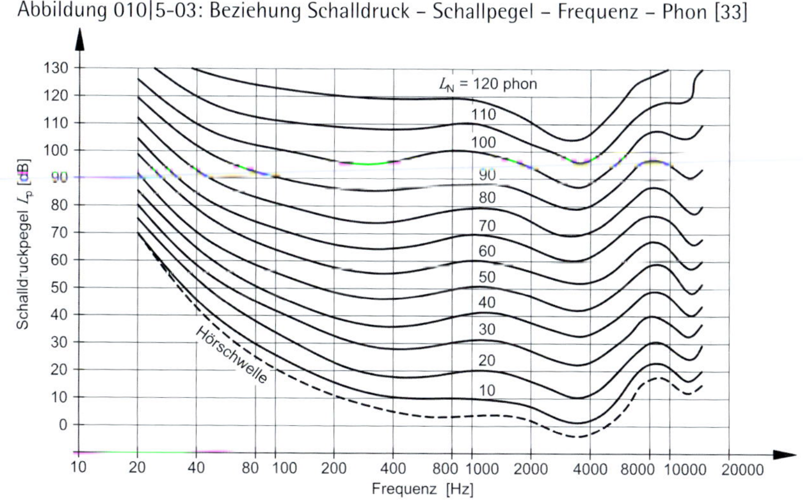

Abbildung 010|5-04: Hörfläche des menschlichen Ohres

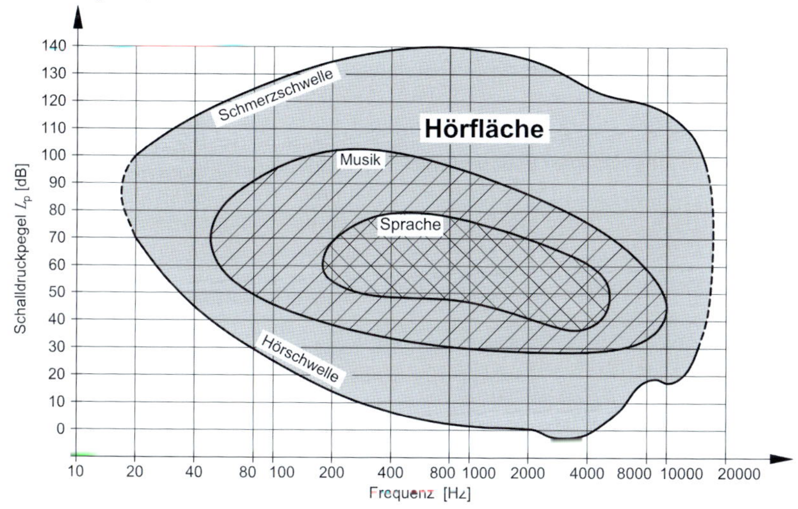

Abbildung 010|5-05: Frequenzbewertungskurven

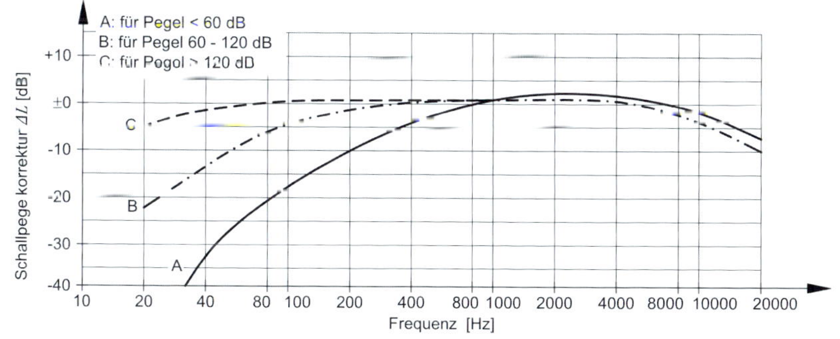

Tabelle 010|5-02: Beispiele für A-bewertete Schallpegel

Schallpegel [dB(A)]	Empfindung	Situation
0	ruhig	Hörschwelle
10		schwaches Blätterrauschen
20		Gehgeräusche, Ticken einer Taschenuhr
30	leise	Nachtgrundpegel im städtischen Wohnviertel, Flüstern
40		Wohnraum
50		leise Sprache, ruhiger Bach
60	laut	Zimmerlautstärke, Personenauto aus 10 m Entfernung
70		laute Sprache und Musik aus 1 m Entfernung
80		Hauptverkehrsstraße, laute Musik
90		Tanzkapelle mit elektroakustischen Instrumenten
100	unerträglich	Maschinenhalle
110		Diskothek
120	Schmerz	laute Hupe in ca. 5 m Entfernung
130		Presslufthammer
140		Düsenflugzeug beim Start aus der Nähe
150		Überschallverkehrsflugzeug beim Start aus der Nähe
160		Windkanal, Geschütz, Explosion

Luftschallschutz

Ganz allgemein wird unter dem Luftschallschutz die Minderung der Übertragung der Schallleistung von der einen Seite eines Bauteils auf die andere Seite verstanden. Wichtig ist dabei der Grundsatz, dass ein hoher Luftschallschutz wünschenswert ist. Dies ist dann beim Trittschallschutz genau umgekehrt.

Begriffe Luftschallschutz

Abbildung 010|5-06: Luftschallübertragungsarten

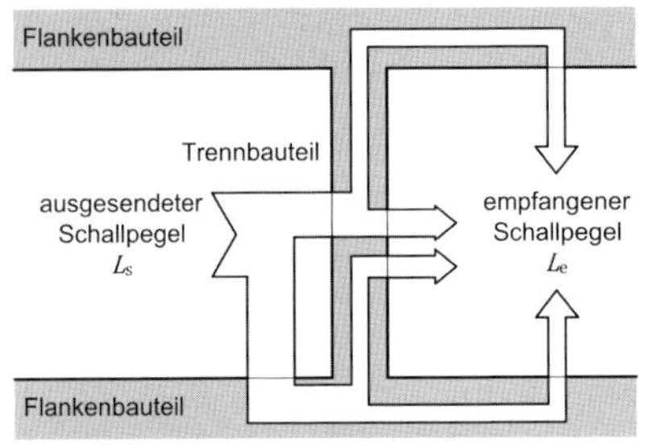
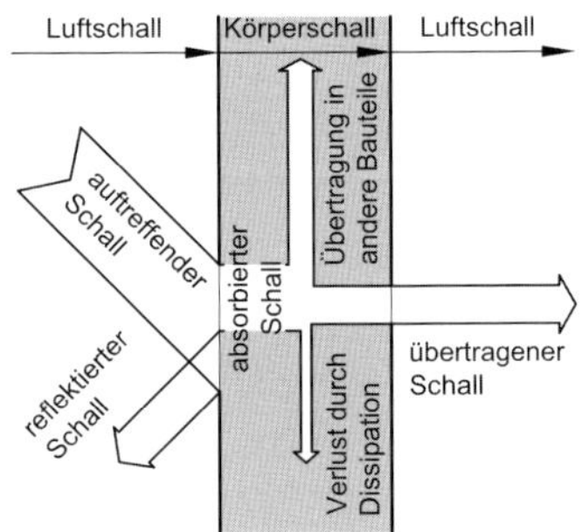

Luftschalldämmung

Hierbei wird der Schall durch schwere, dichte Baustoffe an der Ausbreitung im Nachbarraum behindert. Dies geschieht hauptsächlich durch die Reflexion der Luftschallwellen. Es kann daher festgestellt werden, dass die Luftschalldämmung eines Bauteils umso besser ist, je schwerer und massiver der Bauteil ist.

Die Luftschalldämmung eines Bauteils ist umso besser, je schwerer und massiver der Bauteil ist.

Abbildung 010|5-07: Luftschalldämmung – Luftschalldämpfung

Luftschalldämpfung

Bei der Luftschalldämpfung wird die Schwingungsenergie der Luftteilchen durch Anordnung eines mitschwingenden Baustoffes verringert (mehrschaliger Bauteil).

Schallpegeldifferenz D

Als Schallpegeldifferenz D wird der Unterschied zwischen dem in einem Senderaum abgestrahlten Schallpegel L_1 und dem in einem Empfangsraum übertragenen Schallpegel L_2 bezeichnet.

$$D = L_1 - L_2 = 10 \cdot \lg\left(\frac{p_1^2}{p_2^2}\right)$$

$L_{1,2}$	Schalldruckpegel im Senderaum, Empfangsraum	dB
$p_{1,2}$	Schalldruck im Senderaum, Empfangsraum	Pa

Die Schallpegeldifferenz D allein gibt noch keine Aussage über das Schalldämmverhalten eines Bauteils, da man je nach Ausstattung des Empfangsraumes unterschiedliche Werte für den Schallpegel L_2 erhält. Um einen Trennbauteil beurteilen zu können, gibt es die Möglichkeiten der Ermittlung der Standard-Schallpegeldifferenz D_{nT} oder der Norm-Schallpegeldifferenz D_n.

$$D_{nT} = L_1 - L_2 = 10 \cdot \lg\left(\frac{T}{T_0}\right)$$

D_{nT}	Standard-Schallpegeldifferenz	dB
T	Nachhallzeit im Empfangsraum	s
T_0	Bezugsnachhallzeit	s

$$D_n = L_1 - L_2 = 10 \cdot \lg\left(\frac{A_0}{A}\right)$$

D_n	Norm-Schallpegeldifferenz	dB
A	Schallabsorptionsfläche im Empfangsraum	m²
A_0	Bezugsschallabsorptionsfläche	m²

Abbildung 010|5-08: Messanordnung Luftschalldämmung

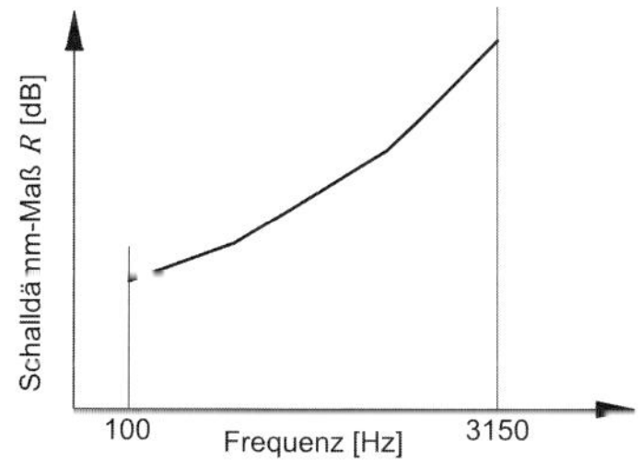
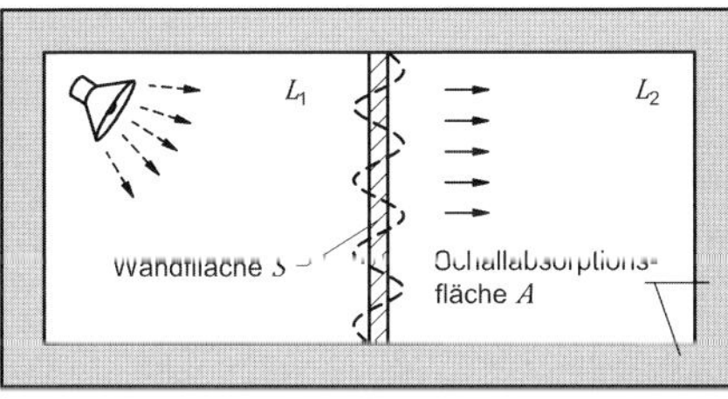

Im Normalfall beträgt die Bezugsabsorptionsfläche $A_0 = 10,0$ m². Bei der Schallmessung von Trennbauteilen zwischen größeren Räumen (z. B. Schulklassen etc.) ist die Bezugsabsorptionsfläche $A_0 = 25,0$ m² anzunehmen.

bewertete Standard-Normschallpegeldifferenz $D_{nT,w}$

Einzahlangabe der Standard-Schallpegeldifferenz, ermittelt aus den Werten D_{nT} (in den Terzbändern 100 Hz bis 3150 Hz) nach der Bezugskurve (Abbildung 010|5-09).

Die Bezugskurve hat den idealisierten Verlauf des Schalldämm-Maßes einer 25 cm dicken Vollziegelwand. Bei der Bewertung wird sie gedanklich so weit nach oben oder unten geschoben, bis die Summe der Unterschreitungen durch die gemessene Kurve so groß wie möglich ist, aber höchstens 32,0 dB bei Werten in den 16 Terzbändern erreicht. Das bewertete Schalldämm-Maß ist dann der Wert der verschobenen Bezugskurve bei 500 Hz.

Abbildung 010|5-09: Bezugskurve zur Bewertung der Luftschalldämmung

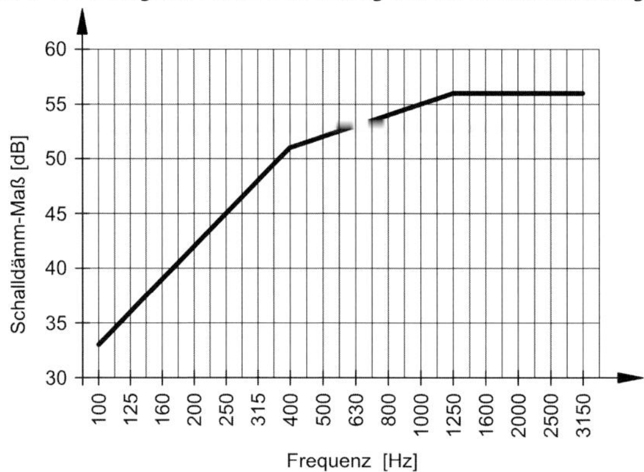

Schalldämm-Maß R

Hierbei erfolgt die Messung unter größtmöglicher Ausschaltung aller Schallnebenwege in einem Prüfstand.

$$R = 10 \cdot \lg\left(\frac{W_1}{W_2}\right) = -10 \cdot \lg(\tau) \qquad \tau = \frac{W_2}{W_1}$$

(010|5-08)

W_1	auftretende Schallleistung	W
W_2	übertragene Schallleistung	W

Unter der Annahme, dass ein diffuses Schallfeld vorliegt und dass die Schallübertragung nur über den betrachteten Trennbauteil erfolgt, kann das Schalldämm-Maß R [dB] für diffusen Schalleinfall aus der Fläche S [m²] des Trennbauteils und der Absorptionsfläche A [m²] im Empfangsraum wie folgt berechnet werden.

$$R = D + 10 \cdot \lg\left(\frac{S}{A}\right)$$

(010|5-09)

D	Schallpegeldifferenz	dB
S	Fläche des Trennbauteils	m²
A	Absorptionsfläche	m²

Bau-Schalldämm-Maß R'

Die Messung erfolgt mit Schallnebenwegen in einem Bauwerk oder auf einem Prüfstand. Soll ein Trennbauteil bauakustisch bewertet werden, muss entweder die Norm-Schallpegeldifferenz D [dB] oder das Bau-Schalldämm-Maß R' [dB] für die zwischen 100 und 3150 Hz liegenden Terzband-mittenfrequenzen ermittelt (gemessen) werden.

bewertetes Schalldämm-Maß R_w

Einzahlangabe für das Schalldämm-Maß, ermittelt aus den Werten R (in den Terzbändern 100 Hz bis 3150 Hz) nach der Bezugskurve (Abbildung 010|5-09).

Die Beschreibung des Schallschutzes erfolgt der Einfachheit halber mittels einer „Einzahlangabe" durch das bewertete Schalldämm-Maß R_w [dB] bzw. durch die bewertete Normschallpegeldifferenz D_nw [dB] oder die bewertete Standard-Schallpegeldifferenz $D_\mathrm{nT,w}$ [dB]. Die genaue Vorgangsweise zur Ermittlung des bewerteten Schalldämm-Maßes ist in der ÖNORM EN ISO 717-1 [155] angegeben.

Beispiel 010|5-02: Messergebnis einer Luftschalldämmung zwischen zwei Räumen in einem Gebäude

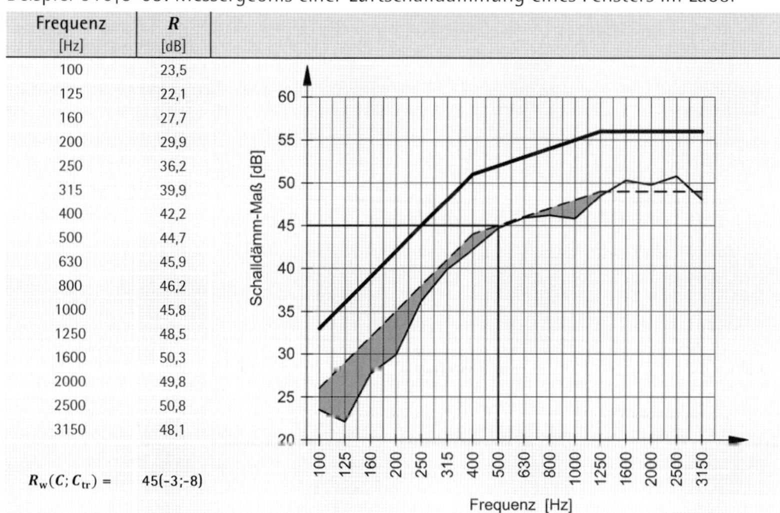

Frequenz [Hz]	D_{nT} [dB]
100	32,1
125	44,9
160	46,5
200	48,9
250	46,0
315	54,1
400	52,4
500	53,5
630	57,3
800	58,3
1000	61,0
1250	61,8
1600	63,0
2000	63,1
2500	34,7
3150	71,3

$D_{nT,w}(C; C_{tr}) = 58(-2; -8)$

Beispiel 010|5-03: Messergebnis einer Luftschalldämmung eines Fensters im Labor

Frequenz [Hz]	R [dB]
100	23,5
125	22,1
160	27,7
200	29,9
250	36,2
315	39,9
400	42,2
500	44,7
630	45,9
800	46,2
1000	45,8
1250	48,5
1600	50,3
2000	49,8
2500	50,8
3150	48,1

$R_w(C; C_{tr}) = 45(-3; -8)$

Da Einzahlangaben – gleichgültig wofür – naturgemäß einen Mangel für spezielle Aussagen in sich bergen, wurden bei Messergebnissen verpflichtend weitere Auswertungen vorgeschrieben. Dies sind die sogenannten Spektrum-Anpassungswerte, der Spektrum-Anpassungswert C (A-bewertetes rosa Rauschen) zur Bewertung von Wohnaktivitäten, Kinderspielen etc. und der Spektrum-Anpassungswert C_{tr} (A-bewerteter städtischer Straßenverkehrslärm) zur Bewertung von städtischem Straßenverkehr, Schienenverkehr mit geringer Geschwindigkeit etc.

Damit stellt sich als Ergebnis einer Luftschallmessung entweder $R_w(C; C_{tr})$, $D_{nT}(C; C_{tr})$ oder $D_{nT,w}(C; C_{tr})$ ein, wobei für die Zukunft angenommen werden darf, dass in Abhängigkeit vom Anforderungsszenario die

Da Einzahlangaben einen Mangel für spezielle Aussagen in sich bergen, wurden bei Messergebnissen verpflichtend weitere Auswertungen vorgeschrieben.

$$C, C_{tr}$$

entsprechend um die Spektrum-Anpassungswerte veränderten Schalldämm-Maße herangezogen werden müssen.

Abbildung 010|5-10: Referenzspektrum zur Berechnung des Spektrum-Anpassungswertes C und C_{tr}

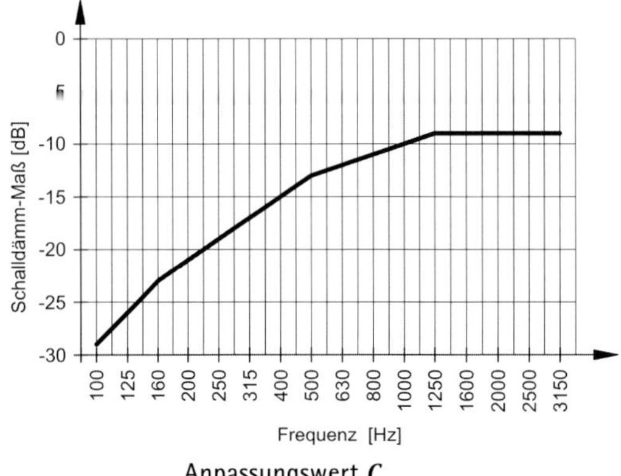

Anpassungswert C

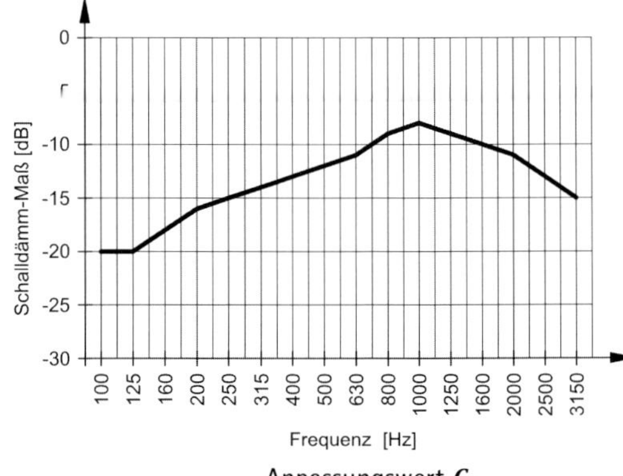

Anpassungswert C_{tr}

Einschalige Bauteile

Grundsätzlich kann behauptet werden, dass schwere einschalige Bauteile besser dämmen als leichte. Die Begründung hierfür liegt in der Tatsache, dass zur Schwingungsanregung eines Bauteils mit höherer Masse mehr Energie nötig ist als bei einem Bauteil mit geringerer Masse. Eine Abschätzung des zu erwartenden bewerteten Schalldämm-Maßes R_w [dB] bei einschaligen Bauteilen kann mit dem Diagramm (Abbildung 010.5-11) vorgenommen werden. Nach ÖNORM B 8115-4 [106] kann für einschalige massive Bauteile mit einer flächenbezogenen Masse von 100 bis 700 kg/m² das bewertete Schalldämm-Maß R_w [dB] auch berechnet werden.

$$R_w = 32{,}4 \cdot \lg(m') - 26$$

(010|5-10)

m' flächenbezogene Masse   kg/m²

Beispiel 010|5-04: Ermittlung Schalldämm-Maß einschaliger Bauteil

30 cm dicke, beidseits verputzte Wand eines Gründerzeithauses

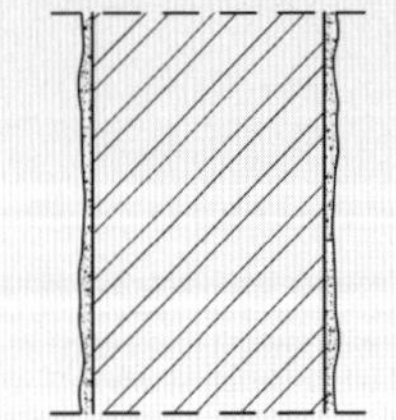

	d	ρ	$d \cdot \rho$
	[m]	[kg/m³]	[kg/m²]
Außenputz	0,02	1800	36
Mauerwerk	0,30	1700	510
Innenputz	0,02	1600	32
flächenbezogene Masse		$m' =$	578
bewertetes Schalldämm-Maß	[dB]	$R_w =$	63

Betrachtet man frequenzabhängig das Schalldämm-Maß R eines einschaligen Bauteils, so ist feststellbar, dass – abgesehen von einem gewissen Frequenzbereich, in dem eine kurzfristige Verminderung der Schalldämmung eintritt – bei einer Erhöhung der Frequenz um eine Oktave das Schalldämm-Maß R um ca. 6 dB zunimmt. Der Frequenzbereich, in dem es zu einem Einbruch in der Schalldämmung kommt, wird Koinzidenzbereich genannt. Die Begründung für das Auftreten dieser Erscheinung liegt in der Bildung von Biegewellen in dem betrachteten einschaligen Bauteil.

Abbildung 010|5-11: Schalldämm-Maß – flächenbezogene Masse [11]

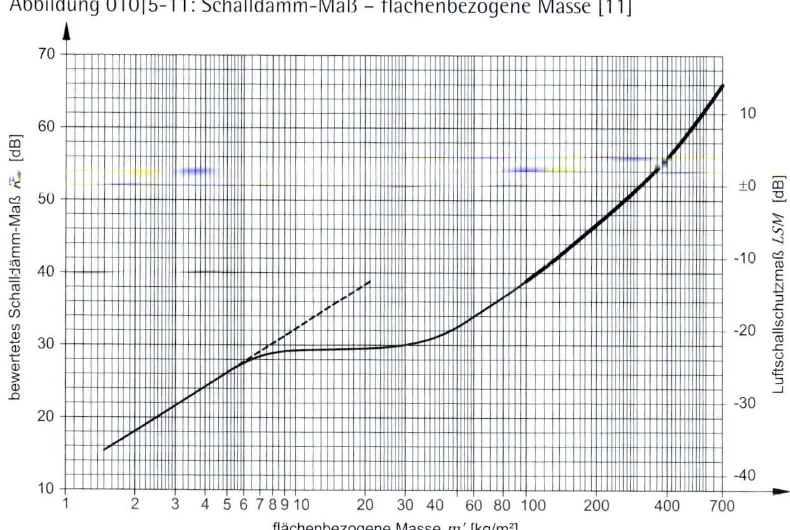

Wird eine Wand aus einem Material mit einem hohen Elastizitätsmodul durch einen Stoß senkrecht zur Wandoberfläche angeregt, dann findet zunächst eine Durchbiegung der Wand an dieser Stelle statt. Diese Auslenkung der Masseteilchen in der Wand führt anschließend zu einer Ausbreitung von Biegewellen auf der gesamten Wandoberfläche. Auch schräg einfallende Schallwellen regen eine Wand infolge der Druckunterschiede in der Luft zu Biegeschwingungen an. Eine maximale Anregung der Wand zu diesen Schwingungen tritt dann auf, wenn die Komponente der Schallgeschwindigkeit in Richtung der Wandoberfläche mit der Geschwindigkeit der Biegewellen der Wand übereinstimmt. Läuft die Schallwelle parallel zur Wand, dann ist die Spurgeschwindigkeit und damit die anregende Frequenz am kleinsten. Die Frequenz der Biegewelle ist dann gleich der Frequenz der Schallwelle.

Die Koinzidenzfrequenz ist die niedrigste Frequenz, bei der eine Wand zu Resonanzschwingungen angeregt werden kann.

Abbildung 010|5-12: Anregung Wand zu Biegewellen – Koinzidenzfrequenz

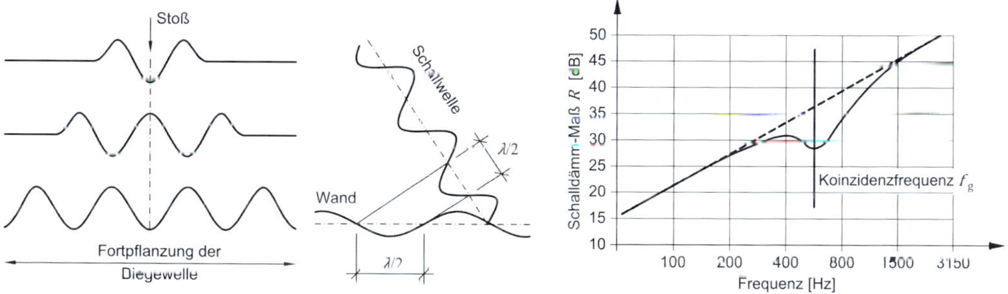

Mit der Koinzidenzfrequenz f_g wird die niedrigste Frequenz bezeichnet, bei der eine Wand bei streifendem Einfallswinkel zu Resonanzschwingungen angeregt werden kann. Mit ausreichender Genauigkeit lässt sich diese unterste Grenzfrequenz mit Gleichung (010|5-11) bestimmen. Aufgrund ihrer Koinzidenzfrequenz f_g können Wände in zwei Gruppen eingeteilt werden. Liegt f_g >2500 Hz, dann bezeichnet man sie als „biegeweich". Die Schalldämmung derartiger Bauteile wird von der Koinzidenz nicht beeinträchtigt, sie folgt dem Massengesetz. Auch bei der Anregung dieser Wände über eine Randeinspannung strahlt sie keine Schallenergie in den Raum ab.

$$f_\mathrm{g} \cong \frac{60}{d} \cdot \sqrt{\frac{\rho}{E_\mathrm{dyn}}}$$

$$(010|5\text{-}11)$$

f_g	Koinzidenzfrequenz	Hz
E_dyn	dynamischer Elastizitätsmodul	MN/m^3
ρ	Rohdichte der Platte	kg/m^3
d	Dicke der Platte	m

Abbildung 010|5-13: Koinzidenzfrequenz von Platten ÖN B 8115-4 [106]

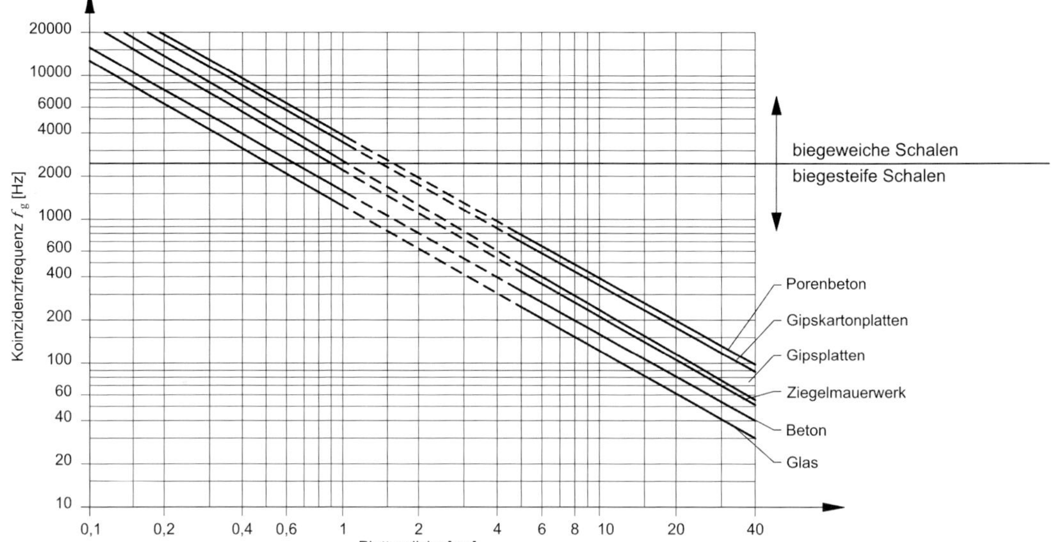

Eine Wand wird als „biegesteif" bezeichnet, wenn die Grenzfrequenz f_g <2500 Hz beträgt. Derartige Bauteile zeigen deutliche Einbrüche der Schalldämmung in einem breiten Frequenzbereich. Darunter fallen Platten oder plattenförmige Bauteile aus Beton, Leichtbeton, Mauerwerk, Gips und Glas mit einer flächenbezogenen Masse zwischen 20 und 100 kg/m². Für Platten aus Holz- und Holzwerkstoffen mit flächenbezogenen Massen über 15 kg/m² wirkt sich ebenfalls die Biegesteifigkeit ungünstig auf die Schalldämmung aus. Im Allgemeinen besitzen die Materialien von biegeweichen Wänden einen wesentlich kleineren dynamischen Elastizitätsmodul als die von biegesteifen Wänden.

Für die schalltechnisch richtige Konstruktion von einschaligen Bauteilen ist darauf zu achten, dass die Koinzidenzfrequenz möglichst außerhalb des für die Bauakustik interessanten Bereiches von 100 bis 3150 Hz liegt.

Mehrschalige Bauteile

010|5|2|3

Ein mehrschaliger Bauteil liegt in schalltechnischer Hinsicht dann vor, wenn zwei oder mehr Schalen bei Schallanregung unabhängig voneinander schwingen können, das heißt, dass die Schalen nur durch Luft- oder Dämmschichten geringer Steifigkeit miteinander gekoppelt sind. Betrachtet man den Verlauf des Schalldämm-Maßes R, so verhält sich der Bauteil in tiefen Frequenzen ähnlich wie ein gleich schwerer einschaliger Bauteil (Steigerung des Schalldämm-Maßes R um 6 dB/Oktave). Danach tritt ein Einbruch in der Schalldämmkurve ein, der auf das Auftreten der Resonanz zurückzuführen ist.

In diesem Frequenzbereich, der Resonanzfrequenz f_0, schwingen die beiden Schalen unter Zusammendrücken der als Feder wirkenden Zwischenschicht gegeneinander mit größter Amplitude.

Die Resonanzfrequenz f_0 hängt von der flächenbezogenen Masse m der Schalen und der dynamischen Steifigkeit s' des Dämmstoffes bzw. der Luftschicht zwischen den Schalen ab und kann nach der folgenden Formel berechnet werden. Materialwerte für die dynamischen Steifigkeiten sind in Kapitel 010|7 enthalten.

Abbildung 010|5-14: mehrschaliger Bauteil – Resonanz- und Koinzidenzfrequenzen [35]

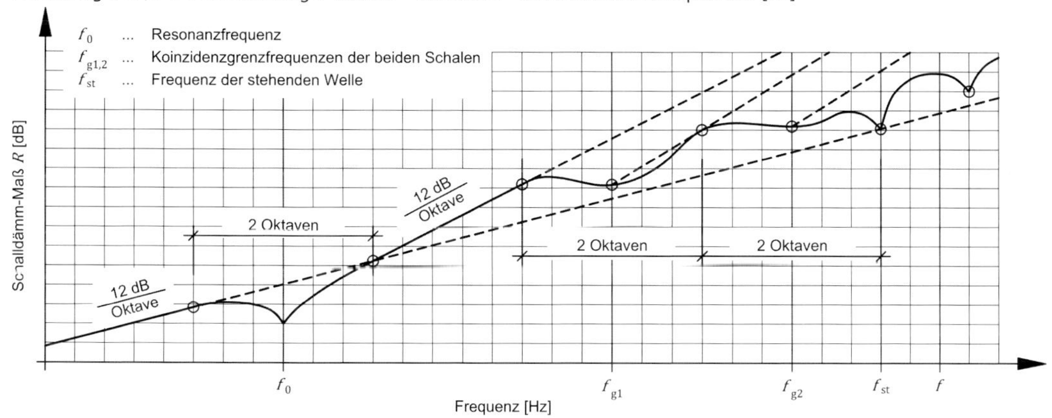

$$f_0 = 160 \cdot \sqrt{s' \cdot \left(\frac{1}{m_1} + \frac{1}{m_2}\right)}$$

(010|5-12)

s'	dynamische Steifigkeit der Zwischenschicht	kN/m³
$m_{1,2}$	flächenbezogene Masse der Schalen	kg/m²

Tabelle 010|5-03: Resonanzfrequenzen zweischaliger Bauteile ÖN B 8115-4 [106]

Beschreibung	Grafik	Formel für f_0
zwei biegeweiche Schalen mit schallabsorbierender Einlage		$f_0 \approx \dfrac{85}{\sqrt{m' \cdot d}}$
biegeweiche Schale vor schwerer biegesteifer Wand oder als Unterdecke unter Massivdecke, Luftschicht mit schallabsorbierender Einlage		$f_0 \approx \dfrac{60}{\sqrt{m' \cdot d}}$
zwei biegeweiche Schalen mit einer Dämmschicht der dynamischen Steifigkeit s', die mit beiden Schalen vollflächig verbunden ist		$f_0 \approx 225 \cdot \sqrt{\dfrac{s'}{m'}}$
biegeweiche Schale vor schwerer biegesteifer Wand mit einer Dämmschicht der dynamischen Steifigkeit s', die mit beiden Schalen vollflächig verbunden ist, auch schwimmender Estrich auf Massivbeton		$f_0 \approx 160 \cdot \sqrt{\dfrac{s'}{m'}}$

Die Resonanzfrequenz soll möglichst weit unterhalb des für die Bauakustik interessanten Bereiches liegen, weil durch das Auftreten der Resonanz eine Verschlechterung der Schalldämmung eintritt. Nach dem Überschreiten der

Die Resonanzfrequenz muss möglichst weit unterhalb des für die Bauakustik interessanten Bereiches von 80 Hz liegen.

Resonanzfrequenz setzt die Wirkung der Zweischaligkeit erst richtig ein, die Luftschalldämmung wird deutlich besser als bei einer einschaligen, gleich schweren Wand. In diesem Bereich schwingen die einzelnen Schalen entkoppelt, was eine Steigerung des Schalldämm-Maßes R auf ca. 12 dB/Oktave hervorruft. Eine vereinfachte Berechnung der Resonanzfrequenzen f_0 von zweischaligen Bauteilen mit einer oder zwei biegeweichen Schalen ist ÖNORM B 8115-4:2003 [106] entnehmbar.

Tabelle 010|5-04: Beispiele R_w mehrschalige biegeweiche Trennwände [106]

	Dicke [mm]	Aufbau	R_w [dB]
		Einfachständerwand einfach beplankt, 50 mm Mineralwolle	
		CW 50/75	41
		CW 75/100	42
		CW 100/125	43
		Einfachständerwand doppelt beplankt, 50 mm Mineralwolle	
		CW 50/100	48
		CW 75/125	49
		CW 100/150	49
		Doppelständerwand doppelt beplankt, 2 × 50 mm Mineralwolle	
		CW 50 + 50/155	>60
		3 mm Schaumstoffstreifen	
		CW 75 + 75/205	>60
		CW 100 + 100/255	>60
	12,5	Gipskarton- bzw. Gipsfaserplatte	
	12,5	Gipskarton-, Gipsfaser- bzw. Holzspanplatte	
	75,0	Metallständerwerk CW 75, $e \geq 50$ cm Hohlraum mit Mineralwolle verfüllt, Nenndicke ≥ 50 mm	
	12,5	Gipskarton-, Gipsfaser- bzw. Holzspanplatte	
	3,0	Schaumstoffstreifen	≥ 69
	75,0	Metallständerwerk CW 75, $e \geq 50$ cm Hohlraum mit Mineralwolle verfüllt, Nenndicke ≥ 50 mm	
	12,5	Gipskarton-, Gipsfaser- bzw. Holzspanplatte	
	12,5	Gipskarton- bzw. Gipsfaserplatte	
	215,5	Gesamtdicke	
	12,5	Gipskarton- bzw. Gipsfaserplatte	
	12,5	Gipskarton-, Gipsfaser- bzw. Holzspanplatte	
	80,0	Holzständerwerk 60/80, $e \geq 50$ cm Hohlraum mit Mineralwolle verfüllt, Nenndicke ≥ 50 mm	
	5,0	Luft	
	12,5	Gipskarton-, Gipsfaser- bzw. Holzspanplatte	≥ 65
	80,0	Holzständerwerk 60/80, $e \geq 50$ cm Hohlraum mit Mineralwolle verfüllt, Nenndicke ≥ 50 mm	
	12,5	Gipskarton-, Gipsfaser- bzw. Holzspanplatte	
	12,5	Gipskarton- bzw. Gipsfaserplatte	
	227,5	Gesamtdicke	
	12,5	Gipskarton- bzw. Gipsfaserplatte	
	12,5	Gipskarton-, Gipsfaser- bzw. Holzspanplatte	
	80,0	Holzständerwerk 60/80, $e \geq 50$ cm Hohlraum mit Mineralwolle verfüllt, Nenndicke ≥ 50 mm	
	12,5	Gipskarton-, Gipsfaser- bzw. Holzspanplatte	
	12,5	Gipskarton-, Gipsfaser- bzw. Holzspanplatte	
	30,0	Trennfuge	
	12,5	Gipskarton-, Gipsfaser- bzw. Holzspanplatte	≥ 68
	12,5	Gipskarton- bzw. Gipsfaserplatte	
	80,0	Holzständerwerk 60/80, 100 od. 120 $e \geq 50$ cm Hohlraum mit Mineralwolle verfüllt, Nenndicke ≥ 50 mm	
	12,5	Gipskarton-, Gipsfaser- bzw. Holzspanplatte	
	12,5	Gipskarton- bzw. Gipsfaserplatte	
	290,0	Gesamtdicke	

Durch die schalltechnische Entkoppelung der einzelnen Schalen sind diese den Einflüssen der Koinzidenz ausgesetzt, und in der Schalldämmkurve wird sich für jede Einzelschale ein Einbruch in der Schalldämmkurve aufgrund der Ausbildung von Biegewellen einstellen. Weitere Einbrüche in der Schalldämmkurve eines mehrschaligen Bauteils entstehen durch das Auftreten sogenannter „stehender Wellen". Hierbei wird die Schallwelle an den Innenseiten der Schalen reflektiert, was durch das Fehlen einer Bedämpfung zwischen den Schalen hervorgerufen werden kann. Diese theoretischen Erkenntnisse für zweischalige Bauteile können sinngemäß auch für mehrschalige Bauteile angewandt werden. Hier treten dann mehrere Resonanz- bzw. Koinzidenzeinbrüche auf. Für den Nachweis des Schallschutzes ergibt sich je nach der Höhe der Resonanzfrequenz f_0 eine Veränderung des bewerteten Schalldämm-Maßes R_w des einschaligen, massiven Bauteils durch die biegeweiche Schale.

Tabelle 010|5-05: Beispiele Schallschutz Holzbalkendecken [106]

	Dicke [mm]	Aufbau	$L_\mathrm{nT,w}$ [dB]	R_w [dB]
	50,0	schwimmender Zementestrich		
	0,2	PE-Folie		
	25,0	Mineralwolleplatten 30/25 mm	45	59
	19,0	Holzspanplatte		
		Holzbalkendecke mit Mineralwollefilz – Dicke ≥50 mm		
	12,0	Gipskartonplatten an Federschienen [1]		
	21,0	Holzspanplatte		
	50,0	Polsterholz, dazwischen		
	40,0	Sandschüttung und Mineralwolleplatten, Minerallwolle-Trittschall-Dämmplattenstreifen		
	0,2	PE-Folie	41	59
	19,0	Holzspanplatte		
		Holzbalkendecke mit Mineralwollefilz – Dicke ≥50 mm		
	12,0	Gipskartonplatte		
	21,0	Holzspanplatte		
	0,2	PE-Folie		
	25,0	Mineralwolleplatten 30/25 mm		
		Beschwerung	38	59
	19,0	Holzspanplatte		
		Holzbalkendecke mit Mineralwollefilz – Dicke ≥50 mm		
	12,0	Gipskartonplatte		
	≥50,0	Zement- oder Anhydritestrich		
	30,0	Mineralwolle-Trittschall-Dämmplatten 35/30 bzw. Dammplatten mit gleicher dynamischer Steifigkeit		
	22,0	Holzspanplatte		
	200,0	Deckenbalken 80/200 mm, e = 625 mm; dazwischen MW Nenndicke ≥100 mm	≤48	≥65
	0,2	PE-Folie		
	27,0	Federschiene		
	12,5	Gipskarton- bzw. Gipsfaserplatte		
	25,0	Gipskartonbauplatte; 2 × 12,5 mm GKB verklebt		
	30,0	Polystyrol		
	50,0	Splittschüttung und Rieselschutz		
	24,0	Dreischichtplatte		
	220,0	Holzbalken 100/220, e = 625 mm dazwischen	≤48	≥65
	100,0	Schafwolle		
	24,0	Sparschalung 24/18, e = 400 mm		
	30,0	Lattung auf Federbügel 35/50, e = 400 mm		
	15,0	Gipskartonfeuerschutzplatte (GKF)		

[1] Unterkonstruktionsbefestigung über Federschienen (kein fester Kontakt zwischen Latten und Balken) oder Federbügel, ein weich federnder Mineralwolledämmstreifen darf zwischengelegt werden.

Beispiel 010|5-05: Ermittlung bewertetes Schalldämm-Maß – zweischalige Bauteile

Wandmasse 340 kg/m², R_w = 56 dB

1. bewertetes Schalldämm-Maß des Bauteils ohne Vorsatzschale R_w = 56 dB
2. s' = 6 MN/m³
3. m' = 10 kg/m²

$$f_0 \approx 160 \cdot \sqrt{\frac{s'}{m'}} = 160 \cdot \sqrt{\frac{6}{10}} \approx 125 \text{ Hz}$$

$$\Delta R_w = 30 - \frac{R_w}{2} = 30 - \frac{56}{2} = 2 \text{ dB}$$

$$R_w = 56 + 2 = 58 \text{ dB}$$

Tabelle 010|5-06: Veränderung R_w durch f_0 biegeweiche Schale [106]

Resonanzfrequenz f_0 der Vorsatzschale [Hz]	ΔR_w [dB]
≤80	$35 - R_w/2$
100	$32 - R_w/2$
125	$30 - R_w/2$
160	$28 - R_w/2$
200	-1
250	-1 bis -3
315	-3 bis -5
400	-5 bis -7
500	-6 bis -9
630 bis 1600	-6 bis -10
>1600	-3 bis -5

Anmerkung 1: Der ΔR_w-Mindestwert beträgt 0 dB für f_0 ≤160 Hz.
Anmerkung 2: Für Zwischenresonanzfrequenzen können die Werte durch lineare Interpolation aus dem Frequenz-Logarithmus abgeleitet werden.
Anmerkung 3: R_w [dB] bezeichnet das bewertete Schalldämm-Maß der Rohwand oder der Rohdecke.

Zusammengesetzte Bauteile

Bei zusammengesetzten Außenbauteilen kann nach ÖNORM B 8115-2 [104] das resultierende Schalldämm-Maß R_{res} bzw. das bewertete Schalldämm-Maß $R_{res,w}$ über die einzelnen Bauteilflächen S_i und deren Schalldämm-Maße R_i bzw. bewertete Schalldämm-Maße $R_{w,i}$ ermittelt werden.

$$R_{res} = -10 \cdot \lg\left(\left(\frac{1}{\sum S_i}\right) \cdot \sum S_i \cdot 10^{-\frac{R_i}{10}}\right)$$

$$R_{res,w} = -10 \cdot \lg\left(\left(\frac{1}{\sum S_i}\right) \cdot \sum S_i \cdot 10^{-\frac{R_{w,i}}{10}}\right)$$

(010|5-13)

R_i	Schalldämm-Maße der i-ten Schicht	dB
$R_{w,i}$	bewertete Schalldämm-Maße der i-ten Schicht	dB
S_i	Flächen der i-ten Bauteile	m²

Beispiel 010|5-06: Ermittlung resultierendes Schalldämm-Maß

Außenwand (4,30 x 2,80) mit Fenster (2,50 x 1,20)

$S_{Fassade}$ = 12 m² - 3 m² = 9 m²

1. $R_{w,Fassade}$ = 50 dB

2. $S_{Fenster}$ = 3 m²

3. $R_{w,Fenster}$ = 38 dB

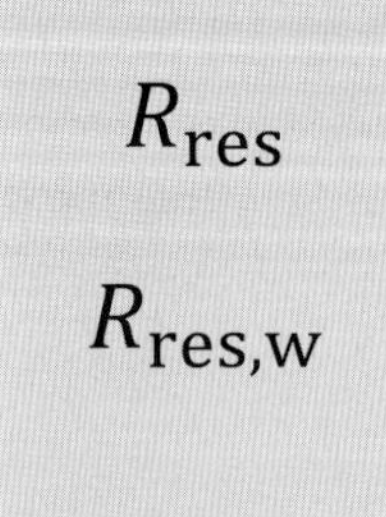

$$R_{res,w} = -10 \cdot \lg\left(\frac{9}{12} \cdot 10^{-\frac{50}{10}} + \frac{3}{12} \cdot 10^{-\frac{38}{10}}\right) = 43 \text{ dB}$$

R_{res}

$R_{res,w}$

Luftschallschutz zwischen Nachbarräumen

Zur Ermittlung der bewerteten Standard-Schallpegeldifferenz kann im Massivbau folgendes Berechnungsverfahren herangezogen werden:

$$D_{nT,w} = -10 \cdot log\left[10^{-\frac{D_{nT,Dd,w}}{10}} + \sum 10^{-\frac{D_{nT,Ff,w}}{10}} + \sum 10^{-\frac{D_{nT,Fd,w}}{10}} + \sum 10^{-\frac{D_{nT,Df,w}}{10}}\right]$$

(010|5-14)

$D_{nT,w}$	bewertete Standard-Schallpegeldifferenz	dB
$D_{nT,Dd,w}$	bewertete Standard-Schallpegeldifferenz für die Direktübertragung durch den Trennbauteil	dB
$D_{nT,Ff,w}$	bewertete Standard-Schallpegeldifferenz für den Übertragungsweg Ff	dB
$D_{nT,Fd,w}$	bewertete Standard-Schallpegeldifferenz für den Übertragungsweg Fd	dB
$D_{nT,Df,w}$	bewertete Standard-Schallpegeldifferenz für den Übertragungsweg Df	dB

$D_{nT,w}$

Dabei sind folgende Einzelschritte zu berechnen:

Abbildung 010|5-15: Luftschallübertragungswege zwischen Nachbarräumen

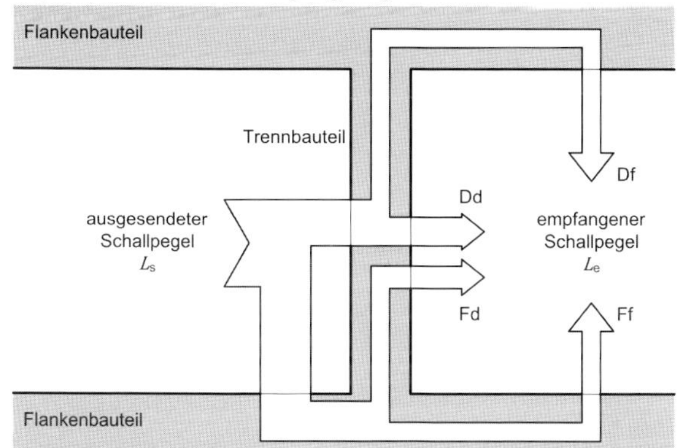

Dd Übertragung durch Anregung und Abstrahlung des Trennbauteils

Df Übertragung durch Anregung und Abstrahlung über einen flankierenden Bauteil

Fd Übertragung durch Anregung eines Flankenbauteils und Abstrahlung über den Trennbauteil

Ff Übertragung durch Anregung eines Flankenbauteils und Abstrahlung über einen Flankenbauteil

$R_{s,w}, R_{F,w}, R_{f,w}, R_{S,w}$ sind die bewerteten Schalldämm-Maße ohne Berücksichtigung von Vorsatzschalen.

Schallübertragung Dd:

$$D_{nT,Dd,w} = R_{s,w} + \Delta R_{Dd,w} - 10log(S_s) + 10log(V) - 5$$

(010|5-15)

$R_{s,w}$	bewertetes Schalldämm-Maß des Trennbauteils	dB
$\Delta R_{Dd,w}$	gesamte Verbesserung des Schalldämm-Maßes durch zusätzliche Vorsatzschalen auf der Sende- und/oder Empfangsseite des Trennbauteils	dB
S_s	Fläche des Trennbauteils	m²
V	Rauminhalt des Empfangsraumes	m³

$D_{nT,Dd,w}$

Schallübertragung Ff:

$$D_{nT,Ff,w} = \frac{R_{F,w} + R_{f,w}}{2} + \Delta R_{Ff,w} + K_{Ff,w} + 10\log(V) - 10\log(\ell_f) - 5$$

(010|5-16)

$R_{F,w}$	bewertetes Schalldämm-Maß des flankierenden Bauteils F	dB
$R_{f,w}$	bewertetes Schalldämm-Maß des flankierenden Bauteils f	dB
$\Delta R_{Ff,w}$	gesamte Verbesserung durch zusätzliche Vorsatzschalen auf der Sende- und/oder Empfangsseite des flankierenden Bauteils	dB
$K_{Ff,w}$	Stoßstellen-Dämmmaß für den Übertragungsweg Ff	dB
ℓ_f	gemeinsame Kopplungslänge der Verbindungsstelle zw. dem Trennbauteil und dem betrachteten flankierenden Bauteil	m

$$D_{nT,Ff,w}$$

Schallübertragung Fd:

$$D_{nT,Fd,w} = \frac{R_{F,w} + R_{s,w}}{2} + \Delta R_{Fd,w} + K_{Fd} + 10\log(V) - 10\log(\ell_f) - 5$$

(010|5-17)

$R_{F,w}$	bewertetes Schalldämm-Maß des flankierenden Bauteils F	dB
$R_{f,w}$	bewertetes Schalldämm-Maß des flankierenden Bauteils f	dB
$\Delta R_{Fd,w}$	gesamte Verbesserung durch zusätzliche Vorsatzschalen am flankierenden Bauteil auf der Sendeseite und/oder auf dem Trennbauteil auf der Empfangsseite	dB
K_{Fd}	Stoßstellen-Dämmmaß für den Übertragungsweg Fd	dB
ℓ_f	gemeinsame Kopplungslänge der Verbindungsstelle zw. dem Trennbauteil und dem betrachteten flankierenden Bauteil	m

$$D_{nT,Fd,w}$$

Schallübertragung Df:

$$D_{nT,Df,w} = \frac{R_{S,w} + R_{f,w}}{2} + \Delta R_{Df,w} + K_{Df,w} + 10\log(V) - 10\log(\ell_f) - 5$$

(010|5-18)

$R_{S,w}$	bewertetes Schalldämm-Maß des flankierenden Bauteils F	dB
$R_{f,w}$	bewertetes Schalldämm-Maß des flankierenden Bauteils f	dB
$\Delta R_{Df,w}$	gesamte Verbesserung durch zusätzliche Vorsatzschalen am Trennbauteil auf der Sendeseite und/oder auf dem flankierenden Bauteil auf der Empfangsseite	dB
$K_{Df,w}$	Stoßstellen-Dämmmaß für den Übertragungsweg Df	dB
ℓ_f	gemeinsame Kopplungslänge der Verbindungsstelle zw. dem Trennbauteil und dem betrachteten flankierenden Bauteil	m

$$D_{nT,Df,w}$$

Für die Verbesserung durch zusätzliche Vorsatzschalen am Trennbauteil gilt:

einseitig angebrachte Vorsatzschale:

$$\Delta R_{Dd,w} = \Delta R_w$$

beidseitig angebrachte Vorsatzschale:

(010|5-19)

$$\Delta R_{Dd,w} = \frac{\min(\Delta R_{D,w}; \Delta R_{d,w})}{2} + \max(\Delta R_{D,w}; \Delta R_{d,w})$$

Analog gilt für Verbesserungen durch andere Vorsatzschalen-Kombinationen:

$$\Delta R_{Ff,w} = \frac{\min(\Delta R_{F,w}; \Delta R_{f,w})}{2} + \max(\Delta R_{F,w}; \Delta R_{f,w})$$

(010|5-20)

$$\Delta R_{Fd,w} = \frac{\min(\Delta R_{F,w}; \Delta R_{d,w})}{2} + \max(\Delta R_{F,w}; \Delta R_{d,w})$$

(010|5-21)

$$\Delta R_{Df,w} = \frac{\min(\Delta R_{D,w}; \Delta R_{f,w})}{2} + \max(\Delta R_{D,w}; \Delta R_{f,w})$$

(010|5-22)

Tabelle 010|5-07: Stoßstellen-Dämmmaße gemäß EN 12354-1 [132]

$$M = \log \frac{m'_{\perp i}}{m'_i}$$

	m'_i	die flächenbezogene Masse des Bauteils i im Übertragungsweg ij	kg/m²
	$m'_{\perp i}$	die flächenbezogene Masse des anderen die Stoßstelle bildenden Bauteils senkrecht dazu	kg/m²

starrer Kreuzstoß

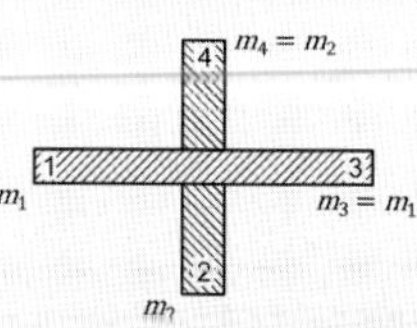

$$K_{12} = 8,7 + 5\,M^2$$
$$K_{13} = 8,7 + 17,1\,M + 5,7\,M^2$$
$$K_{23} = 8,7 + 5,7\,M^2$$

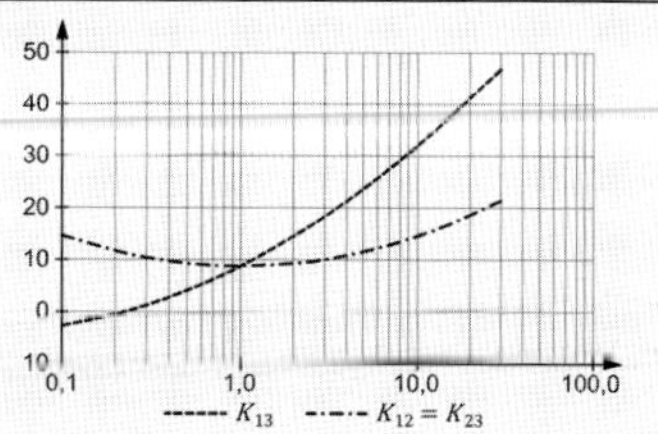

starrer T-Stoß

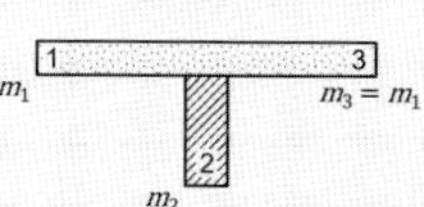

$$K_{12} = 5,7 + 5,7\,M^2$$
$$K_{13} = 5,7 + 14,1\,M + 5,7\,M^2$$
$$K_{23} = 5,7 + 5,7\,M^2$$

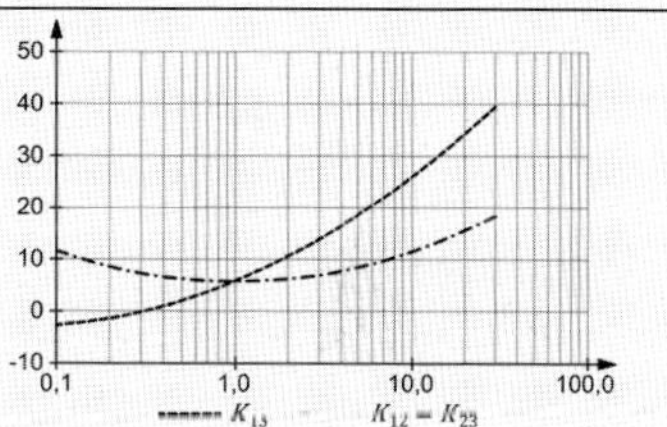

Stoßstelle mit flexiblen Zwischenschichten

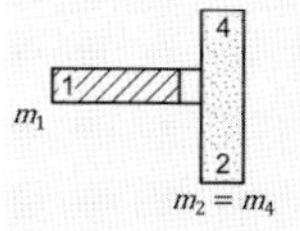

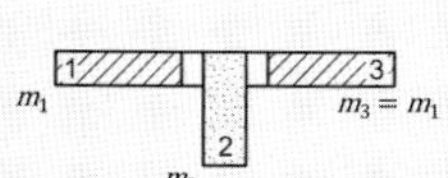

$$K_{12} = 5,7 + 5,7\,M^2 + D_1$$
$$K_{13} = 5,7 + 14,1\,M + 5,7\,M^2 + 2D_1$$
$$K_{23} = 5,7 + 5,7\,M^2 + D_1$$
$$K_{24} = 3,7 + 14,1\,M + 5,7\,M^2$$
$$D_1 = 10\log(f/f_1)$$
$$f_1 = 125\ \text{Hz für } E_1/t_1 \approx 100\ \text{MN/m}^3$$

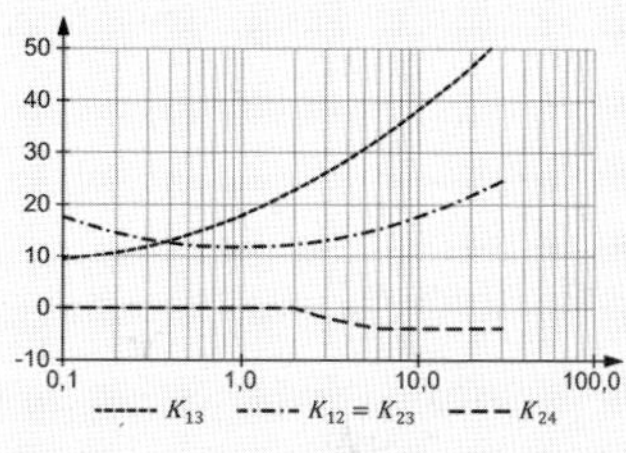

Stoßstelle mit Leichtbaufassaden

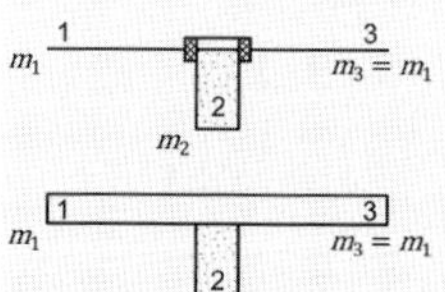

$$K_{12} = 10 + 10|M|$$
$$K_{13} = 5 + 10\,M \geq 5$$
$$K_{23} = 10 + 10|M|$$

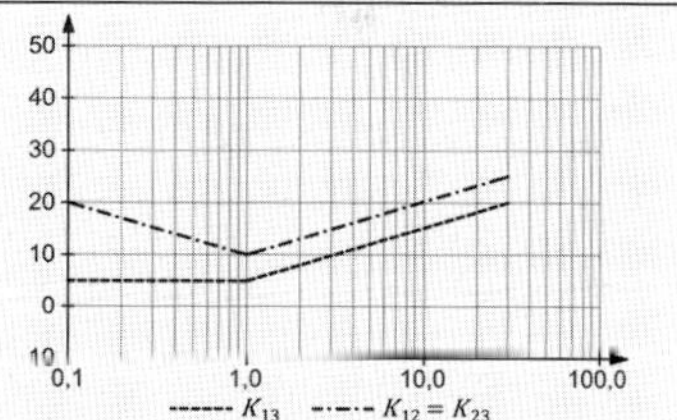

Stoßstelle von zweischaligen Leichtbauwänden und homogenen Bauteilen

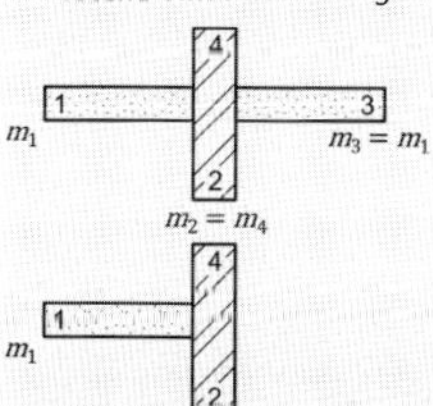

$$K_{12} = 10 + 10|M| + D_k$$
$$K_{13} = 10 + 20|M| + D_k$$
$$K_{23} = 10 + 10|M| + D_k$$
$$K_{24} = 3 + 1\,M + 5,7\,M^2 \text{ für } M > 3$$
$$D_1 = 3,3\log(f/f_k) \text{ mit } f_k = 500\ \text{Hz}$$

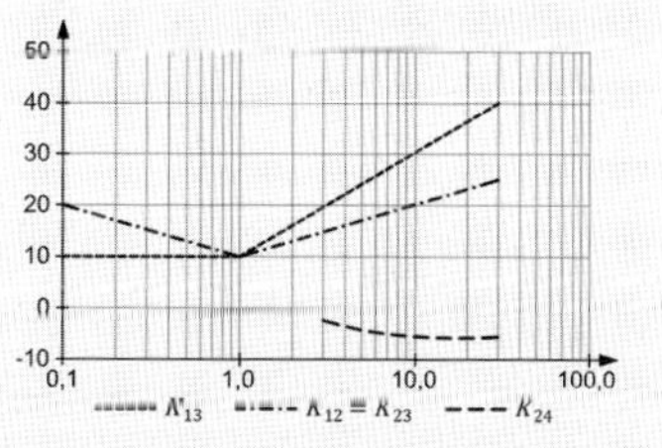

Stoßstelle an gekoppelten zweischaligen Leichtbauwänden

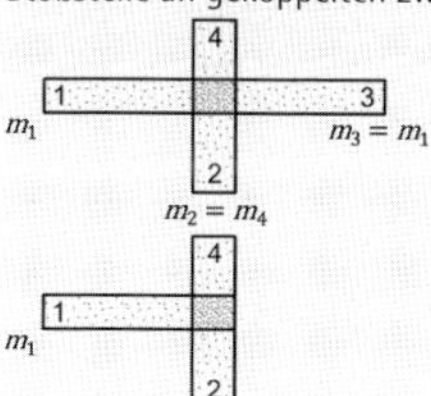

$$K_{12} = 8,7 + 5,7\,M^2$$
$$K_{13} = 8,7 + 17,1\,M + 5,7\,M^2$$
$$K_{23} = 8,7 + 5,7\,M^2$$

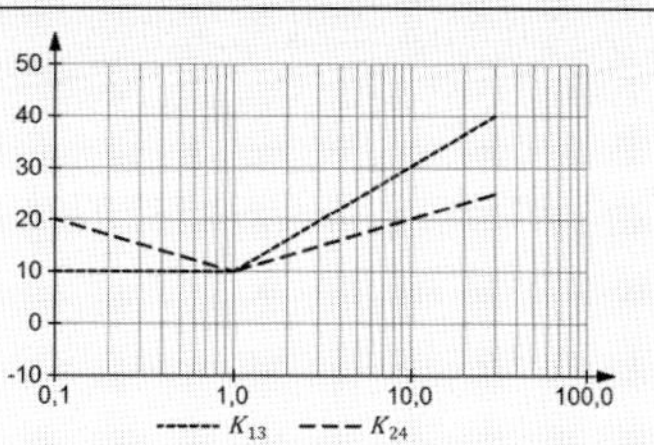

Für Skelett- und Holzbauten sind derartige Stoßstellen-Dämmmaße praktisch ausschließlich durch Messungen zu ermitteln.

Beispiel 010|5-07: Schallmessungen – Dodekaederlautsprecher, Mikrofon, Schallmessgerät

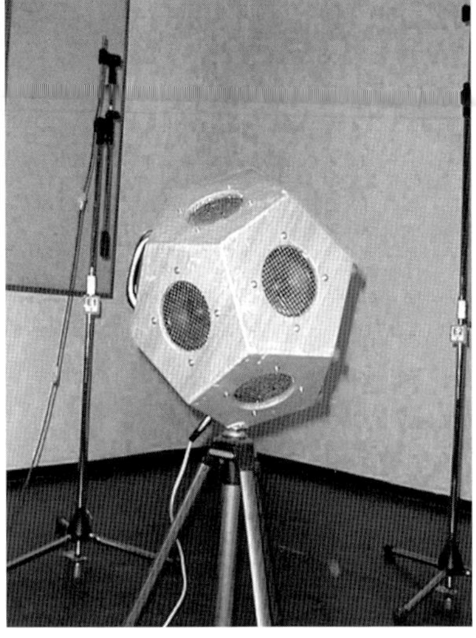
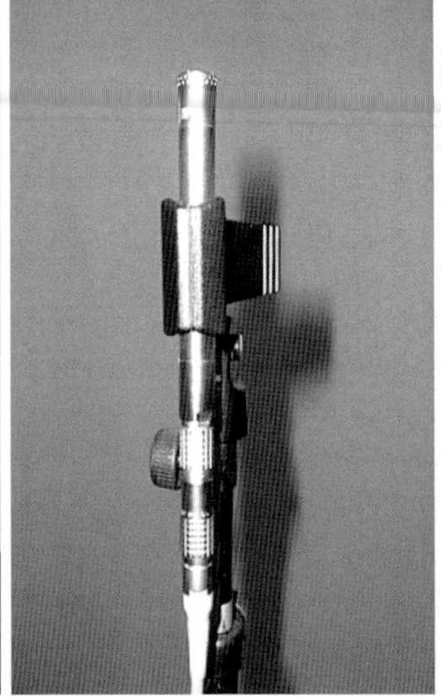

Trittschallschutz   010|5|3

Ganz allgemein wird unter dem Trittschallschutz der Pegel verstanden, der sich bei der Übertragung eines genormten Klopfgeräusches auf eine Decke unter der Decke ergibt. Durch übliche Wohngeräusche wie Gehen, Stuhlrücken, Betrieb von Haushaltsgeräten etc. wird eine Decke unmittelbar zu Körperschallschwingungen angeregt, welche im darunterliegenden Raum abgestrahlt werden.

Begriffe Körperschallschutz   010|5|3|1

Trittschallpegel _L_
Dies ist jener Schallpegel eines Geräusches, welcher in einem Raum entsteht, wenn auf einer Decke oder einer Stiege ein Normhammerwerk (fünf Stahlhämmer mit je 500 g aus 4 cm Höhe mit 10 Schlägen pro Sekunde) betrieben wird.

Beispiel 010|5-08: Normhammerwerk

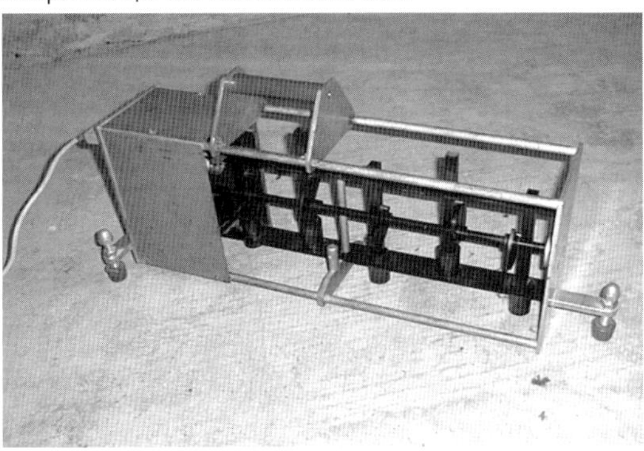

Abbildung 010|5-16: Übertragung von Körperschall

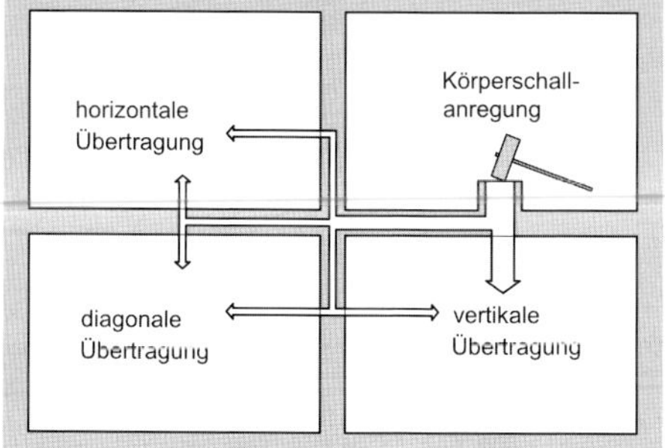

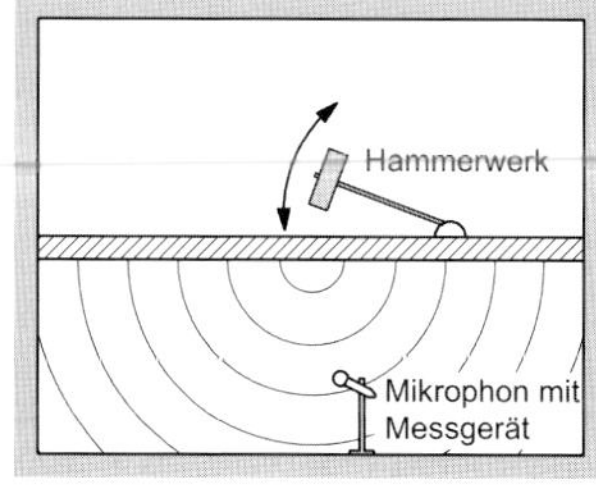

Normtrittschallpegel L_n

Ähnlich wie beim Luftschallschutz muss zur Beurteilung des Trittschallpegels wieder das Reflexions- bzw. Absorptionsverhalten des Empfangsraumes mithilfe der Absorptionsflächen A und $A_0 = 10$ m² (für Wohnräume) berücksichtigt werden. Dieser wird nur im Labor bestimmt.

$$L_n = L + 10 \cdot \lg\left(\frac{A}{A_0}\right)$$

(010|5-23)

$$L_n$$

Standard-Trittschallpegel L'_{nT}

Trittschallpegel, bezogen auf die für Wohnräume und Räume ähnlicher Nutzung und Größe genormte Nachhallzeit $T_0 = 0,5$ s im Empfangsraum, unter Berücksichtigung der gemessenen Nachhallzeit T:

$$L'_{nT} = L + 10 \cdot \lg\left(\frac{T}{T_0}\right)$$

(010|5-24)

$$L'_{nT}$$

bewerteter Standard-Trittschallpegel $L'_{nT,w}$

Einzahlangabe für den Standard-Trittschallpegel, ermittelt nach ÖNORM EN ISO 717-2 aus den Werten von L'_{nT} (in den Terzbändern 100 Hz bis 3150 Hz oder in Oktavbändern 125 Hz bis 2000 Hz).

$$L'_{nT,w}$$

Die Messkurve des Normtrittschallpegels wird mithilfe des Normhammerwerkes ermittelt, welches auf der zu untersuchenden Decke aufgestellt wird. Im darunterliegenden Raum erfolgt die Aufzeichnung mit geeichten Schallpegelmessgeräten. Die daraus gewonnene Messkurve wird der Bezugskurve für die Bewertung des Normtrittschallpegels gegenübergestellt (diese stellt einen oberen Grenzwert dar). Die Ermittlung des Trittschallschutzmaßes erfolgt nun analog zur Bewertung des Luftschallschutzmaßes. Das Trittschallschutzmaß bedeutet die Anzahl dB, um die die Bezugskurve (Sollkurve) parallel zu besseren Werten (+) nach unten oder zu schlechteren Werten (-) nach oben zu verschieben ist, bis sie von den gemessenen Kurvenwerten für die Fertig- oder Rohdecke um das gerade zulässige Mittel von 2 dB für negative Abweichungen überschritten wird. Positive Messwerte, die unterhalb der gemeinsamen Sollkurve für die Normtrittschallpegel bleiben, werden dabei bewertet, als lägen sie auf der Bezugskurve. Der bewertete Normtrittschallpegel ist der Wert der verschobenen Bezugskurve bei 500 Hz. Im Gegensatz zur Luftschalldämmung stellt der Norm-Trittschallpegel keine Dämmung, sondern ein Maß für das zu erwartende Störgeräusch dar.

Abbildung 010|5-17: Bezugskurve Normtrittschallpegel ÖN B 8115-1 [103]

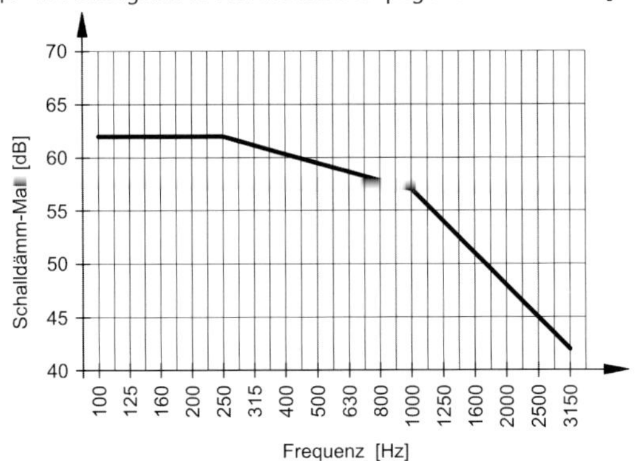

Trittschallminderung ΔL

eines Fußbodens oder einer abgehängten Decke: Nun ergibt sich der Trittschallschutz nicht aus der Wirkung der Rohdecke alleine, sondern im Allgemeinen auch durch den Fußbodenaufbau oder eine abgehängte Decke. Dabei erhöht sich der Trittschallschutz entsprechend folgender Beziehung:

$$\Delta L = L_{n,0} - L_{n,1}$$

(010|5-25)

$L_{n,0}$	Norm-Trittschallpegel der Rohdecke alleine	dB
$L_{n,1}$	Norm-Trittschallpegel der Rohdecke mit Fußbodenaufbau oder mit abhängender Decke	dB

bewertete Trittschallminderung ΔL_w

Aus diesen frequenzabhängigen Werten für die Trittschallminderung ΔL wird analog zur Bewertung vom Norm-Trittschallpegel eine Einzahlangabe ΔL_w berechnet.

In Analogie zu den Spektrum-Anpassungswerten beim Luftschallschutz existieren auch beim Trittschallschutz Spektrum-Anpassungswerte. Der Spektrum-Anpassungswert C_I dient zur Berücksichtigung von Gehgeräuschen, der Spektrum-Anpassungswert $C_{I\Delta}$ beschreibt die Trittschallminderung typischer Gehgeräusche (siehe dazu EN ISO 717-2 [156]).

Massivdecken

010|5|3|2

Der bewertete Normtrittschallpegel $L_{n,w}$ einer Massivdecke kann für den darunter liegenden Raum wie folgt berechnet werden:

$$L_{n,w} = L_{n,eqw} - \Delta L_w$$

(010|5-26)

$L_{n,eqw}$	äquivalenter bewerteter Norm-Trittschallpegel der Rohdecke	dB
ΔL_w	bewertete Trittschallminderung durch die Deckenauflage	dB

$$L'_{nT,w} = L_{n,eqw} - \Delta L_w + K - 10 \cdot \lg(V) + 14{,}9$$
$$L'_{nT,w} = L_{n,eqw} + K - 10 \cdot \lg(V) + 14{,}9$$
$$L_{n,w} = L_{n,eqw} - L_w$$

(010|5-27)

$L_{n,eqw}$	äquivalenter bewerteter Norm-Trittschallpegel	dB
ΔL_w	bewertete Trittschallminderung durch die Deckenauflage	dB
V	Volumen des Empfangsraumes	m^3
K	Korrektur für Trittschallübertragung über die massiven flankierenden Bauteile	dB

$L'_{nT,w}$ unterscheidet sich von $L_{n,w}$ durch die Berücksichtigung der Trittschallübertragung über flankierende massive Bauteile.

$L_{n,eq,w}$

$$L_{n,eq,w} = 164 - 35 \cdot \lg(m)$$

(010|5-28)

m'	flächenbezogene Masse (≥200)	kg/m²

$$L'_{nT,w} = L_{n,eq,w} - \Delta L_w + K - 10 \cdot \lg(V) + 14{,}9$$

$$L'_{nT,w} = L_{n,w} + K - 10 \cdot \lg(V) + 14{,}9$$

$$L_{n,w} = L_{n,eq,w} - \Delta L_w$$

(010|5-29)

$L_{n,eq,w}$	äquivalenter bewerteter Norm-Trittschallpegel der Rohdecke	dB
ΔL_w	bewertete Trittschallminderung durch die Deckenauflage	dB
V	Rauminhalt des Empfangsraumes	m³
K	Korrektur für die Trittschallübertragung über die massiven flankierten Bauteile	dB

Tabelle 010|5-08: Korrektur K für die Trittschallübertragung in den flankierten Bauteilen gemäß EN 12354-2 [133]

flächenbezogene Masse des trennenden Bauteils (Decke) [kg/m²]	mittlere flächenbezogene Masse der homogenen flankierten Bauteile, die nicht mit Vorsatzkonstruktionen belegt sind [kg/m²]								
	100	150	200	250	300	350	400	450	500
100	1	0	0	0	0	0	0	0	0
150	1	1	0	0	0	0	0	0	0
200	2	1	1	0	0	0	0	0	0
250	2	1	1	1	0	0	0	0	0
300	3	2	1	1	1	0	0	0	0
350	3	2	1	1	1	1	0	0	0
400	4	2	2	1	1	1	1	0	0
450	4	3	2	2	1	1	1	1	1
500	4	3	2	2	1	1	1	1	1
600	5	4	3	2	2	1	1	1	1
700	5	4	3	3	2	2	1	1	1
800	6	4	4	3	2	2	2	1	1
900	6	5	4	3	3	2	2	2	2

Für schwimmende Estriche kann das Trittschallverbesserungsmaß entsprechend der dynamischen Steifigkeit und der Estrichmasse aus nachfolgender Tabelle ermittelt werden. Zur Berücksichtigung der Alterung des Trittschalldämmstoffes ist laut ÖNORM eine Abminderung des Verbesserungsmaßes um 3 dB zu berücksichtigen.

Für schwimmende Estriche ergibt sich das Trittschallverbesserungsmaß entsprechend der dynamischen Steifigkeit und der Estrichmasse.

Beispiel 010|5-09: Messergebnis einer Trittschalldämmung von Böden im Gebäude

Frequenz [Hz]	L'_{nT} [dB]
100	51,8
125	48,7
160	51,6
200	54,9
250	55,5
315	57,7
400	56,3
500	55,5
630	51,8
800	52,4
1000	52,9
1250	52,8
1600	50,6
2000	49,7
2500	50,5
3150	48,1
L'_{nT} =	**56**

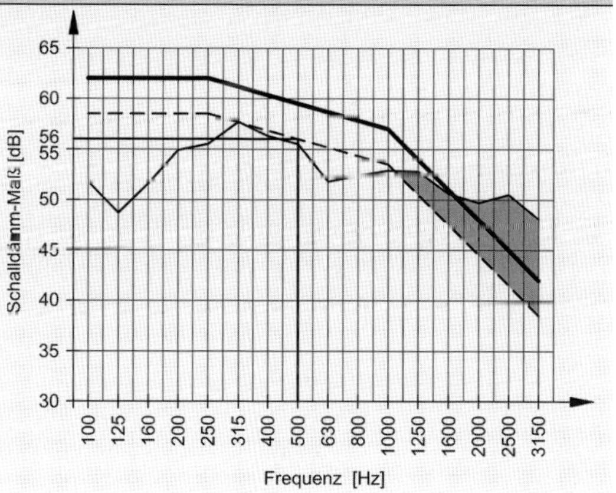

Tabelle 010|5-09: äquivalente Normtrittschallpegel Massivdecken ÖNORM B 8115-4

flächenbezogene Masse m' [1] der Massivdecke ohne Fußboden	äquivalenter bewerteter Normtrittschallpegel	
	ohne Unterdecke	mit Unterdecke [2]
[kg/m²]	[dB]	
200	83	74
250	80	73
300	77	72
350	75	71
400	73	70
450	71	69
500	70	68
550	68	67
600	67	66

1) flächenbezogene Masse m' einschließlich eines etwaigen Aufbetons, Verbundanstrichs und eines aufgebrachten Verputzes
2) biegeweiche Unterdecke

$$s' = \frac{E_{dyn}}{d}$$

(010|5-30)

Für Zement- und Kalzium-Sulfid-Estrich gilt:

$$\Delta L = 30 \cdot \log\frac{f}{f_0}$$

(010|5-31)

$$\Delta L_w = 34 + 14{,}8 \cdot \log\left(\frac{m'}{60}\right) - \left(14{,}0 + \frac{m' - 60}{200} \cdot 1{,}5\right) \cdot \log\left(\frac{s'}{5}\right)$$

(010|5-32)

Tabelle 010|5-10: Trittschallverbesserungsmaß schwimmende Estriche [106]

dynamische Steifigkeit s' [MN/m³]	flächenbezogene Masse m' der Estrichplatte [kg/m²]					
	60	80	100	120	140	160
5	34,0	35,8	37,3	38,5	39,4	40,3
6	32,9	34,6	35,9	37,0	37,9	38,6
7	32,0	33,6	34,8	35,8	36,5	37,2
8	31,1	32,7	33,8	34,7	35,4	35,9
9	30,4	31,9	32,9	33,7	34,3	34,8
10	29,8	31,2	32,2	32,9	33,4	33,8
15	27,3	28,5	29,2	29,6	29,9	30,0
20	25,6	26,5	27,0	27,3	27,4	27,4
30	23,1	23,8	24,1	24,1	23,9	23,6
40	21,4	21,9	21,9	21,7	21,4	20,9
50	20,0	20,3	20,3	20,0	19,4	18,8

$$\Delta L_W$$

Tabelle 010|5-11: Trittschallverbesserungsmaß schwimmende Holzfußböden auf massiver Rohdecke [106]

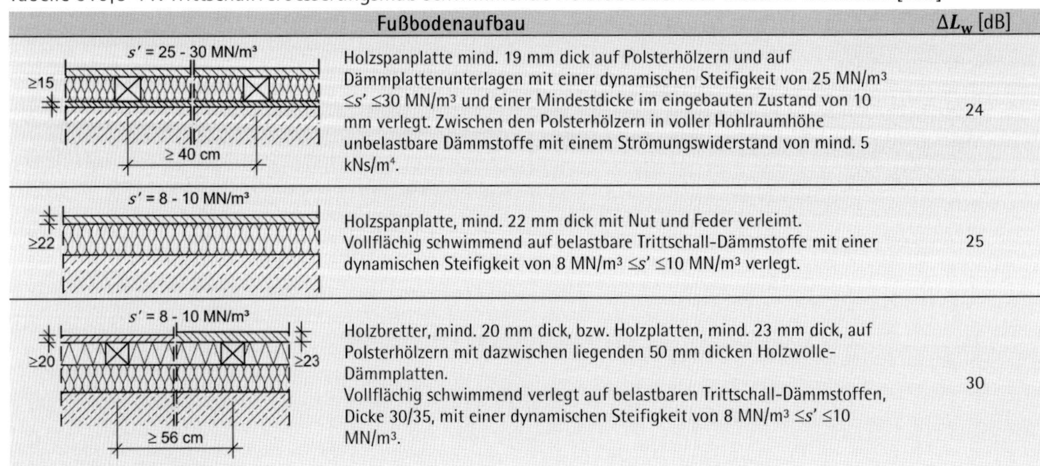

Fußbodenaufbau		ΔL_w [dB]
$s' = 25 - 30$ MN/m³	Holzspanplatte mind. 19 mm dick auf Polsterhölzern und auf Dämmplattenunterlagen mit einer dynamischen Steifigkeit von 25 MN/m³ $\leq s' \leq 30$ MN/m³ und einer Mindestdicke im eingebauten Zustand von 10 mm verlegt. Zwischen den Polsterhölzern in voller Hohlraumhöhe unbelastbare Dämmstoffe mit einem Strömungswiderstand von mind. 5 kNs/m⁴.	24
$s' = 8 - 10$ MN/m³	Holzspanplatte, mind. 22 mm dick mit Nut und Feder verleimt. Vollflächig schwimmend auf belastbare Trittschall-Dämmstoffe mit einer dynamischen Steifigkeit von 8 MN/m³ $\leq s' \leq 10$ MN/m³ verlegt.	25
$s' = 8 - 10$ MN/m³	Holzbretter, mind. 20 mm dick, bzw. Holzplatten, mind. 23 mm dick, auf Polsterhölzern mit dazwischen liegenden 50 mm dicken Holzwolle-Dämmplatten. Vollflächig schwimmend verlegt auf belastbaren Trittschall-Dämmstoffen, Dicke 30/35, mit einer dynamischen Steifigkeit von 8 MN/m³ $\leq s' \leq 10$ MN/m³.	30

Holzbalkendecken

Der bewertete Normtrittschallpegel $L_{n,w}$ einer Holzbalkendecke kann ebenfalls aus dem äquivalenten bewerteten Normtrittschallpegel $L_{n,w,eq,H}$ der Holzbalkendecke und dem Verbesserungsmaß $\Delta L_{w,H}$ der Deckenauflage ermittelt werden.

$$L_{n,w} = L_{n,w,eq,H} - \Delta L_{w,H}$$

$L_{n,w,eq,H}$	äquivalenter bewerteter Normtrittschallpegel der Holzbalkendecke	dB
$\Delta L_{w,H}$	Verbesserungsmaß	dB

Tabelle 010|5-12: Schallschutz Holzbalken-Rohdecken [106]

Deckenaufbau	$L_{n,w,eq,H}$ [dB]	R_w [dB]
16,0 mm Holzspanplatten auf Holzbalken, Balken unterseitig sichtbar	82	32
„alte" Holzbalkendecke mit Füllung unterseitig Lattung Putz auf Putzträger	66	45
Holzbalkendecke gesonderte Traghölzer 20,0 mm Sandschüttung 16,0 mm Holzspanplatten	57	56
Holzspanplatten Verkleidung aus Gipskartonplatten zwischen den Balken Mineralwolle	71	–
19,0 mm Holzspanplatte 200 mm Deckenbalken 80/200 mm, $e = 625$ mm; dazwischen Mineralwolle Nenndicke $\geq$100 mm 0,2 mm PE-Folie 27,0 mm Federschiene 12,5 mm Gipskarton- bzw. Gipsfaserplatten	64	55
19,0 mm Holzspanplatte 200 mm Deckenbalken 80/200 mm, $e = 625$ mm; dazwischen Mineralwolle Nenndicke $\geq$100 mm 0,2 mm PE-Folie 24,0 mm Lattung 12,5 mm Gipskarton- bzw. Gipsfaserplatten	71	45

$L_{n,w}$

(010|5-33)

$L_{n,w,eq,H}$

R_w

Tabelle 010|5-13: Trittschall-Verbesserungsmaß Holzbalkendecken [106]

Fußbodenaufbau	$\Delta L_{w,H}$ [dB]
Trockenestrich aus zwei Lagen Gipskartonplatten oder aus Holzspanplatten, jeweils unterseitig mit ca. 20 mm, Polystyrol-Hartschaumplatten verklebt; lose verlegt	4 – 6
schwimmend verlegte Holzspanplatten: 22 mm bis 25 mm Holzspanplatten auf 30/25 mm Mineralwolleplatten	9
schwimmend verlegte Holzspanplatten auf Sandschüttungen: Kunststofffolie 15 mm Mineralwolledämmstreifen 30 mm Sand und Holzleisten (30 mm)	22
schwimmend verlegte Holzspanplatten mit Plattenbeschwerung: 22 mm bis 30 mm Holzspanplatten 30/25 mm Mineralwolleplatten Beschwerungsplatten, aufgeklebt Dämmwirkung von der Flächenmasse m' der Platten abhängig $m' = 25$ kg/m² $m' = 50$ kg/m² $m' = 75$ kg/m² $m' = 100$ kg/m²	19 22 26 31
schwimmender Estrich auf 30/25 mm Mineralwolle-platten: Dämmwirkung abhängig von der Flächenmasse m' des Estrichs 50 mm Zement Estrich; $m' = 120$ kg/m² 19 mm Ziegelplatten; $m' = 35$ kg/m²	16 9

Brandschutz

Für Brandschutzmaßnahmen ist das jeweils zugrunde gelegte Brandschutzkonzept wesentlich, und zwar sowohl auf Ebene des gesamten gesellschaftlichen Zusammenlebens als auch auf der Ebene eines konkreten Gebäudes. So kann einerseits ein erhöhtes Sicherheitsbedürfnis der Bevölkerung dazu führen, dass immer höhere Anforderungen formuliert werden, und andererseits der Trend zur Liberalisierung im Bauwesen dazu führen, dass bestehende Vorschriften gelockert werden. Diese Entwicklung läuft vor dem Hintergrund einer Internationalisierung des Normenwesens ab, die allerdings an manchen Stellen durchaus noch „weiße" Flecken aufweist und daher national zu befüllen sind. Die Folgen davon sind einerseits die Vereinheitlichung der entsprechenden Klassifikationen von Bauprodukten, andererseits der Verlust der Flexibilität aufgrund regionaler Gegebenheiten. Darüber haben neue vereinheitlichte Prüfvorschriften auch eine zusätzliche Belastung der Bauindustrie wegen der neuerlichen Nachweisführung auf der Grundlage neuer Prüfbestimmungen bedeutet, was allerdings mittlerweile im Wesentlichen als abgeschlossen bezeichnet werden darf. Die angenehme Begleiterscheinung dabei ist wohl eine mittlerweile einheitliche Prüfqualität, die bei den früheren Nachweisführungen auch von der jeweiligen Entwicklungsstufe der überhaupt vorhandenen Prüfeinrichtungen abhängig war.

Mit Jahresende 2003 wurden die Teile 1 bis 3 der ÖNORM B 3800 und die für die Prüfung und Klassifikation von Bodenbelägen hinsichtlich ihrer Brennbarkeit und Brandnebenerscheinungen zuständige ÖNORM B 3810 zurückgezogen. Damit wurde dem Grundsatz genüge getan, dass keine nationalen Normen Europäischen Normen zu denselben Themenstellungen widersprechen dürfen.

Trotzdem wird in der täglichen Praxis die Normenserie B 3800 noch einige Zeit Anwendung finden. Die Ausführungen über den Brandschutz stellen neben einem kurzen Rückblick ausschließlich einen kurzen Überblick auf die brandschutztechnische Einstufung von Bauprodukten gemäß nationalen österreichischen und europäischen Klassen zum Zeitpunkt der Herausgabe dar.

Brandschutzmaßnahmen bauen auf einem entsprechenden Brandschutzkonzept auf.

Brandphasen

Ein Brand kann grundsätzlich in zwei Phasen unterteilt werden (Abbildung 010|6-01). In der Entstehungsbrandphase kommt es zu langsamen, geringen Temperaturanstiegen. Traditionell wird diese Phase in Zünd- und Schwelbrandphase unterteilt. Hier ist das Brandverhalten der eingesetzten Bekleidungen und Beläge (Baustoffverhalten) entscheidend, da dieses zur Brandweiterleitung beitragen kann. Zum Zeitpunkt des sogenannten „flash overs" kommt es zu einem sprunghaften Temperaturanstieg. Sämtliche brennbaren Stoffe und Gase im Brandraum entzünden sich schlagartig. Mit einem „flash over" muss zwischen sieben und fünfzehn Minuten nach Brandentstehung gerechnet werden, wobei er von den Brandlasten und den Ventilationsbedingungen abhängt und zeitliche Abweichungen bei speziellen Konstellationen möglich sind. Bei Naturbrandversuchen wurden unter „optimalen" Bedingungen auch schon „flash over" nach 30 Sekunden erzeugt. Ab diesem Zeitpunkt spricht man von einem voll entwickelten Brand, der sich in die Erwärmungs- und die Abkühlphase einteilen lässt. In dieser Phase spricht

Brand beginnt in der Entstehungsbrandphase und geht nach dem „flash over" in den voll entwickelten Brand über.

man vom Bauteilverhalten. Es werden Anforderungen an den Feuerwiderstand der Bauteile gestellt.

Abbildung 010|6-01: Brandphasen

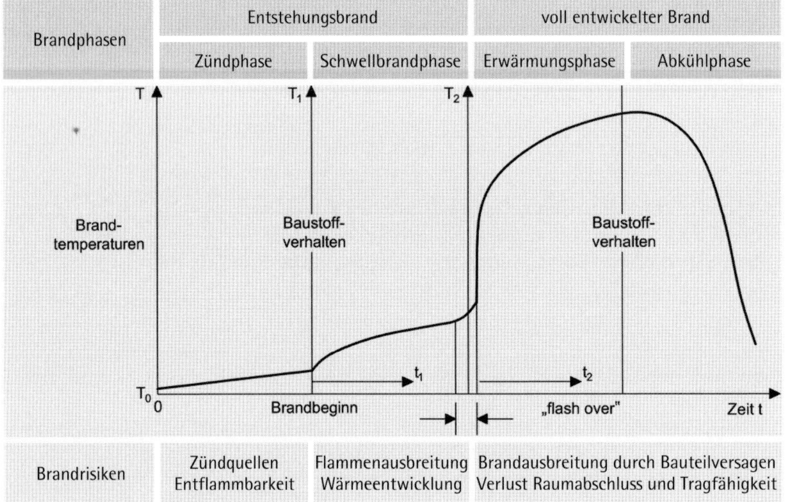

Brandschutz – Brennbarkeit

010|6|2

Hinsichtlich der Brennbarkeit von Baustoffen fand in Österreich primär die ÖNORM B 3800-1 Anwendung, wobei für Bodenbeläge, Vorhänge, Dekorationsartikel und Möbelbezüge davon abweichende Prüfungen vorgeschrieben waren. Es wurde zwischen dem Brandverhalten, der Brennbarkeit und den Brandnebenerscheinungen wie Qualmbildung und Tropfenbildung unterschieden und darüber hinaus je Brennbarkeitsklasse eine gesonderte Prüfmethode angewandt. Grundsätzlich unterschied die ÖNORM B 3800-1 zwischen den zwei Brennbarkeitsklassen A und B.

Die Brennbarkeit von Baustoffen beschreibt das Brandverhalten und die Brandnebenerscheinungen.

Tabelle 010|6-01: Einteilung der Brennbarkeit gemäß ÖNORM B 3800-1 [80] (zurückgezogen am 01.07.2004)

	Brennbarkeit		Qualmbildung		Tropfverhalten
A	nicht brennbar				
B1	schwer brennbar	Q1	schwach qualmend	Tr1	nicht tropfend
B2	normal brennbar	Q2	normal qualmend	Tr2	tropfend
B3	leicht brennbar	Q3	stark qualmend	Tr3	zündend tropfend

Seit dem Erscheinen der beiden Kommissionsentscheidungen vom 03.02.2000 bzw. 08.05.2000 ist in groben Zügen das System der zukünftigen europäischen Klassen zum Thema Brennbarkeit und Brandwiderstand von Bauprodukten bekannt. Die Europäische Regelung der Brennbarkeitsklassen umfasst sieben Klassen – A1, A2, B, C, D, E und F, für Wand- und Deckenbekleidungen und ebenso sieben Klassen für Bodenbeläge – $A1_{FL}$, $A2_{FL}$, B_{FL}, C_{FL}, D_{FL}, E_{FL} und F_{FL}, sowie zahlreiche neue Prüfbestimmungen. Ebenso gibt es für lineare Produkte und Kabel entsprechende Prüf- und Klassifizierungsvorschriften.

Die EN 13501-1 [146] beschreibt die zukünftigen 14 Brennbarkeitsklassen auf Basis der Prüfung nach Europäischen Prüfnormen. Ebenso wurde für die Brandnebenerscheinungen in der Europäischen Normung eine Nachfolge gefunden.

Tabelle 010|6-02: Brennbarkeitsklassen nach ÖNORM EN 13501-1 [146]

A1, A2	nicht brennbar (kein Beitrag zum Brand)
B, C, D, E, F	brennbar

Tabelle 010|6-03: Brandnebenerscheinungen nach ÖNORM EN 13501-1

Rauchentwicklung

s1	Rauchentwicklungsrate gering	(SMOGRA $\leq$30 m^2/s^2)
s2	Rauchentwicklungsrate normal	(SMOGRA $\leq$180 m^2/s^2)
s3	Rauchentwicklungsrate hoch	(SMOGRA <180 m^2/s^2)

brennendes Abtropfen/Abfallen

d0	kein brennendes Abtropfen/Abfallen
d1	kein fortdauerndes brennendes Abtropfen/Abfallen
d2	brennendes Abtropfen/Abfallen

Eine Zuordnung der früheren österreichischen Klassen zu den europäischen Klassen und umgekehrt ist aufgrund der unterschiedlichen Prüfmethoden nicht zulässig. Um den dadurch erforderlichen Prüf- und Klassifizierungsaufwand zu reduzieren, besteht seitens der Europäischen Kommission die Möglichkeit, für Baustoffe mit bekanntem Brandverhalten und definierten Materialeigenschaften Klassifizierungen ohne zusätzliche Prüfungen durchzuführen.

Tabelle 010|6-04: österreichische und europäische Brennbarkeitsklassen [146]

österreichische Brennbarkeitsklasse nach ÖNORM B 3800-1 und B 3810		europäische Brennbarkeitsklassen nach EN 13501-1
A, B1, B2, B3	$\rightarrow$	A1, A1$_{FL}$, A2, A2$_{FL}$, B, B$_{FL}$, C, C$_{FL}$, D, D$_{FL}$, E, E$_{FL}$, F, F$_{FL}$

Tabelle 010|6-05: österreichische und europäische Brandnebenerscheinungen

österreichische Qualmbildungsklasse nach ÖNORM B 3800-1 und B 3810		Klassifizierung der Rauchentwicklung nach EN 13501-1
Q1, Q2, Q3	$\rightarrow$	s1, s2, s3
österreichische Tropfenbildungsklasse nach ÖNORM B 3800-1 und B 3810		**Klassifizierung des brennenden Abtropfens/Abfallens nach EN 13501-1**
Tr1, Tr2, Tr3	$\rightarrow$	d0, d1, d2

Tabelle 010|6-06: Prüfnormen für das Brandverhalten von Baustoffen

Regelwerk	Titel
EN ISO 1182	Prüfungen zum Brandverhalten von Bauprodukten: Nichtbrennbarkeitsprüfung
EN ISO 1716	Prüfungen zum Brandverhalten von Bauprodukten: Bestimmung der Verbrennungswärme
EN 13823	Prüfungen zum Brandverhalten von Bauprodukten: thermische Beanspruchung durch einen einzelnen brennenden Gegenstand für Bauprodukte mit Ausnahme von Bodenbelägen
EN 11925-2	Prüfung zum Brandverhalten von Bauprodukten: Teil 2: Entzündbarkeit bei direkter Flammeneinwirkung
EN ISO 9239-1	Prüfungen zum Brandverhalten von Bodenbelägen: Teil 1: Bestimmung des Brandverhaltens bei Beanspruchung mit einem Wärmestrahler
EN 1187	Prüfverfahren zur Beanspruchung von Bedachungen durch Feuer von außen

Tabelle 010|6-07: Klassifikationsnormen für die Klassifizierung von Baustoffen

EN 13501	Anwendungsfall
Teil 1	Klassifizierung mit den Ergebnissen aus den Prüfungen zum Brandverhalten von Bauprodukten
Teil 5	Klassifizierung mit den Ergebnissen aus den Dachprüfungen bei Feuer von außen

Zur Prüfung der Schwerbrennbarkeit von „Nicht Bauprodukten" gibt es heute noch die ÖNORM A 3800-1.

Tabelle 010|6-08: nationale Restnorm für Prüfung und Klassifizierung der Schwerbrennbarkeit von „Nicht-Bauprodukten"

A 3800	Titel
Teil 1	Klassifizierung mit den Ergebnissen aus den Prüfungen zum Brandverhalten von Bauprodukten

Anders als bei den Brennbarkeitsklassen wurden im Rahmen der Klassifikation der Brandwiderstandsklasse nicht Baustoffe, sondern Bauteile untersucht. Je nach Dauer des Brandwiderstandes – d. h. des Erhalts des Raumabschlusses, des Nichtauftretens brennbarer Gase und der Begrenzung des Wärmestromes auf der brandabgekehrten Seite – konnte unterschieden werden in:

- F30 brandhemmend
- F60 hochbrandhemmend
- F90 brandbeständig
- F180 hochbrandbeständig

Diese Nomenklatur ist zwar aufgrund der Bestandsbeurteilung heute noch von gewisser Bedeutung, seit 2010 gibt es allerdings praktisch ausschließlich Klassifizierungen auf Basis europäischer Regelwerke. Für die derzeitige und zukünftige Klassifikation stehen folgende Teile der Klassifikationsnorm EN 13501 [146] zur Verfügung:

Tabelle 010|6-09: Klassifikationsnormen für die Klassifizierung von Bauteilen

EN 13501	Anwendungsfall
Teil 2	Klassifizierung mit den Ergebnissen aus den Feuerwiderstandsprüfungen, mit Ausnahme von Lüftungsanlagen
Teil 3	Klassifizierung mit den Ergebnissen aus den Feuerwiderstandsprüfungen an Bauteilen von haustechnischen Anlagen
Teil 4	Klassifizierung mit den Ergebnissen aus den Feuerwiderstandsprüfungen von Anlagen zur Rauchfreihaltung

Diesen Klassifikationsnormen sind folgende Leistungskriterien zugrunde gelegt:

Tabelle 010|6-10: charakteristische Leistungseigenschaften (Auswahl)

R	Tragfähigkeit
E	Raumabschluss
I	Wärmedämmung
W	Strahlung
M	Widerstand gegen mechanische Beanspruchung
C	selbstschließende Eigenschaft
S	Rauchdichtheit

Die neue Klassifizierung ist nach der folgenden Aufstellung darzustellen:

R	E	I	W	tt	–	M	C	S	IncSlow	sn	ef	r

Für tragende Bauteile muss zusätzlich die aufgebrachte Last und/oder das Belastungsniveau im Klassifizierungsbericht angegeben werden. Dabei bilden Kombinationen der Eigenschaften hinsichtlich der Tragfähigkeit, des Raumabschlusses und der Wärmedämmung die Nachfolgeklassen zu unseren nationalen Brandwiderstandsklassen. Aufgrund der Tatsache, dass das Deutsche Normungsinstitut DIN die Übersetzungen der englischen Originale besorgte, wurden die Klassen mit dem Wort Feuerwiderstandsklassen entsprechend dem in Deutschland üblichen Begriff übersetzt. Dies macht die Unterscheidung von bisherigen österreichischen Brandwiderstandsklassen und zukünftigen europäischen Feuerwiderstandsklassen etwas einfacher. Den angeführten Leistungskriterien können noch zahlreiche Indizes zugeordnet werden, die auf Spezialitäten für einzelne Bauteile bzw. unterschiedliche Prüfmethoden hinweisen.

Für die Klassifizierungsperioden wurden entsprechend der Ausführungen nachfolgende Zeiten festgelegt, wobei mittlerweile auch eine Klassifizierungsperiode von tt min hinzugefügt wurde.

Tabelle 010|6-11: Klassifizierungsperioden tt

15 min	90 min
20 min	120 min
30 min	180 min
45 min	240 min
60 min	360 min

R	E	I	W	LL	-	M	C	S	IncSlow	sn	ef	r

Die wohl häufigste und weltweit auch verbreitetste Temperaturzeitkurve ist die Einheits-Temperaturzeitkurve – häufig auch ETK genannt. Sie stellt im Wesentlichen ein Modell dar, das für einen voll entwickelten Brand in einem Raum gilt – also für stetiges Anwachsen der Temperatur und ohne Verbrauch von brennbarem Material.

$$T = 345 \cdot \lg(8 \cdot t + 1) + 20$$

(010|6-01)

T	Brandraumtemperatur	°C
t	Zeit ab Versuchsbeginn	min

Tabelle 010|6-12: Einheits-Temperaturzeitkurve nach ÖNORM EN 13501-2 [147]

t [min]	T [°C]	t [min]	T [°C]	t [min]	T [°C]
0	20	60	945	120	1049
5	576	65	957	125	1055
10	678	70	968	130	1061
15	739	75	979	135	1067
20	781	80	988	140	1072
25	815	85	997	145	1077
30	842	90	1006	150	1082
35	865	95	1014	155	1087
40	885	100	1022	160	1092
45	902	105	1029	165	1097
50	918	110	1036	50	918
55	932	115	1043	175	1106
60	945	120	1049	180	1110

Die Einheits-Temperaturzeitkurve stellt im Wesentlichen ein Temperaturmodell für einen voll entwickelten Brand dar.

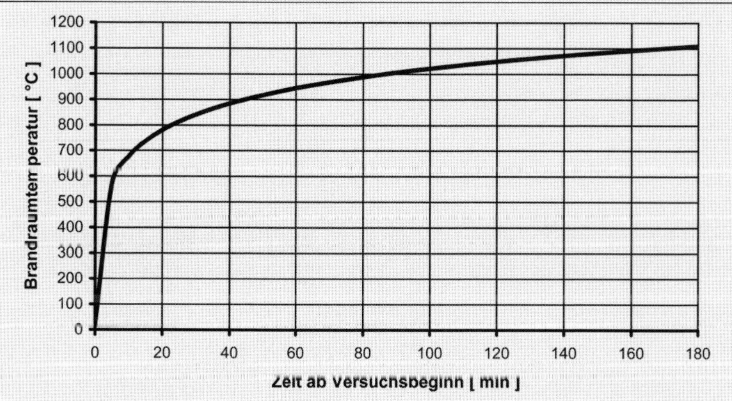

Es kann jedoch das Interesse vorhanden sein, bereits die Entwicklungsphase des Brandes in die Prüfzeit zu integrieren. Dies ist vor allem dort der Fall, wo reaktive oder Dämmschichten bildende Produkte das Ergebnis einer Brandprüfung wesentlich mitbestimmen. Dafür steht die Schwelbrandkurve zur Verfügung.

$$T = 20 + 154 \cdot \sqrt[4]{t} \qquad 0 < t \leq 21$$

$$T = 20 + 345 \cdot \lg(8 \cdot (t - 20) + 1) \qquad t > 21$$

(010|6-02)

Wird ein Feuerwiderstand nach Prüfung unter der Schadenseinwirkung der Schwelbrandkurve festgestellt, so erhält die Feuerwiderstandsklasse den Zusatz:

R	E	I	W	tt	-	M	C	S	IncSlow	sn	ef	r

Weiters kann auch der Fall eines aus einem Fenster eines Gebäudes heraustretenden Feuers oder eines frei brennenden äußeren Feuers gegeben sein, der dann durch die Außenbrandkurve wiedergegeben ist.

$$T = 20 + 660 \cdot (1 - 0{,}687 \cdot e^{-0{,}32 \cdot t} - 0{,}313 \cdot e^{-3{,}8 \cdot t})$$

(010|6-03)

Wird ein Feuerwiderstand nach Prüfung unter der Schadenseinwirkung der Außenbrandkurve festgestellt, so erhält die Feuerwiderstandsklasse den Zusatz:

R	E	I	W	tt	-	M	C	S	IncSlow	sn	ef	r

Ebenso existiert auch die Möglichkeit, Brandprüfungen unter konstanter Temperaturbeanspruchung oder durch Naturbrandbeanspruchung durchzuführen. Wird ein Feuerwiderstand nach Prüfung unter der Schadenseinwirkung einer konstanten Temperaturbeanspruchung festgestellt, so erhält die Feuerwiderstandsklasse den Zusatz:

R	E	I	W	tt	-	M	C	S	IncSlow	sn	ef	r

und bei einer Prüfung nach der Naturbrandbeanspruchung den Zusatz:

R	E	I	W	tt	-	M	C	S	IncSlow	sn	ef	r

Einen besonderen Platz – weil nahezu einzigartig in Europa – nehmen die ÖNORM B 3806 und die Äquivalenztabelle der ÖNORM B 3807 ein. Es sind dies Normen, die dazu geeignet sind, Anforderungen, die bisher in nationalen Festlegungen getroffen wurden, durch europäische Prüfergebnisse zu interpretieren. Sie stellen somit das wichtigste Bindeglied zwischen der bisherigen Interpretation von brandschutztechnischen Anforderungen und dem zukünftigen Nachweisweg dar.

Prüftechnik

010|6|4

Die europäische Normenstruktur ist aus Abbildung 010|6-02 abzulesen. Dabei ist jedenfalls festzuhalten, dass für die Anwendung im Baugeschehen ausschließlich Klassifizierungsberichte von Relevanz sind. Das Vorhandensein eines Prüfberichtes allein erfüllt auf europäischer Ebene keinesfalls die Ansprüche, die im Rahmen von Nachweisen erwartet werden dürfen.

Abbildung 010|6-02: Normensystem für den Feuerwiderstand von Bauteilen bzw. für Beiträge

Normenserie für Prüföfen in Prüfstellen				
EN 1363				
Klassifizierungsnormenserie im engeren Sinne				
EN 13501				
Normenserien zum erweiterten Anwendungsbereich				
EN 15254	EN 15080	EN 15882		EN 15269
Prüfnormenserien im engeren Sinne				
nichttragende Bauteile EN 1364	für tragende Bauteile EN 1365	Installationen EN 1366	Türen, Tore, Abschlüsse, Fenster und Baubeschläge EN 1634	brandschutztechnische Ertüchtigung EN 13381

Hinsichtlich der Prüftechnik haben sich einige grundlegende Dinge im Vergleich zur bisherigen Basis ÖNORM B 3800 geändert, und zwar bei:

- Messung der Ofentemperatur mit Plattenthermometern
- Festlegung eines minimalen Sauerstoffgehaltes in der Ofenatmosphäre
- Änderung der Anforderungen und Festlegungen hinsichtlich des Ofendruckes

Tabelle 010|6-13: Normen für Prüföfen

EN 1363	Feuerwiderstandsprüfungen
Teil 1	Allgemeine Anforderungen
Teil 2	Alternative und ergänzende Verfahren
Teil 3	Nachweis der Ofenleistung

Die eigentlichen Prüfnormenserien umfassen:

Tabelle 010|6-14: Serien von Prüfnormen für den Feuerwiderstand

Serie	Feuerwiderstandsprüfungen für ...
EN 1364	nichttragende Bauteile
EN 1365	tragende Bauteile
EN 1366	Installationen
EN 1634	Feuerschutzabschlüsse (Türen und Tore)
EN 13381	brandschutztechnische Ertüchtigung

Für nichttragende Bauteile gibt es folgende Prüfnormen:

Tabelle 010|6-15: Serie EN 1364 für nichttragende Bauteile

EN 1364	Feuerwiderstandsprüfungen für nichttragende Bauteile
Teil 1	Wände
Teil 2	Unterdecken
Teil 3	Vorhangfassaden, Vollausstattung
Teil 4	Vorhangfassaden, Teilausstattung
Teil 5	Außenwandsysteme

Für tragende Bauteile gibt es folgende Prüfnormen:

Tabelle 010|6-16: Serie EN 1365 für tragende Bauteile

EN 1365	Feuerwiderstandsprüfungen für tragende Bauteile
Teil 1	Wände
Teil 2	Decken und Dächer
Teil 3	Balken
Teil 4	Stützen
Teil 5	Balkone und Laubengänge
Teil 6	Treppen

Für Installationen gibt es folgende Prüfnormen:

Tabelle 010|6-17: Serie EN 1366 für Installationen

EN 1366	Feuerwiderstandsprüfungen für Installationen
Teil 1	Lüftungsleitungen
Teil 2	Brandschutzklappen
Teil 3	Abschottungen
Teil 4	Abdichtungssysteme für Bauteilfugen
Teil 5	Installationskanäle und -schächte
Teil 6	Doppel- und Hohlböden
Teil 7	Förderanlagen und ihre Abschlüsse
Teil 8	Entrauchungsleitungen
Teil 9	Entrauchungsleitungen für einen Einzelabschnitt
Teil 10	Entrauchungsklappen
Teil 11	Brandschutzsysteme für Kabelanlagen
Teil 12	Nichtmechanische Brandschutzverschlüsse für Lüftungsleitungen
Teil 13	Schornsteine

Für Feuerschutzabschlüsse und brandschutztechnische Ertüchtigungsmaßnahmen gibt es folgende Prüfnormen:

Tabelle 010|6-18: Serie EN 1634 für Türen, Tore, Abschlüsse, Fenster und Baubeschläge (Feuerwiderstand und Rauchschutz)

EN 1366	Feuerwiderstandsprüfungen und Rauchschutzprüfungen für Türen, Tore, Abschlüsse, Fenster und Baubeschläge
Teil 1	Teil 1: Feuerwiderstandsprüfungen für Türen, Tore, Abschlüsse und Fenster
Teil 2	Teil 2: Charakterisierungsprüfungen zum Feuerwiderstand von Baubeschlägen
Teil 3	Teil 3: Prüfungen zur Rauchdichte für Rauchschutzabschlüsse

Tabelle 010|6-19: Serie EN 13381 für brandschutztechnische Ertüchtigung

EN 13381	Prüfverfahren zur Bestimmung des Beitrages zum Feuerwiderstand von tragenden Bauteilen
Teil 1	Horizontal angeordnete Brandschutzbekleidungen
Teil 2	Vertikal angeordnete Brandschutzbekleidungen
Teil 3	Brandschutzmaßnahmen für Betonbauteile
Teil 4	Passive Brandschutzmaßnahmen für Stahlbauteile
Teil 5	Brandschutzmaßnahmen für profilierte Stahlblech/Beton-Verbundkonstruktionen
Teil 6	Brandschutzmaßnahmen für betonverfüllte Stahlverbund-Hohlstützen
Teil 7	Brandschutzmaßnahmen für Holzbauteile
Teil 8	Reaktive Ummantelung von Stahlbauteilen
Teil 9	Brandschutzmaßnahmen für Stahlträger mit Stegöffnungen
Teil 10	Brandschutzmaßnahmen für Stahl-Vollstäbe unter Zugbeanspruchung

Die Klassifizierungsnormen werden von einer Reihe von Normen zum erweiterten Anwendungsbereich unterstützt:

Tabelle 010|6-20: Serie EN 13381 für brandschutztechnische Ertüchtigung

ÖNORM EN 15080	erweiterter Anwendungsbereich der Ergebnisse aus Feuerwiderstandsprüfungen
ÖNORM EN 15080- 8	Teil 12: Tragende Mauerwerkswände
ÖNORM EN 15080-12	Teil 8: Balken
ÖNORM EN 15254	**erweiterter Anwendungsbereich der Ergebnisse aus Feuerwiderstandsprüfungen – nichttragende Wände**
ÖNORM EN 15254- 2	Teil 2: Mauersteine und Gips-Wandbauplatten
ÖNORM EN 15254- 4	Teil 4: Verglaste Konstruktionen
ÖNORM EN 15254- 5	Teil 5: Sandwichelemente in Metallbauweise
ÖNORM EN 15254- 6	Teil 6: Vorhangfassaden
ÖNORM EN 15254- 7	Teil 7: Sandwichelemente in Metallbauweise
ÖNORM EN 15269	**erweiterter Anwendungsbereich von Prüfergebnissen zur Feuerwiderstandsfähigkeit und/oder Rauchdichtigkeit von Türen, Toren und Fenstern einschließlich ihrer Baubeschläge**
ÖNORM EN 15269- 1	Teil 1: Allgemeine Anforderungen
ÖNORM EN 15269- 2	Teil 2: Feuerwiderstandsfähigkeit von Drehflügeltüren aus Stahl
ÖNORM EN 15269- 3	Teil 3: Feuerwiderstandsfähigkeit von Drehflügeltüren und Fenstern aus Holz
ÖNORM EN 15269- 5	Teil 5: Feuerwiderstandsfähigkeit von verglasten Drehflügeltüren und zu öffnenden Fenstern mit Metall(rohr)rahmen
ÖNORM EN 15269- 6	Teil 6: Feuerwiderstandsfähigkeit von Schiebetüren aus Holz
ÖNORM EN 15269- 7	Teil 7: Feuerwiderstandsfähigkeit von Schiebetoren aus Stahl
ÖNORM EN 15269-10	Teil 10: Feuerwiderstandsfähigkeit von Rolltoren aus Stahl
ÖNORM EN 15269-11	Teil 11: Feuerwiderstandsfähigkeit von Feuerschutzvorhängen
ÖNORM EN 15269-20	Teil 20: Rauchdichtigkeit von Drehflügeltüren und -toren aus Holz und Stahl sowie Metall- und Holzrahmentüren mit Verglasungen
ÖNORM EN 15882	**erweiterter Anwendungsbereich der Ergebnisse aus Feuerwiderstandsprüfungen für Installationen**
ÖNORM EN 15882- 1	Teil 1: Leitungen
ÖNORM EN 15882- 2	Teil 2: Brandschutzklappen
ÖNORM EN 15882- 3	Teil 3: Abschottungen
ÖNORM EN 15882- 4	Teil 4: Abdichtungssysteme für Bauteilfugen

Bedachungen und elektrische Kabel 010|6|5

Für die Prüfung und Klassifizierung von Bedachungen wurden im Wesentlichen die ehemaligen nationalen Prüfvorschriften auf europäisches Niveau gehoben, ohne dabei eine Harmonisierung herbeizuführen:

Tabelle 010|6-21: Normen zur Prüfung und Klassifizierung von Bedachungen

| ONR CEN/TS 1187 | Prüfverfahren zur Beanspruchung von Bedachungen durch Feuer von außen (CEN/TS 1187:2012) |
| ÖNORM EN 13501- 5 | Klassifizierung von Bauprodukten und Bauarten zu ihrem Brandverhalten - Teil 5: Klassifizierung mit den Ergebnissen aus Prüfungen von Bedachungen bei Beanspruchung durch Feuer von außen |

Als jüngste Norm sei an dieser Stelle ohne die dazugehörigen Prüfnormen noch jene über elektrische Kabel der Vollständigkeit halber erwähnt:

Tabelle 010|6-22: Normen zum Brandverhalten von elektrischen Kabeln

| ÖNORM EN 13501- 6 | Klassifizierung von Bauprodukten und Bauarten zu ihrem Brandverhalten - Teil 6: Klassifizierung mit den Ergebnissen aus den Prüfungen zum Brandverhalten von elektrischen Kabeln |

Bemessungstechniken nach Eurocode

Die Eurocodes geben verschiedene Wege der Tragwerksbemessung für den Brandfall, wobei sich dieses Thema grundsätzlich in Teil 1-2 jedes Eurocodes befindet. Die grundsätzliche Zielsetzung ist der Nachweis bestimmter Feuerwiderstandsdauern. Das ist sowohl unter Heranziehung von Tabellenangaben wie auch durch Rechenverfahren in einfacher und komplexer Art und Weise durchführbar.

Tabelle 010|6-23: Eurocodes mit Brandschutzteilen

Eurocode 1, EN 1991-1-2	Einwirkungen auf Tragwerke, Teil 1-2: Allgemeine Einwirkungen – Brandeinwirkungen auf Tragwerke
Eurocode 2, EN 1992-1-2	Bemessung und Konstruktion von Stahlbeton- und Spannbetontragwerken, Teil 1-2: Allgemeine Regeln – Tragwerksbemessung für den Brandfall
Eurocode 3, EN 1993-1-2	Bemessung und Konstruktion von Stahlbauten, Teil 1-2: Allgemeine Regeln – Tragwerksbemessung für den Brandfall
Eurocode 4, EN 1994-1-2	Bemessung und Konstruktion von Verbundtragwerken aus Stahl und Beton, Teil 1-2: Allgemeine Regeln – Tragwerksbemessung für den Brandfall
Eurocode 5, EN 1995-1-2	Bemessung und Konstruktion von Holzbauten, Teil 1-2: Allgemeine Regeln – Tragwerksbemessung für den Brandfall
Eurocode 6, EN 1996-1-2	Bemessung und Konstruktion von Mauerwerksbauten, Teil 1-2: Allgemeine Regeln – Tragwerksbemessung für den Brandfall
Eurocode 9, EN 1999-1-2	Bemessung und Konstruktion von Aluminiumtragwerken, Teil 1-2: Tragwerksbemessung für den Brandfall

Als wichtigster Ansatz ist die Möglichkeit parametrischer Temperaturzeitkurven aus dem Eurocode 1 (EN 1991-1-2) zu erwähnen, wonach auf den jeweiligen Anwendungsfall bezogen eine konkrete Temperaturzeitkurve berechenbar ist. Diese hängt primär von den eingesetzten Materialien, aber auch den geometrischen Verhältnissen, insbesondere den Öffnungen, ab.

Nationale Brandschutz-Prüfnormen

Für einige wenige Gebiete gibt es noch keine europäischen Regelwerke. Dies ist einerseits im Fassadenbereich (für Wärmedämmverbundsysteme, vorgehängte und hinterlüftete Fassaden, Kasten-Doppelfassaden sowie Brandschutzschilde vor geschoßhohen Fenstern) und andererseits für den Anwendungsfall von Holz als wesentlicher Bestandteil von Konstruktionen vorläufig im Bereich von Anforderungen über 90 Minuten plus „nichtbrennbar" der Fall.

Fassaden

Grundlage dieser nationalen Normen sind zahlreiche internationale Forschungsprojekte der letzten Jahrzehnte, in denen untersucht wurde, ob ein Fensterausbrand, hervorgerufen durch einen Vollbrand, eine Brandweiterleitung in das nächste Geschoß hervorrufen kann. Bei Brandversuchen wurden bei diesen Fensterausbränden Flammenhöhen von 3 m bis 6 m festgestellt. Dies bedeutet, dass jedenfalls alle Fassadenbestandteile in Abhängigkeit von deren Brennbarkeit unter direkter Beflammung reagieren und darüber hinaus vorhandene Fenster ohne jede brandschutztechnische Qualifikation Schwachstellen darstellen, und zwar gleichgültig, ob sie offen oder geschlossen gehalten werden. Somit wird

- das Brandverhalten einer Fassade bei einem nahezu realen Fensterausbrand untersucht,
- der Raumabschluss und die Wärmedämmung einer vorgehängten Fassade klassifiziert und
- der Versuch unternommen, einerseits die Funktionalität von Brandbarrieren oberhalb des ersten Geschoßes über dem Primärbrand (Fensterausbrandgeschoß) zu prüfen und
- möglicherweise darüber hinaus eventuell auch die Brennbarkeit der Fassadenbekleidung unter diesen Anwendungsbedingungen zu klassifizieren.

Die ÖNORM B 3800-5 gibt ein Prüfverfahren eines Maßstabstests an, in dem vorgehängte, hinterlüftete Fassaden und Wärmedämmverbundsysteme hinsichtlich des ausreichenden Erreichens der Schutzziele der Bauproduktenrichtlinie prüf- und beurteilbar sind. Ebenso erledigt dies die ÖNORM B 3800-6 für Kasten-Doppelfassaden.

Einen absoluten Sonderfall stellt die ÖNORM B 3800-8 dar. Hier verlangen die bautechnischen Vorschriften für Brandschutzschilde vor geschoßhohen Fenstern Klassifizierungen, die mit den bestehenden Regelwerken nicht nachweisbar waren. Daher hat man die ÖNORM B 3800-8 entwickelt, die eine Prüfung derartiger Elemente und Klassifizierung im Sinne der bautechnischen Vorschriften ermöglicht.

Tabelle 010|6-24: Serie ÖNORM B 3800 Brandverhalten von Baustoffen und Bauteilen

B 3800	Brandverhalten von Baustoffen und Bauteilen
Teil 5	Brandverhalten von Fassaden - Anforderungen, Prüfungen und Beurteilungen
Teil 6	Brandverhalten von Kasten-Doppelfassaden (2-schalige Fassade) - Anforderungen, Prüfungen und Beurteilungen
Teil 8	Dauerhaftigkeit von deckenübergreifenden Außenwandstreifen in Form von Brandschutzschilden im Brandfall - Anforderungen, Prüfungen und Beurteilungen
Teil 9	Bauteile in Holzbauweise - Anforderungen, Prüfungen und Beurteilungen

Holzbauteile 010|6|7|2

Ebenso regelt die ÖNORM B 3800-9 jenen Fall, in dem Holzbauteile zum Einsatz kommen sollen und mit reinem baulichen Brandschutz „Nichtbrennbarkeit" im Sinne der bautechnischen Anforderungen nachgewiesen werden kann. In diesem Zusammenhang sei der Grundgedanke des Nachweisverfahrens dargestellt: Verlangt der Gesetzgeber die Nichtbrennbarkeit im Zusammenhang mit einer Klassifizierungsperiode, kann dies so interpretiert werden, dass kein Mitbrand während dieser Periode stattfinden soll. Dies wird seit 2011 in Österreich sowohl für Außenwände als auch für Trennwände durch die ÖNORM B 3800-9 geregelt.

Tabelle 010|6-25: Prüfvorschrift zum Nachweis eines ausreichenden Brandverhaltens für die Anforderung (R)EI 90 (A2)

B 3800	Brandverhalten von Baustoffen und Bauteilen
Teil 9	Bauteile in Holzbauweise - Anforderungen, Prüfungen und Beurteilungen

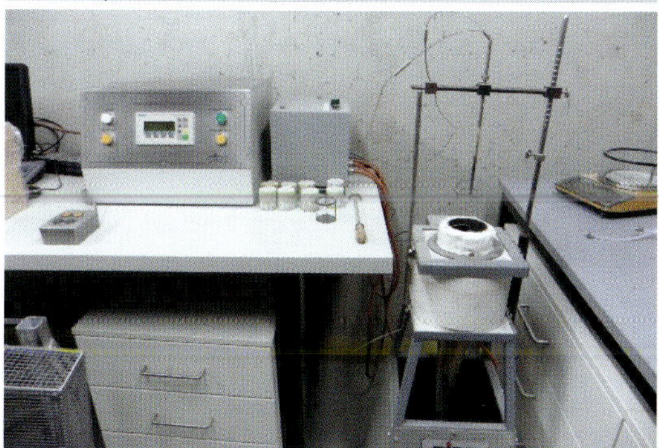

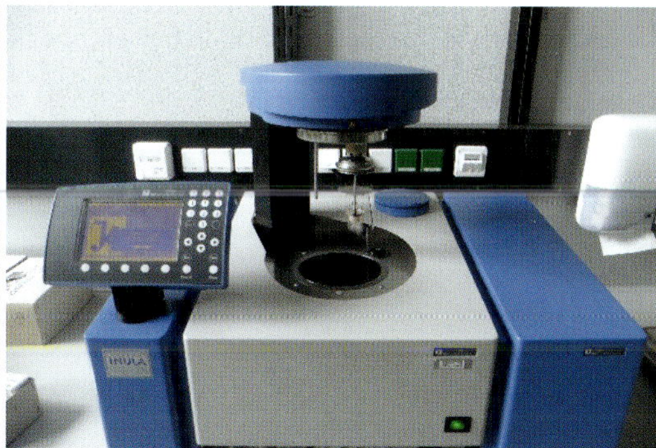

Nichtbrennbarkeitsofen nach EN ISO 1182
Bombenkalorimeter nach EN ISO 1716

Bild 010|6-01
Bild 010|6-02

Kleinbrennertest nach EN ISO 11925-2
Schlytertest nach ÖNORM A 3800-1

Bild 010|6-03
Bild 010|6-04

SBI-Prüfkammer nach EN 13823
SBI-Primärbrenner nach EN 13823
SBI-Absaughaube nach EN 13823

Bild 010|6-05
Bild 010|6-06
Bild 010|6-07

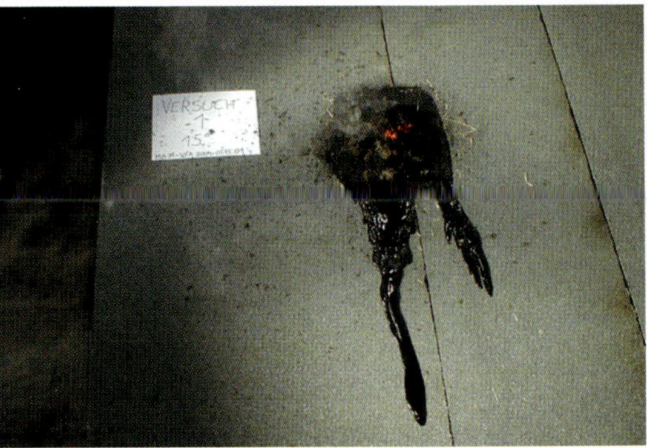

Flugfeuerprüfung nach EN 1187
beispielhaftes Ergebnis einer Flugfeuerprüfung

Bild 010|6-08
Bild 010|6-09

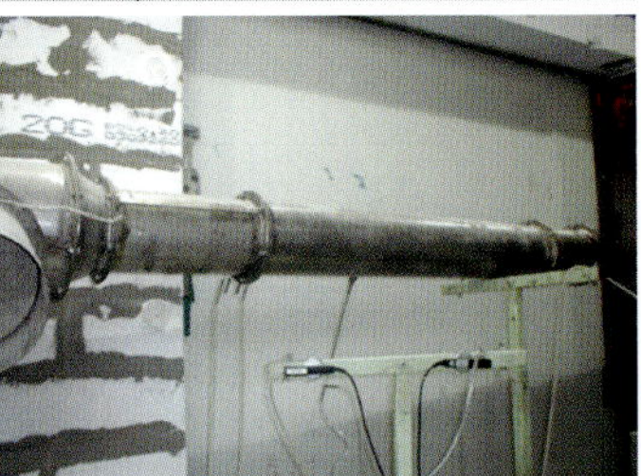

Brandschutzklappenprüfung nach EN 1366-2

Bilder 010|6-10 bis 12

Brandschutzklappenprüfung nach EN 1366-2

Bilder 010|6-13 bis 15

Feuerwiderstandsprüfung einer Wand nach EN 1364-1
Feuerwiderstandsprüfung einer Türe nach EN 1634-1

Bild 010|6-16
Bild 010|6-17

Brandschutzsturz mit CaSi-Platte in einem EPS-WDVS
Brandschutzsturz mit MW in einem EPS-WDVS
Brandschutzsturz mit PUR in einem EPS-WDVS

Bild 010|6-18
Bild 010|6-19
Bild 010|6-20

Zünden des Krippenbrandes nach ÖNORM B 3800-5

Bilder 010|6-21 bis 23

Brand der Holzkrippe mit zugeschaltetem Gebläse

Bilder 010|6-24 bis 26

Verlöschen der Krippe nach ca. 25 bis 30 Minuten

Bilder 010|6-27 bis 29

Kleinbrandprüfofen (lichte Ofengröße: 1 × 1 m) gemäß ÖNORM EN 1363-1
Wandprüfofen (lichte Ofengröße: 3 × 3 m) mit Belastungseinrichtung gemäß ÖNORM EN 1363-1

Bild 010|6-30
Bild 010|6-31

Wandprüfofen (lichte Ofengröße: 5 × 5 m) gemäß ÖNORM EN 1363-1
Fassadenprüfstand gemäß ÖNORM B 3800-5 und -6

Bild 010|6-32
Bilder 010|6-33 und 34

Deckenprüfofen (lichte Ofengröße: 6 × 4 m) mit Belastungseinrichtung gemäß ÖNORM EN 1363-1

Bilder 010|6-35 und 36

Tabellen 010|7

Anwendungshinweise: Bei der bauphysikalischen Berechnung sind die Angaben aus den Tabellen noch unter Berücksichtigung allfälliger Fußnoten und Anwendungsgrenzen gemäß den jeweiligen Normen zu verwenden.

Außenklimabedingungen – Monatsmitteltemperaturen 010|7|1

Tabelle 010|7-01: mittlerer jährl. Tiefstwert des Temperatur-Tagesmittels – Teil 1 [93]

Steiermark

Ort	Region	Höhe [m]	$\theta_{TMit.min}$ [°C]	Ort	Region	Höhe [m]	$\theta_{TMit.min}$ [°C]
Admont	ZA	647	-11,5	Kapfenberg	ZA	508	-11,0
Bad Aussee	ZA	657	-11,5	Knittelfeld	ZA	645	-12,1
Bad Gleichenberg	S/SO	297	-10,3	Köflach	S/SO	442	-10,7
Bad Mitterndorf	ZA	812	-14,7	Leibnitz	S/SO	275	-10,6
Bad Radkersburg	S/SO	206	-9,9	Leoben	ZA	547	-12,0
Birkfeld	S/SO	625	-11,0	Liezen	ZA	659	-11,5
Bruck/Mur	ZA	485	-11,4	Mariazell	ZA	868	-13,4
Deutschlandsberg	S/SO	380	-10,2	Murau	ZA	814	-11,7
Eibiswald	S/SO	362	-10,4	Mureck	S/SO	236	-10,0
Eisenerz	ZA	737	-11,6	Mürzzuschlag	ZA	660	-13,7
Feldbach	S/SO	282	-10,2	St.Nikolai im Sölktal	ZA	1127	-13,1
Fohnsdorf	ZA	735	-11,8	Schladming	ZA	740	-11,8
Friedberg	N/SO	601	-11,3	Seckau	ZA	843	-12,2
Frohnleiten	S/SO	434	-10,7	Stainz	S/SO	325	-10,3
Fürstenfeld	S/SO	270	-10,5	Trieben	ZA	708	-13,2
Gleisdorf	S/SO	365	-11,3	Voitsberg	S/SO	394	-10,6
Graz	S/SO	369	-9,4	Wald/Schoberpass	ZA	847	-12,2
Gröbming	ZA	776	-13,4	Weiz	S/SO	480	-9,1
Hartberg	S/SO	360	-9,3	Wildon	S/SO	315	-10,3
Hieflau	ZA	492	-11,1	Zeltweg	ZA	670	-12,6
Judenburg	ZA	734	-11,8				

Oberösterreich

Ort	Region	Höhe [m]	$\theta_{TMit.min}$ [°C]	Ort	Region	Höhe [m]	$\theta_{TMit.min}$ [°C]
Aigen	N	596	-12,4	Linz	N	260	-10,1
Bad Goisern	ZA	500	-10,5	Mattinghofen	NF	451	-12,0
Bad Ischl	NF	467	-11,0	Mondsee	NF	482	-10,1
Bad Leonfelden	N	749	-12,9	Obertraun	ZA	500	-12,1
Braunau	N	351	-11,7	Reichersberg/Inn	N	335	-11,6
Ebensee	NF	426	-10,6	Ried/Innkreis	NF	452	-12,6
Eferding	N	271	-11,4	Rohrbach/Mühlv.	N	580	-12,4
Enns	N	280	-12,1	St.Wolfgang	NF	549	-12,9
Freistadt	N	566	-13,5	Schärding	N	313	-10,3
Gmunden	NF	424	-10,9	Schwanenstadt	NF	389	-11,8
Gosau	ZA	779	-13,0	Spital/Pyhrn	ZA	647	-12,6
Grein	N	250	-11,4	Steyr	NF	310	-12,4
Grieskirchen	N	335	-11,6	Traun	N	273	-11,5
Grünau	NF	527	-12,3	Vöcklabruck	NF	435	-11,9
Hallstatt	ZA	525	-10,1	Wels	N	317	-11,3
Hinterstoder	ZA	585	-12,4	Weyer	NF	410	-12,4
Kremsmünster	NF	384	-11,4	Windischgarsten	ZA	617	-13,0

Tirol

Ort	Region	Höhe [m]	$\theta_{TMit.min}$ [°C]	Ort	Region	Höhe [m]	$\theta_{TMit.min}$ [°C]
Ehrwald	NF	1015	-12,5	Reutte	NF	835	-13,3
Fulpmes	NF	937	-13,2	St.Anton/Arlberg	ZA	1304	-14,6
Hall in Tirol	NF	560	-12,0	St.Christoph/Arlberg	ZA	1780	-15,9
Hintertux	ZA	1488	-15,0	St.Jakob in Defereggen	SB	1000	-10,2
Holzgau	NF	1114	-14,8	St.Johann in Tirol	NF	665	-12,3
Imst	NF	779	-12,8	St.Leonhard/Pitztal	ZA	1366	-14,2
Innsbruck	NF	573	-10,5	Schwaz	NF	535	-11,9
Ischgl	ZA	1376	-14,6	Seefeld	NF	1181	-13,5
Jenbach	NF	562	-11,5	Serfaus	ZA	1427	-14,8
Kitzbühel	ZA	819	-13,8	Sillian	SB	1100	-13,2
Kufstein	NF	505	-11,9	Sölden	ZA	1377	-14,6
Landeck	NF	813	-11,2	Steinach am Brenner	ZA	1048	-13,5
Lienz	SB	680	-11,6	Tannheim	NF	1097	-13,7
Matrei in Osttirol	SB	977	-13,3	Telfs	NF	638	-12,2
Mayrhofen	ZA	630	-11,8	Virgen	SB	1194	-11,0
Obergurgl	ZA	1910	-16,6	Wörgl	NF	511	-11,8
Obertilliach	SB	1450	-14,8	Zell/Ziller	ZA	575	-12,9
Pertisau	NF	930	-14,3				

Vorarlberg

Ort	Region	Höhe [m]	$\theta_{TMit.min}$ [°C]	Ort	Region	Höhe [m]	$\theta_{TMit.min}$ [°C]
Bezau	W	651	-11,5	Langen	W	1270	-13,7
Bludenz	W	585	-12,6	Lech	W	1447	-14,3
Bregenz	W	398	-10,7	Lustenau	W	409	-10,7
Dornbirn	W	429	-9,8	Mittelberg	W	1215	-13,5
Egg	W	630	-11,5	Partenen	W	1051	-12,7
Feldkirch	W	459	-10,6	Schruns	W	689	-11,7
Gargellen	W	1423	-14,2	Warth	W	1500	-14,6
Götzis	W	425	-10,8	Zürs	W	1720	-15,3
Hohenems	W	430	-10,8				

Tabelle 010|7-02: mittlerer jährl. Tiefstwert des Temperatur-Tagesmittels – Teil 2 [93]

Wien

Ort	Region	Höhe [m]	$\theta_{TMit.min}$ [°C]	Ort	Region	Höhe [m]	$\theta_{TMit.min}$ [°C]
Wien-Innere Stadt	N	171	-8,5	Wien (Bez.10-19, 21-23)	N	171	-9,4
Wien (Bezirke 2-9, 20)	N	171	-8,7	Wien-Mariabrunn	N	226	-11,4

Kärnten

Ort	Region	Höhe [m]	$\theta_{TMit.min}$ [°C]	Ort	Region	Höhe [m]	$\theta_{TMit.min}$ [°C]
Arnoldstein	SB	581	-11,4	Millstatt	SB	600	-9,6
Bad Kleinkirchheim	SB	1073	-12,7	Nassfeld	SB	1530	-12,6
Bleiburg	SB	474	-11,1	Oberdrauburg	SB	625	-11,5
Eisenkappel	SB	554	-11,1	Obervellach	SB	686	-9,9
Feldkirchen	SB	556	-10,7	Radenthein	SB	708	-11,1
Ferlach	SB	466	-11,8	Rennweg	SB	1221	-13,0
Friesach	SB	637	-11,7	St.Andrä/Lavanttal	SB	432	-12,2
Gmünd	SB	732	-11,8	St.Lorenzen/Lavanttal	SB	1127	-12,8
Gurk	SB	671	-11,6	St.Veit/Glan	SB	476	-12,4
Heiligenblut	SB	1288	-14,1	Spittal/Drau	SB	556	-11,8
Hermagor	SB	603	-11,4	Velden	SB	443	-10,8
Klagenfurt	SB	448	-12,8	Villach	SB	535	-12,0
Kötschach	SB	706	-9,7	Völkermarkt	SB	461	-10,0
Lavamünd	SB	344	-10,8	Wolfsberg	SB	460	-11,7
Mallnitz	SB	1193	-12,4				

Salzburg

Ort	Region	Höhe [m]	$\theta_{TMit.min}$ [°C]	Ort	Region	Höhe [m]	$\theta_{TMit.min}$ [°C]
Abtenau	ZA	712	-13,3	Oberndorf	NF	394	-11,2
Bad Gastein	ZA	1083	-13,2	Obertauern	ZA	1649	-16,0
Bad Hofgastein	ZA	858	-12,8	Radstadt	ZA	856	-15,5
Bischofshofen	ZA	550	-12,2	Rauris	ZA	948	-14,2
Fuschl/See	NF	669	-12,1	Saalbach	ZA	1003	-14,3
Golling	ZA	487	-11,5	Saalfelden	ZA	744	-12,4
Hallein	NF	449	-10,9	Salzburg	NF	436	-11,5
Kaprun	ZA	786	-12,5	St.Johann/Pongau	ZA	606	-13,0
Krimml	ZA	1000	-12,8	Strobl	NF	660	-12,1
Lofer	NF	639	-12,0	Tamsweg	ZA	1024	-13,3
Mattsee	NF	501	-11,4	Unken	NF	530	-11,7
Mauterndorf	ZA	1121	-14,1	Wagrain	ZA	838	-12,0
Mittersill	ZA	789	-12,6	Werfen	ZA	547	-11,7
Mühlbach am Hochkönig	ZA	859	-12,8	Zell/See	ZA	763	-14,4

Burgenland

Ort	Region	Höhe [m]	$\theta_{TMit.min}$ [°C]	Ort	Region	Höhe [m]	$\theta_{TMit.min}$ [°C]
Andau	N/SO	118	-10,1	Neusiedl/See	N/SO	140	-10,0
Bad Tatzmannsdorf	N/SO	350	-10,3	Oberpullendorf	N/SO	230	-10,1
Eisenstadt	N/SO	196	-9,6	Oberwart	N/SO	318	-10,2
Güssing	S/SO	225	-11,5	Pinkafeld	N/SO	400	-10,4
Jennersdorf	S/SO	241	-10,1	Rust	N/SO	121	-9,9
Mattersburg	N/SO	256	-10,1	St.Michael	S/SO	253	-10,1

Niederösterreich

Ort	Region	Höhe [m]	$\theta_{TMit.min}$ [°C]	Ort	Region	Höhe [m]	$\theta_{TMit.min}$ [°C]
Amstetten	N	277	-11,7	Perchtoldsdorf	N/SO	260	-11,3
Baden	N/SO	233	-10,2	Pottenstein	N/SO	321	-11,5
Bad Vöslau	N/SO	277	-11,4	Poysdorf	N	203	-11,3
Deutsch-Wagram	N	160	-11,0	Purkersdorf	N	246	-11,3
Fischamend	N/SO	154	-10,5	Retz	N	263	-11,4
Gänserndorf	N	165	-10,2	St.Pölten	N	265	-11,5
Gmünd	N	495	-12,0	Scheibbs	N	324	-11,5
Groß-Enzersdorf	N	152	-11,0	Schwechat	N	161	-10,7
Gumpoldskirchen	N/SO	240	-10,0	Semmering	N/SO	1000	-11,9
Hainburg	N/SO	200	-11,2	Sollenau	N/SO	270	-11,4
Hollabrunn	N	245	-11,9	Stockerau	N	167	-11,1
Horn	N	309	-12,0	Ternitz	N/SO	398	-11,7
Klosterneuburg	N	183	-11,1	Traiskirchen	N/SO	200	-11,2
Korneuburg	N	164	-11,0	Tulln	N	177	-11,7
Krems	N	232	-10,3	Waidhofen/Thaya	N	529	-12,1
Langenlois	N	217	-10,7	Waidhofen/Ybbs	NF	358	-12,3
Marchegg	N	148	-11,0	Wr.Neustadt	N/SO	265	-11,8
Melk/Donau	N	215	-11,4	Wilhelmsburg	N	321	-11,5
Mistelbach	N	218	-12,2	Wolkersdorf	N	176	-11,1
Mödling	N	234	-11,3	Zistersdorf	N	198	-11,1
Mönichkirchen	N/SO	980	-12,0	Zwettl	N	520	-14,4
Neunkirchen	N/SO	365	-11,6				

Tabelle 010|7-03: Koeffizienten Dreischichten-Regressionsmodell [93]

Region West (W)

	Schicht 1 (<750m) [°C] a	Schicht 1 [°C/100 m] b	Schicht 2 (750-1499 m) [°C] a	Schicht 2 [°C/100 m] b	Schicht 3 (≥1500 m) [°C] a	Schicht 3 [°C/100 m] b
Jan	0,647	-0,423	-1,431	-0,146	4,306	-0,528
Feb	2,534	-0,458	1,588	-0,332	5,056	-0,563
Mär	6,387	-0,521	6,005	-0,470	8,576	-0,641
Apr	10,969	-0,613	10,448	0,543	12,727	-0,695
Mai	15,352	-0,602	14,799	-0,526	17,504	-0,707
Jun	18,487	-0,610	17,543	-0,498	20,902	-0,715
Jul	20,503	-0,597	19,520	-0,466	23,084	-0,704
Aug	19,808	-0,507	18,229	-0,397	22,545	-0,694
Sep	16,228	-0,495	15,074	-0,341	19,627	-0,645
Okt	10,959	-0,413	9,420	-0,208	15,011	-0,581
Nov	5,814	-0,485	3,632	-0,195	8,872	-0,544
Dez	2,364	-0,566	-1,224	-0,087	5,006	-0,503
Jahr	10,839	-0,532	9,475	-0,351	13,601	-0,626

Region Nord – Föhngebiet (NF)

	Schicht 1 (<750 m) [°C] a	Schicht 1 [°C/100 m] b	Schicht 2 (750-1499 m) [°C] a	Schicht 2 [°C/100 m] b	Schicht 3 (≥1500 m) [°C] a	Schicht 3 [°C/100 m] b
Jan	-0,257	-0,423	-3,239	-0,025	4,306	-0,528
Feb	1,757	-0,458	0,035	-0,228	5,056	-0,563
Mär	5,839	-0,521	4,908	-0,397	8,576	-0,641
Apr	10,605	-0,613	9,722	-0,495	12,727	-0,695
Mai	15,148	-0,602	11,370	0,400	17,504	-0,707
Jun	18,245	-0,610	17,159	-0,465	20,902	-0,715
Jul	19,972	-0,597	18,458	-0,396	23,084	-0,704
Aug	19,495	-0,507	17,604	-0,355	22,545	-0,684
Sep	16,870	-0,495	11,357	-0,293	19,627	-0,645
Okt	10,466	-0,413	8,434	-0,142	15,011	-0,581
Nov	5,235	-0,485	2,473	-0,118	8,872	-0,544
Dez	1,622	-0,566	-2,708	0,012	5,006	-0,503
Jahr	10,333	-0,532	8,464	-0,283	13,601	-0,626

Region Nord – außerhalb vom Föhngebiet (N)

	Schicht 1 (<750 m) [°C] a	Schicht 1 [°C/100 m] b	Schicht 2 (750-1499 m) [°C] a	Schicht 2 [°C/100 m] b	Schicht 3 (≥1500 m) [°C] a	Schicht 3 [°C/100 m] b
Jan	-0,921	-0,423	-4,567	0,063	4,306	-0,528
Feb	1,114	-0,458	-1,251	-0,152	5,056	-0,563
Mär	5,189	-0,521	3,609	-0,310	8,576	-0,641
Apr	10,221	-0,613	8,952	-0,443	12,727	-0,695
Mai	14,881	-0,602	13,835	-0,452	17,504	-0,707
Jun	18,009	-0,610	16,687	-0,434	20,902	-0,715
Jul	19,571	-0,597	17,857	-0,355	23,084	-0,704
Aug	19,232	-0,507	17,076	-0,320	22,545	-0,684
Sep	16,356	-0,495	13,330	-0,225	19,627	-0,645
Okt	9,884	-0,413	7,270	-0,065	15,011	-0,581
Nov	4,782	-0,485	1,568	-0,057	8,872	-0,544
Dez	1,292	-0,566	-3,368	0,056	5,006	-0,503
Jahr	9,893	-0,532	7,583	-0,225	13,601	-0,626

Region alpine Zentrallage (ZA)

	Schicht 1 (<750 m) [°C] a	Schicht 1 [°C/100 m] b	Schicht 2 (750-1499 m) [°C] a	Schicht 2 [°C/100 m] b	Schicht 3 (≥1500 m) [°C] a	Schicht 3 [°C/100 m] b
Jan	-1,129	-0,423	-4,983	0,091	4,306	-0,528
Feb	1,265	-0,458	-0,949	-0,162	5,056	-0,563
Mär	5,527	-0,521	4,283	-0,355	8,576	-0,641
Apr	10,619	-0,613	9,749	-0,497	12,727	-0,695
Mai	15,235	-0,602	14,545	-0,509	17,504	-0,707
Jun	18,210	-0,610	17,089	-0,451	20,902	-0,715
Jul	19,901	-0,597	18,317	-0,395	23,084	-0,704
Aug	19,515	-0,507	17,543	-0,358	22,545	-0,684
Sep	16,822	-0,495	14,261	-0,287	19,627	-0,645
Okt	10,179	-0,413	7,850	-0,104	15,011	-0,581
Nov	4,789	-0,485	1,581	--0,058	8,872	-0,544
Dez	0,762	-0,566	1,120	-0,120	5,006	-0,503
Jahr	10,058	-0,532	7,914	-0,247	13,601	-0,626

Region Beckenlandschaften im Süden (SB)

	Schicht 1 (<750 m) [°C] a	Schicht 1 [°C/100 m] b	Schicht 2 (750-1499 m) [°C] a	Schicht 2 [°C/100 m] b	Schicht 3 (≥1500 m) [°C] a	Schicht 3 [°C/100 m] b
Jan	-1,894	-0,423	-6,512	0,193	4,306	-0,528
Feb	1,293	-0,458	-0,892	-0,155	5,056	-0,563
Mär	5,992	-0,521	5,214	-0,641	8,576	-0,641
Apr	11,251	-0,613	11,032	-0,695	12,727	-0,695
Mai	15,925	-0,602	15,924	-0,707	17,504	-0,707
Jun	19,227	-0,610	19,124	-0,715	20,902	-0,715
Jul	21,020	-0,597	20,555	-0,704	23,084	-0,704
Aug	20,359	-0,507	19,329	-0,684	22,545	-0,684
Sep	16,443	-0,495	15,503	-0,645	19,627	-0,645
Okt	10,427	-0,413	8,355	-0,581	15,011	-0,581
Nov	4,518	-0,485	1,239	-0,544	8,872	-0,544
Dez	0,133	-0,566	-5,686	-0,503	5,006	-0,503
Jahr	10,400	-0,532	8,599	-0,626	13,601	

Region Südost – nördlicher Teil (N/SO)

	Schicht 1 (<750 m) [°C] a	Schicht 1 [°C/100 m] b	Schicht 2 (750-1499 m) [°C] a	Schicht 2 [°C/100 m] b	Schicht 3 (≥1500 m) [°C] a	Schicht 3 [°C/100 m] b
Jan	-0,373	-0,423	-3,471	-0,010	4,306	-0,528
Feb	1,764	-0,458	0,049	-0,229	5,056	-0,563
Mär	5,953	-0,521	5,136	-0,412	8,576	-0,641
Apr	10,985	-0,613	10,483	-0,545	12,727	-0,695
Mai	15,501	-0,602	15,076	-0,545	17,504	-0,707
Jun	18,672	-0,610	18,013	-0,522	20,902	-0,715
Jul	20,616	-0,597	18,510	-0,400	23,084	-0,704
Aug	20,021	-0,507	18,653	-0,425	22,545	-0,684
Sep	16,234	-0,495	15,086	-0,342	19,627	-0,645
Okt	10,687	-0,413	8,876	-0,172	15,011	-0,581
Nov	5,395	-0,485	2,795	-0,139	8,872	-0,544
Dez	1,786	-0,566	-2,380	-0,010	5,006	-0,503
Jahr	10,585	-0,532	8,989	-0,318	13,601	-0,626

Region Südost – südlicher Teil (S/SO)

	Schicht 1 (<750 m) [°C] a	Schicht 1 [°C/100 m] b	Schicht 2 (750-1499 m) [°C] a	Schicht 2 [°C/100 m] b	Schicht 3 (≥1500 m) [°C] a	Schicht 3 [°C/100 m] b
Jan	-1,014	-0,423	-2,377	-0,069	4,306	-0,528
Feb	1,615	-0,458	0,955	-0,292	5,056	-0,563
Mär	5,898	-0,521	5,575	-0,443	8,576	-0,641
Apr	11,038	-0,613	10,607	0,501	12,727	-0,695
Mai	15,595	-0,602	15,291	-0,531	17,504	-0,707
Jun	18,797	-0,610	18,475	-0,533	20,902	-0,715
Jul	20,384	-0,597	19,971	0,106	23,004	-0,704
Aug	19,757	-0,507	19,201	-0,456	22,545	-0,684
Sep	16,023	-0,495	15,572	-0,385	19,627	-0,645
Okt	10,519	-0,413	9,916	0,261	15,011	-0,581
Nov	5,105	-0,485	4,048	-0,211	8,872	-0,544
Dez	1,088	-0,566	-0,761	-0,061	5,006	-0,503
Jahr	10,404	-0,532	9,714	-0,359	13,601	-0,626

Tabelle 010|7-04: Rohdichte – Wärmeleitfähigkeit – spez. Wärmekapazität – Diffusionswiderstand [102]

Baustoff/Bauprodukt	Rohdichte ρ Mittelwert	Bemessungswert λ_r Defaultwert	möglicher Wert	spezifische Wärmekapazität c	Wasserdampfdiffusionszahl μ trocken	feucht
	[kg/m³]	[W/(m·K)]	[W/(m·K)]	[kJ/(kg·K)]	–	–
Ziegelmauerwerk für tragende oder nichttragende Wände						
Mauerziegel gelocht (Lochanteil ≤25 %) + Normalmauermörtel	1100	0,480	–	1,000	10	5
	1200	0,520	–	1,000	10	5
	1300	0,560	–	1,000	10	5
	1400	0,590	0,580	1,000	10	5
Mauerziegel voll + Normalmauermörtel	1500	0,660	0,620	1,000	10	5
	1600	0,690	0,670	1,000	10	5
Klinker Großloch (Lochanteil >15 %) + Normalmauermörtel	1700	0,730	–	1,000	100	50
	1800	0,770	–	1,000	100	50
Klinker Kleinloch (Lochanteil ≤15 %) + Normalmauermörtel	1900	0,800	0,710	1,000	100	50
	2000	0,830	–	1,000	100	50
Klinker voll + Normalmauermörtel	2100	0,870	–	1,000	100	50
	2200	0,900	–	1,000	100	50
tragendes Hochlochziegelmauerwerk (Altbestand vor 1980)						
Hochlochziegel (Altbestand vor 1980) + Normalmauermörtel	700	0,410	–	1,000	10	5
	800	0,420	–	1,000	10	5
	900	0,430	–	1,000	10	5
	1000	0,450	–	1,000	10	5
	1200	0,500	–	1,000	10	5
	1400	0,580	–	1,000	10	5
Hochlochziegelmauerwerk >30 cm (monolithische Wände)						
Hochlochziegel >30 cm + Leichtmauermörtel	575	0,089	–	1,000	10	5
	625	0,114	0,090	1,000	10	5
	675	0,119	0,092	1,000	10	5
	725	0,130	0,102	1,000	10	5
	775	0,130	0,121	1,000	10	5
	825	0,130	0,114	1,000	10	5
Hochlochziegel >30 cm + Dünnbettmörtel oder mit PUR geklebt	575	0,085	–	1,000	10	5
	625	0,110	0,088	1,000	10	5
	675	0,112	0,078	1,000	10	5
	725	0,129	0,101	1,000	10	5
	775	0,130	0,095	1,000	10	5
	825	0,130	0,114	1,000	10	5
Hochlochziegelmauerwerk 17 cm bis 38 cm (für Wände mit Zusatzdämmung (WDVS)) oder Vormauerung (Klinker/Hochlochziegel)						
Hochlochziegel 17 cm bis 38 cm + Leichtmauermörtel	675	0,230	0,094	1,000	10	5
	725	0,240	0,094	1,000	10	5
	775	0,250	0,130	1,000	10	5
	825	0,257	0,137	1,000	10	5
	875	0,260	0,170	1,000	10	5
	925	0,320	–	1,000	10	5
	975	0,320	0,320	1,000	10	5
Hochlochziegel 17 cm bis 38 cm + Normalmauermörtel	675	0,240	0,195	1,000	10	5
	725	0,250	0,158	1,000	10	5
	775	0,260	0,172	1,000	10	5
	825	0,270	0,158	1,000	10	5
	875	0,280	0,210	1,000	10	5
	925	0,290	0,170	1,000	10	5
	975	0,340	0,296	1,000	10	5
	1050	0,340	0,290	1,000	10	5
	1150	0,350	0,282	1,000	10	5
	1250	0,470	0,400	1,000	10	5
	1350	0,510	0,510	1,000	10	5
	1450	0,577	0,556	1,000	10	5
Hochlochziegel 17 cm bis 38 cm + Dünnbettmörtel oder mit PUR geklebt	675	0,220	0,089	1,000	10	5
	725	0,250	0,090	1,000	10	5
	775	0,250	0,130	1,000	10	5
	825	0,260	0,132	1,000	10	5
	875	0,314	0,160	1,000	10	5
	925	0,324	0,180	1,000	10	5
	975	0,320	0,270	1,000	10	5
	1050	0,320	0,300	1,000	10	5
	1150	0,350	0,300	1,000	10	5
Füllziegelmauerwerk >30 cm						
Hochlochziegel 49 cm mit integrierter Steinwolle-Dämmung (ρ ≤75 kg/m³) + Dünnbettmörtel /PUR-Kleber	600	–	0,066	1,000	10	5
Hochlochziegel 42 cm mit integrierter Steinwolle-Dämmung (ρ ≤75 kg/m³) + Dünnbettmörtel /PUR-Kleber	600	–	0,069	1,000	10	5
Hochlochziegel mit integrierter Perlit-Dämmung (ρ ≤100 kg/m³) + Dünnbettmörtel/PUR-Kleber	550	0,080	0,070	1,000	10	5
	600	0,090	0,080	1,000	10	5
	650	0,095	0,085	1,000	10	5
	850	0,120	0,116	1,000	10	5
Füllziegelmauerwerk ≤30 cm						
Hochlochziegel mit integrierter Steinwolle-Dämmung (ρ ≤75 kg/m³) + Dünnbettmörtel/PUR-Kleber	750	0,090	0,078	1,000	11	5
Hochlochziegel mit integrierter Perlit-Dämmung (ρ ≤100 kg/m³) + Dünnbettmörtel/PUR-Kleber	650	0,095	0,091	1,000	11	5
	750	0,100	–	1,000	11	5
	850	0,120	0,111	1,000	11	5
Hochlochziegel mit Beton-Füllung (ρ ≥2000 kg/m³) + Dünnbettmörtel/PUR-Kleber	1640	0,650	–	1,000	–	–
	1720	0,739	–	1,000	–	–
	1810	0,829	–	1,000	–	–

Baustoff/Bauprodukt	Rohdichte ρ Mittelwert [kg/m³]	Bemessungswert λ_r Defaultwert [W/(m·K)]	möglicher Wert [W/(m·K)]	spezifische Wärmekapazität c [kJ/(kg·K)]	Wasserdampfdiffusionszahl μ trocken –	feucht –
Langlochziegelmauerwerk <17 cm (für nichttragende Wände) — Altbestand						
Langlochziegel <7 cm + Normalmauermörtel	600	0,250	–	1,000	10	5
	700	0,300	–	1,000	10	5
	800	0,350	–	1,000	10	5
	900	0,400	–	1,000	10	5
	1000	0,450	–	1,000	10	5
	1100	0,460	–	1,000	10	5
Hochlochziegelmauerwerk <17 cm (für nichttragende Wände)						
Hochlochziegel <17 cm + Normalmauermörtel	650	0,280	–	–	10	5
	700	0,300	0,230	1,000	10	5
	800	0,340	0,270	1,000	10	5
	900	0,380	0,310	1,000	10	5
	1000	0,420	0,350	1,000	10	5
Hochlochziegel <17 cm + Dünnbettmörtel oder mit PUR geklebt	650	0,280	–	–	10	5
	700	0,300	0,230	1,000	10	5
	800	0,340	0,270	1,000	10	5
	900	0,380	0,310	1,000	10	5
	1000	0,420	0,350	1,000	10	5
Mauerwerk aus Betonhohlsteinen						
Betonhohlsteine	800	0,60	0,44	1,19	–	–
	1000	0,80	0,49	1,15	–	–
	1200	1,00	0,55	1,13	–	–
	1400	1,20	0,62	1,11	–	–
Mauerwerk aus Porenbeton (historische Werte)						
Mauerwerk aus Porenbeton bis inklusive Produktionsjahr 1995	455	0,15	–	1,000	10	5
	655	0,21	–	1,000	10	5
	755	0,23	–	1,000	10	5
Mauerwerk aus Porenbeton Produktionsjahre 1996 bis 2000	375	0,12	–	1,000	10	5
	475	0,15	–	1,000	10	5
	575	0,17	–	1,000	10	5
	750	0,25	–	1,000	10	5
Mauerwerk aus Porenbeton Produktionsjahre 2001 bis 2009	375	0,12	–	1,000	10	5
	475	0,14	–	1,000	10	5
	575	0,17	–	1,000	10	5
	750	0,22	–	1,000	10	5
Porenbeton						
Porenbeton	225	0,085	–	1,000	10	5
	275	0,090	–	1,000	10	5
	325	0,095	–	1,000	10	5
	375	0,110	–	1,000	10	5
	425	0,120	–	1,000	10	5
	475	0,135	–	1,000	10	5
	525	0,150	–	1,000	10	5
	575	0,165	–	1,000	10	5
	625	0,175	–	1,000	10	5
	675	0,185	–	1,000	10	5
	725	0,195	–	1,000	10	5
	775	0,210	–	1,000	10	5
Mauerwerk aus Leichtbetonsteinen (historische Werte)						
Mauersteine aus Leichtbeton mit Blähton	400	0,13	0,12	1,00	–	–
	500	0,16	0,14	1,00	–	–
	600	0,19	0,17	1,00	–	–
	700	0,23	0,21	1,00	–	–
	800	0,27	0,22	1,00	–	–
	900	0,30	0,23	1,00	–	–
	1100	0,39	0,24	1,00	–	–
	1200	0,44	0,25	1,00	–	–
	1300	0,49	0,28	1,00	–	–
	1400	0,55	0,30	1,00	–	–
	1500	0,64	0,34	1,00	–	–
	1600	0,73	0,45	1,00	–	–
Mauerwerk aus Leichtbetonsteinen						
Mauersteine aus Leichtbeton mit Blähton (Dicke: 16 cm)	1000	0,25	–	1,00	–	–
	500	0,15	–	1,00	–	–
Mauersteine aus Leichtbeton mit Blähton (Dicke: 38 cm)	1000	0,25	–	1,00	–	–
	500	0,15	–	1,00	–	–
Mauersteine aus Leichtbeton mit Blähton (Dicke: 30 cm)	1600	0,50	–	1,00	–	–
	800	0,19	–	1,00	–	–
Mauersteine aus Leichtbeton mit Blähton (Dicke: 25 cm)	1600	0,70	–	1,00	–	–
	900	0,25	–	1,00	–	–
Mauersteine aus Leichtbeton mit Blähton (Dicke: 20 cm)	1600	0,70	–	1,00	–	–
	900	0,30	–	1,00	–	–
Gipswandbauplatten						
Gipswandbauplatten	600	0,190		1,00	10	4
	700	0,230	–	1,00	10	4
	800	0,270	–	1,00	10	4
	900	0,320	–	1,00	10	4
	1000	0,370	–	1,00	10	4
	1100	0,410	–	1,00	10	4
	1200	0,450	–	1,00	10	4
	1300	0,490	–	1,00	10	4
	1400	0,550	–	1,00	10	4
Mauerwerk aus Kalksandsteinen						
Mauerwerk aus Kalksandstein	1000	0,50	–	1,0	10	5
	1200	0,56	–	1,0	10	5
	1400	0,70	–	1,0	10	5
	1600	0,79	–	1,0	25	5
	1800	0,99	–	1,0	25	5

Baustoff/Bauprodukt	Rohdichte ρ Mittelwert [kg/m³]	Bemessungswert λ_r Defaultwert [W/(m·K)]	möglicher Wert [W/(m·K)]	spezifische Wärmekapazität c [kJ/(kg·K)]	Wasserdampfdiffusionszahl μ trocken –	feucht –
Mauerwerk aus Kalksandsteinen (Fortsetzung)						
Mauerwerk aus Kalksandstein	2000	1,1	–	1,0	25	5
	2200	1,3	–	1,0	25	5
Mauermörtel						
Kalkmauermörtel	1600	0,78	–	1,0	35	15
Kalkzementmauermörtel	1800	1,05	–	1,0	35	15
Zementmauermörtel	2000	1,41	–	1,0	35	15
Putzmörtel						
Normalputzmörtel GP gemäß ÖNORM EN 998-1:2010, Abschnitt 3.7	1300	0,49	–	1,0	20	5
	1400	0,57	–	1,0	20	5
	1500	0,67	–	1,0	20	5
	1600	0,78	–	1,0	35	15
	1700	0,91	–	1,0	35	15
	1800	1,05	–	1,0	35	15
Leichtputzmörtel LW gemäß ÖNORM EN 998-1:2010, Abschnitt 3.7	350	0,12	–	1,0	20	5
	500	0,15	–	1,0	20	5
	700	0,20	–	1,0	20	5
	900	0,27	–	1,0	20	5
	1100	0,36	–	1,0	20	5
	1300	0,49	–	1,0	20	5
Edelputzmörtel CR gemäß ÖNORM EN 998-1:2010, Abschnitt 3.7	1500	0,67	–	1,0	20	5
	1600	0,78	–	1,0	35	15
	1700	0,91	–	1,0	35	15
	1800	1,05	–	1,0	35	15
Einlagenputzmörtel für außen OC gemäß ÖNORM EN 998-1:2010, Abschnitt 3.7	1300	0,49	–	1,0	20	5
	1500	0,67	–	1,0	20	5
	1600	0,78	–	1,0	35	15
	1700	0,91	–	1,0	35	15
	1800	1,05	–	1,0	35	15
Sanierputzmörtel R gemäß ÖNORM EN 998-1:2010, Abschnitt 3.7	350	0,12	–	1,0	20	5
	500	0,15	–	1,0	20	5
	700	0,20	–	1,0	20	5
	900	0,27	–	1,0	20	5
	1100	0,36	–	1,0	20	5
	1200	0,42	–	1,0	20	5
	1400	0,57	–	1,0	20	5
Wärmedämmputzmörtel T gemäß ÖNORM EN 998-1:2010, Abschnitt 3.7	250	0,10	–	1,0	20	5
	350	0,12	–	1,0	20	5
	450	0,14	–	1,0	20	5
	600	0,18	–	1,0	20	5
Gipsputze gemäß ÖNORM EN 13279	600	0,18	–	1,0	20	5
	800	0,29	–	1,0	20	5
	1000	0,40	–	1,0	20	5
	1300	0,57	–	1,0	20	5
Trockenbauplatten mineralisch						
Gipskartonplatte	700	0,21	–	1,000	10	4
	900	0,25	–	1,000	10	4
Gipsfaserplatte	1125	0,40	–	1,000	10	4
zementgebundene Leichtbetonplatte, bewehrt	1000	0,22	–	–	–	–
Faserzementplatten	2000	1,5	–	1,050	–	–
Normalbeton						
Normalbeton ohne Bewehrung	2000	1,35	–	1,00	100	60
	2200	1,65	–	1,00	120	70
	2400	2,00	–	1,00	130	80
Normalbeton mit Bewehrung 1 %	2300	2,30	–	1,00	130	80
Normalbeton mit Bewehrung 2 %	2400	2,50	–	1,00	130	80
Leichtbeton mit Blähton oder Ziegelsplitt als Zuschlag						
Leichtbetone mit Blähton oder Ziegelsplitt als Leichtgesteinskörnung	450	0,12	0,11	1,00	15	5
	500	0,13	0,12	1,00	15	5
	600	0,18	0,17	1,00	15	5
	700	0,21	–	1,00	15	5
	800	0,25	0,24	1,00	15	5
	900	0,30	0,27	1,00	15	5
	1000	0,34	–	1,00	15	5
	1100	0,39	–	1,00	15	5
	1200	0,44	–	1,00	15	5
	1300	0,49	–	1,00	15	5
	1400	0,55	–	1,00	15	5
	1500	0,60	–	1,00	15	5
	1600	0,68	–	1,00	15	5
	1700	0,76	–	1,00	50	10
	1800	0,85	0,80	1,00	50	10
	1900	0,94	–	1,00	50	10
Leichtbeton mit Blähschiefer als Zuschlag						
Beton mit Blähschiefer-Zuschlag	1100	0,430	–	1,00	–	–
	1300	0,510	–	1,00	–	–
	1500	0,600	–	1,00	–	–
	1700	0,670	–	1,00	–	–
Leichtbeton mit Bims als Zuschlag						
Beton mit Bims-Zuschlag	500	0,13	–	1,00	–	–
	600	0,15	–	1,00	–	–
	700	0,18	–	1,00	–	–
	800	0,22	–	1,00	–	–
	900	0,25	–	1,00	–	–
	1000	0,30	–	1,00	–	–
	1100	0,35	–	1,00	–	–
	1200	0,39	–	1,00	–	–
	1300	0,44	–	1,00	–	–

Baustoff/Bauprodukt	Rohdichte ρ Mittelwert	Bemessungswert λ_r		spezifische Wärme-kapazität c	Wasserdampfdiffusionszahl μ	
		Defaultwert	möglicher Wert		trocken	feucht
	[kg/m³]	[W/(m·K)]	[W/(m·K)]	[kJ/(kg·K)]	–	–
Leichtbeton mit Hüttenbims als Zuschlag						
Beton mit Hüttenbims-Zuschlag	1100	0,22	–	1,00	–	–
	1200	0,27	–	1,00	–	–
	1300	0,33	–	1,00	–	–
	1400	0,39	–	1,00	–	–
	1500	0,46	–	1,00	–	–
	1600	0,53	–	1,00	–	–
	1700	0,61	–	1,00	–	–
Leichtbeton mit EPS-Zuschlag						
Beton mit EPS-Zuschlag	500	0,15	–	1,00	–	–
	600	0,16	–	1,00	–	–
	700	0,19	–	1,00	–	–
	800	0,20	–	1,00	–	–
Holzspanbetone gemäß ÖNORM EN 14474						
Holzspanbeton	475	0,120	0,105	1,4	8	2
	550	0,130	0,120	1,3	8	2
	650	0,160	0,130	1,3	8	2
	800	0,240	–	1,2	8	2
	1000	0,370	–	1,1	8	2
großformatige bewehrte Porenbeton-Bauteile						
bis inklusive Produktionsjahr 1995	575	0,20	–	1,000	10	5
	675	0,22	–	1,000	10	5
Produktionsjahre 1996 bis 2000	575	0,16	–	1,000	10	5
	675	0,21	–	1,000	10	5
ab Produktionsjahr 2001	375	0,11	–	1,000	10	5
	475	0,13	–	1,000	10	5
	575	0,16	–	1,000	10	5
	675	0,18	–	1,000	10	5
zementgebundene Estriche						
Zement- und Zementfließestrich	1800	1,10	–	1,08	35	15
	2000	1,33	–	1,08	35	15
	2200	1,58	–	1,08	35	15
nicht zementgebundene Estriche						
Calciumsulfat- und Calciumsulfat-Fließestrich	1800	0,93	–	1,00	35	15
	2000	1,05	–	1,00	35	15
	2200	1,17	–	1,00	35	15
Magnesiaestrich	1400	0,47	–	1,00	35	15
Bitumenemulsionsestrich	2100	0,70	–	1,00	–	–
Kunstharzmodifizierter Estrich	2100	1,20	–	1,00	–	–
Gussasphaltestrich	2100	0,700	–	1,00	–	–
Mineralwolle MW(Steinwolle-SW) gemäß ÖNORM EN 13162 und ÖNORM B 6000						
MW(SW)-WL	28	0,044	0,040	1,03	1	1
MW(SW)-W	30	0,042	0,039	1,03	1	1
	40	0,040	0,035	1,03	1	1
	60	0,040	0,035	1,03	1	1
	80	0,039	0,035	1,03	1	1
	100	0,039	0,035	1,03	1	1
MW(SW)-WF	40	0,040	0,038	1,03	1	1
	50	0,039	0,035	1,03	1	1
	70	0,037	0,033	1,03	1	1
MW(SW)-WV	90	0,040	0,037	1,03	1	1
MW(SW)-WD	120	0,039	0,036	1,03	1	1
	150	0,041	0,038	1,03	1	1
MW(SW)-T	100	0,038	0,035	1,03	1	1
	130	0,039	0,036	1,03	1	1
MW(SW)-PT 5	105	0,038	0,035	1,03	1	1
MW(SW)-PT 10	120	0,040	0,037	1,03	1	1
	140	0,042	0,039	1,03	1	1
MW(SW)-PT 80	80	0,044	0,041	1,03	1	1
MW(GW)-WL	11	0,044	0,042	1,03	1	1
	13	0,042	0,039	1,03	1	1
	15	0,040	0,037	1,03	1	1
	18	0,038	0,035	1,03	1	1
	24	0,036	0,034	1,03	1	1
	32	0,035	0,032	1,03	1	1
MW(GW)-W	15	0,040	0,037	1,03	1	1
	18	0,038	0,037	1,03	1	1
	24	0,036	0,034	1,03	1	1
	32	0,035	0,032	1,03	1	1
MW(GW)-WF	50	0,035	0,033	1,03	1	1
MW(GW)-WV	70	0,035	0,033	1,03	1	1
MW(GW)-WD	105	0,035	0,033	1,03	1	1
MW(GW)-T	80	0,035	0,033	1,03	1	1
MW(GW)-PT 10	90	0,040	0,038	1,03	1	1
expandierter Polystyrol-Hartschaum (EPS) gemäß ÖNORM EN 13163 und ÖNORM B 6000						
EPS ohne Infrarottrübungsmittel (weiß oder färbig)						
EPS-W 15	13,5	0,042	0,041	1,45	60	60
EPS-W 20	19,5	0,038	–	1,45	60	60
EPS-W 25	23,0	0,036	–	1,45	60	60
EPS-W 30	27,5	0,035	–	1,45	60	60
EPS-F	15,8	0,040	–	1,45	60	60
EPS-T 650	11,0	0,044	–	1,45	60	60
EPS-T 1000	17,0	0,038	–	1,45	60	60
EPS-P	30,0	0,035	–	1,45	60	60

Baustoff/Bauprodukt	Rohdichte ρ Mittelwert [kg/m³]	Bemessungswert λ_r		spezifische Wärmekapazität c [kJ/(kg·K)]	Wasserdampfdiffusionszahl μ	
		Defaultwert [W/(m·K)]	möglicher Wert [W/(m·K)]		trocken –	feucht –
expandierter Polystyrol-Hartschaum (EPS) gemäß ÖNORM EN 13163 und ÖNORM B 6000 (Fortsetzung)						
EPS mit Infrarottrübungsmittel (grau oder schwarz)						
EPS-W 20 grau/schwarz	19,5	0,032	0,031	1,45	60	60
EPS-W 25 grau/schwarz	23,0	0,031	–	1,45	60	60
EPS-W 30 grau/schwarz	27,5	0,030	–	1,45	60	60
EPS-F grau/schwarz (bis 2010)	16,5	0,035	–	1,45	60	60
EPS-F grau/schwarz	15,8	0,032	0,031	1,45	60	60
EPS-T 650 grau/schwarz	11,0	0,033	–	1,45	60	60
EPS-T 1000 grau/schwarz	17,0	0,032	–	1,45	60	60
extrudierter Polystyrol-Hartschaum (XPS) gemäß ÖNORM EN 13164 und ÖNORM B 6000						
XPS–G 20 20 bis 60 mm	32	0,040	0,034	1,45	150	150
XPS–G 30 20 bis 60 mm	32	0,035	0,031	1,45	150	150
80 bis 100 mm	32	0,038	0,032	1,45	150	150
120 bis 180 mm	32	0,040	0,032	1,45	150	150
>180 mm	32	0,042	0,038	1,45	150	150
XPS–G 50 40 bis 60 mm	38	0,035	0,034	1,45	150	150
80 bis 100 mm	38	0,037	0,035	1,45	150	150
120 bis 180 mm	38	0,039	0,036	1,45	150	150
>180 mm	38	0,042	0,036	1,45	150	150
XPS–G 70 40 bis 60 mm	43	0,035	0,034	1,45	150	150
80 bis 100 mm	43	0,038	0,035	1,45	150	150
120 bis 180 mm	43	0,039	0,038	1,45	150	150
>180 mm	43	0,042	0,038	1,45	150	150
XPS–R 20 bis 60 mm	32	0,035	0,034	1,45	150	150
80 bis 100 mm	32	0,038	0,036	1,45	150	150
120 bis 180 mm	32	0,040	0,038	1,45	150	150
>180 mm	32	0,042	0,038	1,45	150	150
Polyurethan-Hartschaum (PU) gemäß ÖNORM EN 13165 und ÖNORM B 6000						
PUR-DD	32	0,025	0,023	1,40	∞	∞
PUR-DO bzw. PUR-PT <80 mm	32	0,030	0,028	1,40	60	60
PUR-DO bzw. PUR-PT ≥80 mm <120 mm	32	0,029	0,027	1,40	60	60
PUR-DO bzw. PUR-PT ≥120 mm	32	0,028	0,026	1,40	60	60
Phenolharzschaum (PF) gemäß ÖNORM EN 13166 und ÖNORM B 6000						
Phenolharzschaum Dicke 20 mm bis 24 mm	38	0,025	0,024	1,400	50	50
Phenolharzschaum Dicke 25 mm bis 44 mm	38	0,024	0,023	1,400	50	50
Phenolharzschaum Dicke >44 mm	38	0,022	0,021	1,400	50	50
Phenolharzschaum	40	0,038	–	1,400	50	50
	45	0,038	–	1,400	50	50
Schaumglas (CG) gemäß ÖNORM EN 13167 und ÖNORM B 6000						
CG-D	100	–	0,038	1,0	∞	∞
	115	–	0,041	1,0	∞	∞
CG-HD	130	–	0,045	1,0	∞	∞
CG-F	165	–	0,050	1,0	∞	∞
Schaumglas	180	0,059	–	1,0	∞	∞
Holzwolle (WW) gemäß ÖNORM EN 13168 und ÖNORM B 6000						
monolithische Platten						
WW	350	0,110	0,080	1,470	5	3
WWPT	350	0,110	0,080	1,470	5	3
WWD	550	0,140	0,110	1,470	5	3
WWH	550	0,140	0,110	1,470	5	3
Zweischichtplatten						
WW-EPS 25 mm (5/20)	–	0,048	0,044	–	–	–
WW-EPS 35 mm (5/30)	–	0,047	0,042	–	–	–
WW-EPS 50 mm (5/45)	–	0,045	0,041	–	–	–
WW-EPS 75 mm (5/70)	–	0,044	0,040	–	–	–
WW-EPS 100 mm (5/95)	–	0,044	0,040	–	–	–
Zweischichtplatten mit Porenverschluss						
WWH-EPS 50 mm (10/40)	–	0,049	0,042	–	–	–
WWH-EPS 75 mm (10/65)	–	0,047	0,039	–	–	–
WWH-EPS 100 mm (10/90)	–	0,046	0,035	–	–	–
WWH-EPS 125 mm (10/115)	–	0,045	0,035	–	–	–
Zweischichtplatten (verklebte Elemente, begehbar)						
WW-EPS, WW-MW ≥100 mm (25/75)	–	0,050	0,046	–	–	–
WW-EPS, WW-MW ≥130 mm (25/105)	–	0,048	0,044	–	–	–
WW-EPS, WW-MW ≥140 mm (25/115)	–	0,048	0,043	–	–	–
WW-EPS,WW-MW ≥160 mm (25/135)	–	0,047	0,043	–	–	–
WW-EPS,WW-MW ≥200 mm (25/175)	–	0,046	0,042	–	–	–
Dreischichtplatten, mechanisch befestigt						
WW-MW-WW 35 mm (10/20/5)	–	0,057	0,053	–	–	–
WW-MW-WW 50 mm (10/35/5)	–	0,051	0,048	–	–	–
WW-MW-WW 75 mm (10/60/5)	–	0,047	0,044	–	–	–
WW-MW-WW 100 mm (10/85/5)	–	0,046	0,043	–	–	–
WW-MW-WW 125 mm (10/110/5)	–	0,045	0,042	–	–	–
WW-MW-WW 150 mm (10/135/5)	–	0,044	0,041	–	–	–
WW-MW-WW 175 mm (10/160/5)	–	0,044	0,041	–	–	–
WW-MW-WW 200 mm (10/185/5)	–	0,043	0,040	–	–	–
Dreischichtplatten, mitbetoniert oder mechanisch befestigt						
WWH-MW-WWH 50 mm (10/35/5)	–	0,056	0,052	–	–	–
WWH-MW-WWH 75 mm (10/60/5)	–	0,051	0,048	–	–	–
WWH-MW-WWH 100 mm (10/85/5)	–	0,050	0,046	–	–	–
WWH-MW-WWH 125 mm (10/110/5)	–	0,048	0,045	–	–	–
WWH-MW-WWH 150 mm (10/135/5)	–	0,048	0,045	–	–	–
WWH-MW-WWH 175 mm /10/160/5)	–	0,047	0,044	–	–	–
WWH-MW-WWH 200 mm (10/185/5)	–	0,047	0,044	–	–	–
Holzwolle (WW) gemäß ÖNORM EN 13168 und ÖNORM B 6000						
WWH-EPS-WWH 25 mm (5/15/5)	–	0,059	0,054	–	–	–
WWH-EPS-WWH 35 mm (5/25/5)	–	0,053	0,048	–	–	–

Baustoff/Bauprodukt	Rohdichte ρ Mittelwert	Bemessungswert λ_r		spezifische Wärmekapazität c	Wasserdampfdiffusionszahl μ	
		Defaultwert	möglicher Wert		trocken	feucht
	[kg/m³]	[W/(m·K)]	[W/(m·K)]	[kJ/(kg·K)]	–	–
Holzwolle (WW) gemäß ÖNORM EN 13168 und ÖNORM B 6000 (Fortsetzung)						
WWH-EPS-WWH 50 mm (5/40/5)	–	0,049	0,045	–	–	–
WWH-EPS-WWH 75 mm (5/65/5)	–	0,047	0,043	–	–	–
WWH-EPS-WWH 100 mm (5/90/5)	–	0,046	0,041	–	–	–
Blähperlit (EPB) gemäß ÖNORM EN 13169 und ÖNORM B 6000						
Perlitedämmplatte	150	–	0,051	0,900	5	5
	210	–	0,060	0,900	5	5
	280	–	0,062	0,900	5	5
Kork (ICB) gemäß ÖNORM EN 13170 und ÖNORM B 6000						
Dämmkork	100	–	0,041	1,56	10	5
	130	0,045	–	1,56	10	5
	140	0,050	–	1,56	10	5
	160	0,050	–	1,56	10	5
Holzfaserdämmplatten (WF) gemäß ÖNORM EN 13171 und ÖNORM B 6000						
WF-W	50	0,042	0,041	1,700	10	5
	130	0,046	0,042	1,700	10	5
	180	0,051	0,040	1,700	10	5
	250	0,057	0,051	1,700	10	5
WF-WF	130	0,046	0,042	1,700	10	5
	180	0,051	0,043	1,700	10	5
	250	0,057	0,051	1,700	10	5
WF-WV	130	0,046	0,042	1,700	10	5
	180	0,051	0,040	1,700	10	5
	250	0,057	0,051	1,700	10	5
WF-WD	130	0,046	0,041	1,700	10	5
	180	0,051	0,040	1,700	10	5
	250	0,057	0,051	1,700	10	5
WF-T	130	0,046	0,041	1,700	10	5
	180	0,051	0,043	1,700	10	5
	250	0,057	0,052	1,700	10	5
WF-PT	180	0,051	0,043	1,700	10	5
	250	0,057	0,051	1,700	10	5
Dämmstoff aus Blähton gemäß ÖNORM EN 14063-1						
Blähton-Trockenschüttung	230	0,10	–	1,000	–	–
	275	0,10	–	1,000	–	–
Einblasdämmung aus Mineralwolle MW (Glaswolle-GW) gemäß ÖNORM EN 14064-1						
MW(GW) Einblasdämmung horizontal	14	0,050	0,045	1,03	1	1
MW(GW) Einblasdämmung vertikal	25	0,045	0,039	1,03	1	1
	35	0,045	0,036	1,03	1	1
Einblasdämmung aus Mineralwolle MW (Steinwolle-SW) gemäß ÖNORM EN 14064-1						
MW(SW) Einblasdämmung horizontal	40	0,050	0,043	1,03	1	1
MW(SW) Einblasdämmung vertikal	60	0,046	0,039	1,03	1	1
	70	0,044	0,039	1,03	1	1
	100	0,050	0,040	1,03	1	1
Dämmstoff aus Perlite gemäß ÖNORM EN 14316-1						
Perlit-Dämmschüttung	90	–	0,051	1,000	3	3
mineralische Wärmedämmplatte (Mineralschaum)						
mineralische Wärmedämmplatte	93	0,041	0,039	1,000	2	–
	112	0,044	0,043	1,000	3	–
mineralische Wärmedämmplatte mit erhöhter Druckfestigkeit	108	–	0,046	1,000	3	–
mineralische Wärmedämmplatte mit Zellulosefasern	220	–	0,063	1,000	3	–
	375	–	0,071	1,000	3	–
Wärmedämmplatten aus EPS-Leichtbeton						
Wärmedämmplatten aus EPS-Leichtbeton	200	0,063	0,062	1,200	5	–
Wärmedämmplatten aus EPS-Leichtbeton, erhöhte Dichte	300	0,096	0,091	1,200	7	–
Wärmedämmplatte aus Grasfasern						
Wärmedämmplatte aus Grasfasern	55	–	0,043	1,600	–	–
Schilfdämmplatten						
Schilfdämmplatte	145	0,061	–	1,600	7	–
Perlite-Dämmplatten						
Perlite-Dämmplatten (mineralisch gebunden)	98	–	0,046	0,900	–	–
Perlite-Dämmplatten	134	0,061	–	0,900	–	–
	151	0,061	–	0,900	–	–
Perlite-Dämmplatten (asphalt-gebunden mit Fasermaterial)	150	0,061	–	1,100	–	–
	190	0,066	–	1,100	–	–
Korksteinplatten						
Korksteinplatten	100	0,044	–	1,56	–	–
	125	0,046	–	1,56	–	–
	150	0,049	–	–	–	–
	175	0,051	–	–	–	–
	200	0,063	–	–	–	–
Dämmkork (pechimprägniert)						
Pechkork	300	0,063	–	1,56	–	–
Kokosfasern						
Kokosfasermatte	60	0,054	–	1,600	1	1
	80	0,051	–	–	1	1
Baumwolle						
Baumwolle Dämmfilz	40	0,040	–	1,600	1	1
Schafwolle						
Schafwolle-Dämmfilz, Fasern vorwiegend nicht parallel zur Oberfläche	15	0,046	0,044	1,600	1	1
Schafwolle-Dämmfilz	18	–	0,043	1,600	1	1
	30	0,040	0,036	1,600	1	1
	37	0,040	0,035	1,600	1	1

Baustoff/Bauprodukt	Rohdichte ρ Mittelwert [kg/m³]	Bemessungswert λ_r Defaultwert [W/(m·K)]	möglicher Wert [W/(m·K)]	spezifische Wärmekapazität c [kJ/(kg·K)]	Wasserdampfdiffusionszahl μ trocken	feucht
Schafwolle mit Stützfasern						
Schafwolle Dämmstoff mit Stützfasern	28	–	0,036	1,500	1	1
Hanffasern						
Wärmedämmstoff aus Hanffasern	41	0,045	0,041	1,600	1	1
Flachsfasern						
Wärmedämmstoff aus Flachsfasern	40	–	0,040	1,600	1	1
Wärmedämmstoff aus Flachsfasern mit Stützfasern	33	–	0,039	1,600	1	1
Zellulose-Wärmedämmmatte						
Zellulose-Wärmedämmmatte	75	–	0,041	1,600	1	1
PE-Schaumstoff – extrudiert						
extrudierter PE-Schaumstoff	25	–	0,045	–	9500	9500
Polyesterfasern						
Polyesterfasern	12	0,049	–	–	–	–
	15	0,045	–	–	–	–
	25	0,040	–	–	–	–
	45	0,037	–	–	–	–
Aerogel-Vliesmatte						
Aerogel-Vliesmatte	150	–	0,015	–	5	5
Zellulose-Einblasdämmung						
Zellulose-Einblasdämmung horizontal	36	0,041	0,038	1,600	2	2
Zellulose-Einblasdämmung vertikal	54	0,041	0,038	1,600	2	2
Zellulose „Spray on"-Dämmung	95	–	0,062	1,600	2	2
Flachs-Einblasdämmung						
Einblasdämmung aus Flachsfasern – horizontal	58	–	0,042	1,600	2	2
Einblasdämmung aus Flachsfasern – vertikal	63	–	0,042	1,600	2	2
Schüttdämmstoff aus gebundenem EPS-Granulat						
Dämmstoff aus gebundenem EPS-(RECYCLING) Granulat Typ BEPS-T 1000	108	0,055	0,048	1,250	–	6
Dämmstoff aus gebundenem EPS-(NEU) Granulat Typ BEPS-WD	82	0,050	0,045	1,250	–	5
Dämmstoff aus gebundenem EPS-(RECYCLING) Granulat Typ BEPS-WD	108	0,055	0,050	1,250	–	6
Dämmstoff aus gebundenem EPS-(RECYCLING) Granulat Typ BEPS-WD	135	0,060	0,053	1,250	–	7
Dämmstoff aus zementgebundenem EPS-Granulat	99	0,047	0,045	1,250	–	5,5
Ausgleichsschüttungen aus EPS-(RECYCLING) Granulat mit Bindemitteln od. Zement gebunden (ohne ÖNORM B 6550-1 Registrierung)	150	0,075	–	1,250	–	–
Dämmstoff aus zementgebundenem EPS-Granulat – Bestand	175	0,080	–	1,250	–	–
	225	0,090	–	1,250	–	–
	275	0,100	–	1,250	–	–
	325	0,110	–	1,250	–	–
Dämmstoff aus losen Hobelspänen						
Dämmstoff aus losen Hobelspänen	70	–	0,050	1,600	1	1
Schüttung aus Schaumglasgranulat						
Schaumglasgranulat-Schüttung	150	0,14	0,11	0,75	–	–
Zellulose-Schüttdämmung						
Zellulose-Schüttdämmung – manuelle Einbringung horizontal	48	–	0,044	1,600	2	2
Schüttdämmstoff aus expandiertem Perlite						
Schüttdämmstoff aus expandiertem Perlite	100	0,060	–	0,900	2	2
Schüttungen aus Blähglimmer (lose)						
Blähglimmer (lose)	100	0,070	–	1,00	–	–
	180	0,078	–	1,00	–	–
Schüttungen aus Korkschrot (expandiert)						
Korkschrot (expandiert)	100	0,050	–	1,56	–	–
	200	0,050	–	1,56	–	–
Dämmstoff aus losen Hanffasern						
Dämmstoff aus losen Hanffasern	55	–	0,051	1,600	1	1
Baustrohballen						
Baustrohballen	109	0,051	0,049	1,600	1	4,4
Holz und Holzwerkstoffe						
Nutzholz	425	0,110	–	1,6	–	–
z. B. Fichte/Tanne	475	0,120	–	1,6	50	20
z. B. Lärche	525	0,130	–	1,6	50	20
z. B. Eiche	675	0,160	–	1,6	200	50
Sperrholz und Furnierschichtholz	<350	0,090	–	1,6	150	50
	375	0,100	–	1,6	–	–
	425	0,110	–	1,6	–	–
	475	0,120	–	1,6	200	70
	525	0,130	–	1,6	–	–
	575	0,140	–	1,6	–	–
	625	0,150	–	1,6	–	–
	675	0,160	–	1,6	220	90
	750	0,170	–	1,6	–	–
	900	0,200	–	1,6	–	–
	≥1000	0,240	–	1,6	250	110
Massivholzplatten (3-Schicht, 5-Schicht), Fichte/Tanne	475	0,12	–	1,6	–	–
Holzspanplatten	650	0,130	–	1,7	50	15
Holzspanplatte (zementgebunden)	1200	0,230	–	1,5	50	30
OSB-Platten	650	0,130	–	1,7	–	–
MDF-Platten (mitteldichte Faserplatte)	400	0,100	–	1,7	10	5
	500	0,110	–	–	–	–
	600	0,120	0,09	1,7	20	12
	700	0,130	–	1,7	–	–
	800	0,140	–	1,7	30	20
Holzhartfaserplatten	1000	0,220	–	1,7	–	–

| Baustoff/Bauprodukt | Rohdichte ρ Mittelwert | Bemessungswert λ_r | | spezifische Wärmekapazität c | Wasserdampfdiffusionszahl μ | |
| | | Defaultwert | möglicher Wert | | trocken | feucht |
	[kg/m³]	[W/(m·K)]	[W/(m·K)]	[kJ/(kg·K)]	–	–
Schüttungen aus sonstigen porigen Stoffen						
Blähperlite (lose)	100	0,060	–	1,0	–	–
Hüttenbims	800	0,130	–	1,0	–	–
Blähton	400	0,160	–	1,0	–	–
Kesselschlacke	750	0,330	–	1,0	–	–
Schüttungen aus Sand, Kies, Splitt						
Schüttung	1800	0,700	–	1,00	–	–
Linoleum und Kork						
Korklinoleum	700	0,081	–	1,300	–	–
Linoleum	1200	0,170	–	1,400	–	–
Kork (niedrige Dichte)	200	0,050	–	1,500	–	–
Kork (hohe Dichte)	500	0,065	–	1,500	–	–
Kunststoff- und Gummibeläge						
Gummi-Belag	1200	0,170	–	1,400	–	–
Belag	1300	0,190	–	1,400	–	–
	1400	0,210	–	1,400	–	–
	1500	0,230	–	1,400	–	–
	1600	0,240	–	1,400	–	–
textile Beläge						
Textil-Belag, Teppich	200	0,060	–	1,300	–	–
Unterlage und Rückenbeschichtung von Bodenbelägen						
Unterlage (Gummi, Kunststoff)	270	0,100	–	1,400	–	–
Unterlage (Filz)	120	0,050	–	1,400	–	–
Unterlage (Wolle)	200	0,060	–	1,400	–	–
Unterlage (Kork)	200	0,050	–	1,400	–	–
Kunststoffmaterial						
Polycarbonat	1200	0,200	–	1,200	–	–
Polyethylen HD (high density)	980	0,500	–	1,800	–	–
Polyethylen LD (low density)	920	0,330	–	2,200	–	–
PVC hart	1390	0,170	–	0,900	–	–
Polystyrol	1050	0,160	–	1,300	–	–
Polyacetat	1410	0,300	–	1,400	–	–
Epoxydharz (ungefüllt)	1200	0,200	–	1,400	–	–
PF (Phenoplaste)	1300	0,300	–	1,700	–	–
PTFE (Teflon)	2200	0,250	–	1,000	–	–
Polypropylen	910	0,220	–	1,800	–	–
PMMA (Acrylate)	1180	0,180	–	1,500	–	–
Polyurethan (PU)	1200	0,250	–	1,800	–	–
Polyamid (Nylon)	1130	0,250	–	1,700	–	–
Polyamid 6.6 mit 25 % Glasfaser	1450	0,300	–	1,600	–	–
Polyesterharz	1400	0,190	–	1,200	–	–
Natursteine						
Basalt	2900	1,7	–	0,850	10000	10000
Granit	2700	3,4	–	0,940	10000	10000
Gneis	2550	2,9	–	0,820	10000	10000
Marmor	2650	2,1	–	0,760	10000	10000
Tonschiefer	2700	2,1	–	0,870	1000	800
Kalkstein	2750	2,8	–	0,820	250	200
Quarzit	2700	6,0	–	0,800	40	30
Sandstein	2450	2,3	–	0,900	40	30
Kalktuff und vulkanischer Tuff	1600	0,550	–	1,000	–	–
Naturbims	400	0,120	–	1,000	8	6
Abdichtungsstoffe und Folien						
Naturkautschuk	910	0,130	–	1,100	10000	10000
Neoprene (Polychloropren)	1240	0,230	–	2,140	10000	10000
Butylkautschuk (Isobutene)	1200	0,240	–	1,400	200000	200000
Schaumgummi	60	0,060	–	1,500	7000	7000
Hartgummi (Ebonit)	1200	0,170	–	1,400	∞	∞
EPDM (Ethylenpropylendien monomer)	1500	0,250	–	1,000	6000	6000
Polyisobutylenkautschuk	930	0,200	–	1,100	10000	10000
Polysulfid	1700	0,400	–	1,000	10000	10000
Butadien	980	0,250	–	1,000	100000	100000
Bodenmaterial						
Tone	1200	1,500	–	1,670	50	50
Sand und Kies	1700	2,000	–	0,910	50	50
Dachmaterial						
Tondachziegel	2000	1,000	–	0,800	40	30
Zementdachstein	2100	1,500	–	1,000	100	60
Vermiculite-Platten						
Vermiculite-Platten	475	–	0,150	–	–	–
	550	–	0,150	–	–	–
Vermiculite-Platten (hohe Dichte)	800	–	0,180	–	–	–
Platten aus Perlite, Blähton mit Kunstharzbindung						
Perlite, Blähton (organisch gebunden)	500	0,150	–	1,100	–	–
	600	0,160	–	1,100	–	–
	700	0,180	–	1,100	–	–
Glas, Fliesen, Keramikverkleidungen						
Glas	2500	1,000	–	0,750	–	–
Glasmosaik	2000	1,200	–	0,750	–	–
Keramikverkleidungen	2300	1,300	–	0,840	–	–
Fliesen	2300	1,300	–	0,840	–	–

Tabelle 010|7-05: Umrechnungsfaktoren für den Feuchtegehalt [89]

Baustoffe	Feuchteum-rechnungsgehalt		Feuchtegehalt 23 °C und 50 % rel. Luftfeuchte		Feuchtegehalt 23 °C und 80 % rel. Luftfeuchte		F_m	
	f_u [kg/kg]	f_Ψ [m³/m³]	u [kg/kg]	Ψ [m³/m³]	u [kg/kg]	Ψ [m³/m³]	23/50 [-]	23/80 [-]
expandierter Polystyrol-Partikelschaumstoff EPS	–	4,0	–	0,000	–	0,0000	1,000	1,000
Polystyrol-Extruderschaumstoff XPS	–	2,5	–	0,000	–	0,0000	1,000	1,000
Polyurethan-Hartschaumstoff PUR	–	3,0	–	0,000	0,020	0,0006	1,000	1,002
gebundene Mineralwolle MW	–	4,0	–	0,000	–	0,0000	1,000	1,000
Phenolharz-Hartschaum	–	5,0	–	0,000	–	0,0000	1,000	1,000
Schaumglas CG	0,0	–	0,000	–	0,000	–	1,000	1,000
Perlitplatte	0,8	–	0,020	–	0,030	–	1,016	1,024
expandierter Dämmkork	–	6,0	–	0,008	–	0,0110	1,049	1,068
Holzwolle-Dämmplatten WW	–	1,8	–	0,030	–	0,0500	1,055	1,094
Holzfaserdämmplatten	1,5	–	0,100	–	0,160	–	1,162	1,270
Harnstoff-Formaldehydschaum	0,7	–	0,100	–	0,150	–	1,073	1,110
Polyurethanschaum	–	3,0	–	0,000	–	0,0000	1,000	1,000
lose Zellulosefasern	0,5	–	0,110	–	0,180	–	1,057	1,094
Blähperlit-Schüttung	3,0	–	0,010	–	0,020	–	1,030	1,062
Schüttung aus expandiertem Vermiculit	2,0	–	0,010	–	0,020	–	1,020	1,041
Polystyrol-Partikelschüttung	–	4,0	–	0,000	–	0,0000	1,000	1,000
Vollziegel (gebrannter Ton)	–	10,0	–	0,007	–	0,0150	1,073	1,128
Kalksandstein	–	10,0	–	0,012	–	0,0240	1,127	1,270
Beton mit Bimszuschlägen	–	4,0	–	0,020	–	0,0350	1,083	1,150
Beton mit nichtporigen Zuschlägen und Kunststein	–	4,0	–	0,025	–	0,0400	1,105	1,174
Beton mit Polystyrolzuschlägen	–	5,0	–	0,015	–	0,0250	1,078	1,133
Blähtonschüttung	4,0	–	0,010	–	0,020	–	1,041	1,083
Beton mit Blähtonzuschlägen	2,6	–	0,020	–	0,030	–	1,053	1,081
Beton mit überwiegend Blähtonzuschlägen	4,0	–	0,020	–	0,030	–	1,083	1,128
Beton mit mehr als 70 % geblähter Hochofenschlacke	4,0	–	0,020	–	0,040	–	1,083	1,174
Beton mit vorwiegend hochtemperaturbehandeltem taubem Gestein aufbereitet	4,0	–	0,020	–	0,040	–	1,083	1,174
Porenbeton	4,0	–	0,026	–	0,045	–	1,110	1,197
Holzspanbeton	–	–	–	–	0,110	–	–	1,110
Beton mit sonstigen Leichtzuschlägen	–	4,0	–	0,030	–	0,0500	1,127	1,221
Normalmauermörtel	–	–	–	–	–	0,0500	–	1,200
Wärmedämm- bzw. Hochwärmedämm-Mauermörtel Zuschlagstoffe nach Gruppe EC (expanded clay)	–	–	–	–	–	0,0500	–	1,200
Wärmedämm- bzw. Hochwärmedämm-Mauermörtel Zuschlagstoffe nach Gruppe EP (expanded perlite)	–	–	–	–	–	0,0500	–	1,200
Putzmörtel (ÖNORM B 3340), Bindemittel: Baukalke, Zement, Putz und Mauerbinder, Normal-Putzmörtel (GP)	–	–	–	–	–	0,0500	–	1,250
Putzmörtel (ÖNORM B 3340), Bindemittel: Baukalke, Zement, Putz und Mauerbinder, Leicht- (LW) und Wärmedämm-Putzmörtel (T-): Zuschlagstoffe: Natursand, Brechsand, Granulat	–	–	–	–	–	0,0500	–	1,200
Putzmörtel (ÖNORM B 3340), Bindemittel: Baukalke, Zement, Putz und Mauerbinder, Leicht- (LW) und Wärmedämm-Putzmörtel (T-): Leicht-Zuschlagstoffe: mineralische: z.B. Blähton, Perlit	–	–	–	–	–	0,0500	–	1,200
Putzmörtel (ÖNORM B 3340), Bindemittel: Baukalke, Zement, Putz und Mauerbinder: Leicht- (LW) und Wärmedämm-Putzmörtel (T-): Leicht-Zuschlagstoffe: expandierte Kunststoffe: z.B. expand. Polystyrol	–	–	–	–	–	0,0500	–	1,150
Putzmörtel (ÖNORM B 3340), Bindemittel: Gips	–	–	–	–	–	–	–	1,250
Gipse, Anhydrit, vorwiegend gipsgebundene Baustoffe	–	–	–	–	–	–	–	1,250
Holzspan-Dämmplatten WS und Holzspan-Mehrschicht-Dämmplatten	–	–	–	–	0,100	–	–	1,100
pflanzliche Faserdämmstoffe, Holzfasern, Torffasern, sonstige Fasern	–	–	–	–	0,200	–	–	1,200
pflanzliche Faserdämmstoffe, Kokosfasern	–	–	–	–	0,200	–	–	1,100
synthetische Faserdämmstoffe	–	–	–	–	–	–	–	1,000
Holz und Holzwerkstoffe (Sperrholz, Holzspanplatten)	–	–	–	–	0,120	–	–	1,140
Asphalt und Bitumen	–	–	–	–	–	–	–	1,000

Tabelle 010|7-06: dynamische Steifigkeiten

		Dicke im eingebauten Zustand [mm]	Steifigkeit [N/cm³]
Steinwolle-Rollfilz		12,0	19,0
Steinwolle-Platten		10,0	20,0
Glasfaser-Rollfilz		12,0	20,0
Glasfaser-Trittschalldämmplatten	TDP S 15/10	10,0	12,2
	TDP S 20/15	15,0	12,5
	TDP S 25/20	20,0	6,9
	TDP S 30/25	25,0	6,5
	TDP S 35/30	30,0	5,6
kunstharzgeb. Hüttenwolle		17,5	16,7
Kokosfaser-Rollfilz		12,0	29,0
Polystyrol-Hartschaumplatten		13,0	12,3
		15,0	10,8
		20,0	7,8
2,5 cm dicke Holzwolle-Leichtbauplatten auf 9 mm dicken Glasfaserplatten		34,0	6,0
Glasfaserplatte		6,0	32,0
Kokosfasermatte		7,0	36,0
Schlackenwolle-Platte		19,2	50,0
Torfplatte		15,9	67,0
Korkschrotschüttung		20,0	81,0
Polystyrol		9,0 – 10,0	60,0 – 170,0
Gummischrotmatte		6,0	96,0
Korkschrotmatte		7,4	150,0
Weichfaserdämmplatte		13,0	150,0
HWLBP, lose verlegt		25,0 – 50,0	455,0 – 829,0
HWLBP, feste Verbindung mit Untergr.		25,0 – 50,0	50,8 – 391,0
Korkplatte, lose verlegt		12,0	550,0
Wellpappe aus Wollfilz		2,5	180,0
Sandschüttung		22,0	300,0
Holzwolle-Leichtbauplatte		25,0	27000,0

Tabelle 010|7-07: längenbezogener Strömungswiderstand von Dämmstoffen

		Dichte ρ [kg/m³]			Strömungswiderstand r [kPa·s/m²]		
Mineralwolle	hyperfein	10	-	20	30	-	80
	fein	15	-	60	50	-	40
	normal	20	-	50	3	-	15
		50	-	100	15	-	40
		100	-	200	40	-	80
Holzwolle		350	-	500	0,5	-	0
Schaumkunststoff		15	-	40	2	-	30

Speicherwirksame Massen

Tabelle 010|7-08: speicherwirksame Massen [109]

			Dicke des Wandbildners in [cm]						
			5	10	15	20	25	30	35
flächenbezogene speicherwirksame Masse	A [1]	[kg/m²]	54	89	108	115	118	118	118
	B [1]		50	81	97	103	106	106	106
	C [1]		48	77	91	97	99	99	99
	D [1]		30	53	64	68	71	71	72
	E		59	118	172	198	210	216	216
	F [1]		55	89	103	109	110	110	110
	G [1]		45	70	77	81	81	81	81
	H [1]		35	48	52	54	54	54	54
	I		24	18					
	J [2]		22	22	22				
	K [2]		27	26	26				
	L [2]		11	11	11				

A	... Vollziegelmauerwerk	G	...	Blähton ohne Sand
B	... Vollziegelmauerwerk	H	...	Blähton ohne Sand
C	... Hochlochziegelmauerwerk	I	...	Gipsbauplatten
D	... Hochlochziegelmauerwerk	J	...	Holzspanplatte 1 × 19 mm beidseitig
E	... Stampfbeton	K	...	Gipskartonplatte 2 × 15 mm beidseitig
F	... Betonhohlsteinmauerwerk	L	...	Gipskartonplatte 2 × 12,5 mm beidseitig

1) verputzt mit 1,5 cm Gipsmörtel innen und 1,5 cm Mörtel außen
2) Dicke des Wandbildners entspricht der Dicke der Ständerkonstruktion mit Dämmschicht aus Mineralfaser

			Vollziegelmauer							
			Holzwolle-Dämmplatten				Mineralfaser od. PS-Hartschaum			
Dicke ohne Putz		[cm]	25	25	38	38	25	25	38	38
Dichte ohne Putz		[kg/m³]	1400	1700	1400	1700	1400	1700	1400	1700
flächenbezogene speicherwirksame Masse [kg/m²]	Dicke der Dämmschicht außen [cm]	2,5	106	119	106	119	106	119	106	118
		5,0	106	119	106	118	106	119	106	118
		7,5	106	119	106	118	106	119	106	118
		10,0	106	119	106	118	106	119	106	118
		12,5	106	119	106	118	106	119	106	118
		15,0	106	119	106	118	106	119	106	118
	Dicke der Dämmschicht innen	2,5	40	41	40	41	28	28	28	28
		5,0	19	20	20	18	22	22	22	22
		7,5	25	24	24	24	21	21	21	21
		10,0	22	22	22	22	20	20	20	20
		12,5	21	21	21	21	20	20	20	20
		15,0	21	21	21	21	20	20	20	20

			Hochlochziegelmauer							
			Holzwolle-Dämmplatten				Mineralfaser od. PS-Hartschaum			
Dicke ohne Putz		[cm]	25	25	38	38	25	25	38	38
Dichte ohne Putz		[kg/m³]	800	1000	800	1000	800	1000	800	1000
flächenbezogene speicherwirksame Masse [kg/m²]	Dicke der Dämmschicht außen [cm]	2,5	72	80	72	80	72	80	72	80
		5,0	72	80	72	80	73	80	72	80
		7,5	73	80	72	80	73	80	72	80
		10,0	73	80	72	80	73	80	72	80
		12,5	73	80	72	80	73	80	72	80
		15,0	73	80	72	80	73	80	72	80
	Dicke der Dämmschicht innen	2,5	37	38	37	38	27	27	27	28
		5,0	28	28	28	28	22	22	22	22
		7,5	24	24	24	24	21	21	21	21
		10,0	22	22	22	22	20	20	20	20
		12,5	21	21	21	21	20	20	20	20
		15,0	21	21	21	21	20	20	20	20

Betonmauer

flächenbezogene speicherwirksame Masse [kg/m²]		Holzwolle-Dämmplatten		Mineralfaser od. PS-Hartschaum	
Dicke ohne Putz	[cm]	17	20	17	17
Dichte ohne Putz	[kg/m³]	2200	2200	2200	2200
Dicke der Dämmschicht außen [cm]	2,5	194	190	197	191
	5,0	197	191	198	192
	7,5	198	191	199	192
	10,0	198	192	199	192
	12,5	199	192	199	192
	15,0	199	192	199	192
Dicke der Dämmschicht innen [cm]	2,5	42	43	28	28
	5,0	28	28	22	22
	7,5	24	24	20	20
	10,0	22	22	20	20
	12,5	21	21	20	20
	15,0	21	21	20	20

Hohlblocksteinmauer

flächenbezogene speicherwirksame Masse [kg/m²]		Holzwolle-Dämmplatten		Mineralfaser od. PS-Hartschaum	
Dicke ohne Putz	[cm]	20	25	20	25
Dichte ohne Putz	[kg/m³]	1400	1400	1400	1400
Dicke der Dämmschicht außen [cm]	2,5	112	110	112	110
	5,0	112	110	112	110
	7,5	112	110	112	110
	10,0	112	110	112	110
	12,5	112	110	112	110
	15,0	112	110	112	110
Dicke der Dämmschicht innen [cm]	2,5	40	40	28	28
	5,0	28	28	22	22
	7,5	24	24	21	21
	10,0	22	22	20	20
	12,5	21	21	20	20
	15,0	21	21	20	20

Leichtbetonmauer

flächenbezogene speicherwirksame Masse [kg/m²]		Holzwolle-Dämmplatten				Mineralfaser od. PS-Hartschaum			
Dicke ohne Putz	[cm]	25	25	38	38	25	25	38	38
Dichte ohne Putz	[kg/m³]	600	1000	600	1000	600	1000	600	1000
Dicke der Dämmschicht außen [cm]	2,5	54	81	54	81	54	81	54	81
	5,0	54	81	54	81	54	81	54	81
	7,5	54	81	54	81	54	81	54	81
	10,0	54	81	54	81	54	81	54	81
	12,5	54	81	54	81	54	81	54	81
	15,0	54	81	54	81	54	81	54	81
Dicke der Dämmschicht innen [cm]	2,5	34	38	34	38	27	28	27	28
	5,0	27	28	27	28	22	22	22	22
	7,5	24	24	24	24	21	21	21	21
	10,0	22	22	22	22	20	20	20	20
	12,5	21	21	21	21	20	20	20	20
	15,0	21	21	21	21	20	20	20	20

Holzwolle-Dämmplatten

flächenbezogene speicherwirksame Masse [kg/m²]		Dicke der Dämmschicht außen [cm]		Wärmedurchlasswiderstand [m²K/W]	5
Dicke	[cm]				5
Dichte	[kg/m³]				400
		10		2,4	47
		12		2,9	47
		14		3,4	48
		16		3,9	48
		18		4,4	48
		20		4,9	48
		22		5,4	48

Quellennachweis

Dipl.-Ing. Dr. techn. Anton PECH – Wien (A)
Autor und Herausgeber
Bilder: Titelbild, 010|2-29

Dipl.-Ing. Dr. techn. Christian PÖHN – Wien (A)
Autor
Bilder: 010|2-28, 010|2-32 und 33, 010|2-35 und 36, 010|6-01 bis 36

Dipl.-Ing. Dr. techn. Viktoria GRÄF – Deutsch-Wagram (A)
Kritische Durchsicht der 2. Auflage

Eva-Elisabeth PECH, Sebastian PECH, Andreas TRINKO, Andreas KÖPF – WIEN (A)
Layout, Zeichnungen, Grafiken, Bildformatierungen

Die Wärmebrückenberechnungen wurden mit folgenden Programmen durchgeführt:
  - TRISCO V10.0 (Physibel) 2D und 3D stationär
  - WAEBRU V6.0 (TU-Wien) 2D und 3D stationär
  - VOLTRA V3.1 (Physibel) 2D und 3D instationär

Die bauphysikalischen Berechnungen (U-Wert, Energiekennzahlen, Speichermassen, Speicherkapazität, Wasserdampfdiffusion, Oberflächenkondensation, Schalldämm-Maß) wurden mit Eigenentwicklungen in EXCEL berechnet. Daher können die angezeigten Werte oft mit einer größeren Zahl von Nachkommastellen in die weitere Rechnung einfließen.

Literaturverzeichnis

FACHBÜCHER

[1] *Arndt:* Wärme- und Feuchteschutz in der Praxis. Verlag für Bauwesen, Berlin. 1996

[2] *Blanke [Hrsg.]:* Thermophysikalische Stoffgrößen. Springer-Verlag, Berlin/Heidelberg. 1989

[3] *Bläsi:* Bauphysik. Europa Lehrmittel, Haan-Gruiten. 2002

[4] *Bobran, Bobran-Wittfoht:* Handbuch der Bauphysik. Vieweg, Braunschweig/Wiesbaden. 1995

[5] *Cziesielski:* Bauphysik Kalender 2001. Ernst & Sohn, Berlin. 2001

[6] *Cziesielski:* Bauphysik Kalender 2002. Ernst & Sohn, Berlin. 2002

[7] *Cziesielski:* Bauphysik Kalender 2003. Ernst & Sohn, Berlin. 2003

[8] *Cziesielski, Göbelsmann, Röder:* Einführung in die Energieeinsparverordnung 2002. Ernst & Sohn, Berlin. 2002

[9] *Diem:* Bauphysik im Zusammenhang. Bauverlag, Wiesbaden. 1996

[10] *Fasold, Veres:* Schallschutz und Raumakustik in der Praxis. Verlag für Bauwesen, Berlin. 1998

[11] *Gösele, Schüle, Künzel:* Schall, Wärme, Feuchte. Bauverlag, Wiesbaden. 1997

[12] *Hauser, Stiegel:* Wärmebrückenatlas. Bauverlag, Wiesbaden/Berlin. 1993

[13] *Hauser, Stiegel:* Wärmebrückenatlas Holzbau. Bauverlag, Wiesbaden/Berlin. 1992

[14] *Heckl, Müller:* Taschenbuch der Technischen Akustik. Springer-Verlag, Heidelberg. 1995

[15] *Heindl, Kreč, Panzhauser, Sigmund:* Wärmebrücken. Springer-Verlag, Wien. 1987

[16] *Heindl, Panzhauser:* Wärmebrücken. Springer-Verlag, Berlin. 1987

[17] *Hens:* Applied Building Physics – Boundary Conditions, Building Performance and Material Properties. Ernst & Sohn, Berlin. 2011

[18] *Hens:* Building Physics – Heat, Air and Moisture – Fundamentals and Engineering Methods with Examples and Exercises. Ernst & Sohn, Berlin. 2012

[19] *Hohmann, Setzer:* Bauphysikalische Formeln und Tabellen. Werner-Verlag, Düsseldorf. 1997

[20] *Hohmann, Setzer, Wehling:* Bauphysikalische Formeln und Tabellen – Wärmeschutz, Feuchteschutz, Schallschutz. Werner-Verlag, München. 2004

[21] *Huber, Wietek, Halbmayer, Pommer, Hollinsky, Pass, Pöhn:* Baustoffkunde. Manz, Wien. 2002

[22] *Keller:* Klimagerechtes Bauen. Teubner, Stuttgart. 1997

[23] *Liersch, Langner:* EnEV-Praxis. Bauwerk, Berlin. 2002

[24] *Lohmeyer:* Praktische Bauphysik. Teubner, Stuttgart/Leipzig/Wiesbaden. 2001

[25] *Lutz, Jenisch, Klopfer, Freymuth, Krampf, Petzold:* Lehrbuch der Bauphysik. Teubner, Stuttgart. 1997

[26] *Mehlhorn:* Der Ingenieurbau: Grundwissen Band 7 – Bauphysik, Brandschutz. Ernst & Sohn, Berlin. 1996

[27] *Pech, Pommer, Zeininger:* Baukonstruktionen Band 11: Fenster. Springer-Verlag, Wien. 2005

[28] *Pech, Balak:* Mauerwerkstrockenlegung. Springer-Verlag, Wien. 2003

[29] *Pech, Pöhn, Bednar, Streicher:* Baukonstruktionen Band 1-1: Bauphysik, Erweiterung 1: Energieeinsparung und Wärmeschutz, Energieausweis – Gesamtenergieeffizienz. Springer-Verlag, Wien. 2007

[30] *Pierer:* Handbuch Holzbau. Agrarverlag, Leopoldsdorf. 2000

[31] *Pistohl et al.:* Handbuch der Gebäudetechnik – Planungsgrundlagen und Beispiele: Band 1: Allgemeines, Sanitär, Elektro, Gas. Werner-Verlag, München. 2007

[32] *Pistohl et al.:* Handbuch der Gebäudetechnik – Planungsgrundlagen und Beispiele: Band 2: Heizung, Lüftung, Beleuchtung, Energiesparen. Werner-Verlag, München. 2007

[33] *Pohlenz:* Der schadenfreie Hochbau – Teil 3: Wärmeschutz, Tauwasserschutz, Schallschutz. Rudolf Müller, Köln. 1995

[34] *Ragonesi et al.:* Bautechnik der Gebäudehülle. vdf Hochschulverlag, Zürich. 2016

[35] *Riccabona, Bednar:* Baukonstruktionslehre/Baukonstruktionslehre 4 mit CD: Bauphysik. Manz, Wien. 2013

[36] *Schlagnitweit, Wagner:* Installations- und Gebäudetechnik – Heizungs- und Lüftungstechnik. Jugend & Volk, Wien. 2013

[37] *Schmid et al.:* Heizung/Lüftung/Elektrizität. vdf Hochschulverlag, Zürich. 2013

[38] *Schneider:* Grundlagen der Ingenieurmethoden. Werner-Verlag, Düsseldorf. 2002

[39] *Schneider:* Ingenieurmethoden im baulichen Brandschutz. Expert Verlag, Renningen. 2001

[40] *Schneider, Lebeda:* Baulicher Brandschutz. Kohlhammer, Stuttgart/Berlin/Köln. 2000

[41] *Smoltczyk:* Grundbau-Taschenbuch Teil 2. Ernst & Sohn, Berlin. 1996

[42]   *Trogisch:* Planungshilfen Lüftungstechnik. VDE Verlag, Berlin. 2015

[43]   *Trogisch, Franzke:* Feuchte Luft – h,x-Diagramm – Praktische Anwendungs- und Arbeitshilfen. VDE Verlag, Berlin. 2016

[44]   *Troitzsch:* Plastics Flammability Handbook. Hanser, München. 2004

[45]   *Zürcher, Frank:* Bauphysik: Bau und Energie. vdf Hochschulverlag, Zürich. 2014

[46]   *Zürcher, Frank:* Bauphysik. VDF Hochschulverlag, Zürich. 1998

VERÖFFENTLICHUNGEN, SKRIPTEN

[47]   *Pöhn:* Entwicklung einer Prüfeinrichtung zur Ermittlung der spezifischen Wärmekapazität von Werkstoffen des Bauproduktenbereiches (Dissertation). TU Wien, Wien. 2002

[48]   *Pauser:* Baukonstruktionen. Band 1 der Schriftenreihe des Ordinariats für Hochbau. TU Wien, Institut für Hochbau und Industriebau, Wien. 1993

GESETZE, RICHTLINIEN

[49]   *Bauproduktenrichtlinie:* Richtlinie 89/106/EWG zur Angleichung der Rechts- und Verwaltungsvorschriften über Bauprodukte. 1989

[50]   *Bauproduktenrichtlinie:* Richtlinie des Rates vom 21.12.1988 zur Angleichung der Rechts- und Verwaltungsvorschriften der Mitgliedsstaaten über Bauprodukte (89/106/EWG).

[51]   *Entscheidung 2000/147/EG der Kommission in Hinblick auf die Klassifizierung des Brandverhaltens von Bauprodukten* 2000

[52]   *Entscheidung 2000/367/EG der Kommission in Hinblick auf die Klassifizierung des Feuerwiderstandes von Bauprodukten, Bauwerken und Teilen davon* 2000

[53]   *Entscheidung 2001/671/EG der Kommission in Hinblick auf die Klassifizierung des Brandverhaltens von Dächern und Bedachungen bei einem Brand von außen* 2001

[54]   *EPBD-Richtlinie:* Richtlinie 202/91/EG über die Gesamtenergieeffizienz von Gebäuden. 2002

[55]   *Europäischen Union:* DELEGIERTE VERORDNUNG (EU) Nr. 244/2012 DER KOMMISSION vom 16. Januar 2012 zur Ergänzung der Richtlinie 2010/31/EU. Europäischen Union, EU. 2012-03-21

[56]   *Europäischen Union:* Leitlinie zur delegierten Verordnung (EU) Nr. 244/2012 der Kommission vom 16. Januar 2012 zur Ergänzung der Richtlinie 2010/31/EU. Europäischen Union, EU. 2012-03-21

[57]   *Europäischen Union:* EMPFEHLUNG (EU) 2016/1318 DER KOMMISSION vom 29. Juli 2016 über Leitlinien zur Förderung von Niedrigstenergiegebäuden und bewährten Verhren. Europäischen Union, EU. 2016-08-02

[58]   *Europäisches Parlament:* Richtlinie 2002/91/EG: Gesamtenergieeffizienz von Gebäuden. 2002-12-16 (EPBD)

[59]   *Europäisches Parlament:* Richtlinie 2010/31/EU: Gesamtenergieeffizienz von Gebäuden (Neufassung) (EPBD II). Europäisches Parlament, EU. 2010-05-19

[60]   *Europäisches Parlament und Rat:* Bauproduktenverordnung 2011: Verordnung (EU) Nr. 305/2011 des Europäischen Parlaments und des Rates vom 9. März 2011 zur Festlegung harmonisierter Bedingungen für die Vermarktung von Bauprodukten und zur Aufhebung der Richtlinie 89/106/EWG des Rates. Europäisches Parlament und Rat, EU. 2011-03-09

[61]   *Europäisches Parlament und Rat:* Richtlinie 2009/28/EG des Europäischen Parlaments und des Rates vom 23. April 2009 zur Förderung der Nutzung von Energie aus erneuerbaren Quellen. Europäisches Parlament und Rat, 2009-04-23

[62]   *Europäisches Parlament und Rat:* Richtlinie 2012/27/EU des Europäischen Parlaments und des Rates vom 25. Oktober 2012 zur Energieeffizienz. Europäisches Parlament und Rat, 2012-10-25

[63]   *Klimadatenkatalog* Bundesministerium für Bauten und Technik, staatlicher Hochbau, Mai 1984

[64]   *OIB-Richtlinien:* Begriffsbestimmungen. Österreichisches Institut für Bautechnik, Wien. 2015-03-01

[65]   *OIB-Richtlinie 1:* Mechanische Festigkeit und Standsicherheit. Österreichisches Institut für Bautechnik, Wien. 2015-03-01

[66]   *OIB-Richtlinie 2:* Brandschutz. Österreichisches Institut für Bautechnik, Wien. 2015-03-01

[67]   *OIB-Richtlinie 2.1:* Brandschutz bei Betriebsbauten. Österreichisches Institut für Bautechnik, Wien. 2011-10-01

[68]   *OIB-Richtlinie 2.2:* Brandschutz bei Garagen, überdachten Stellplätzen und Parkdecks. Österreichisches Institut für Bautechnik, Wien. 2011-10-01

[69]   *OIB-Richtlinie 2.3:* Brandschutz bei Gebäuden mit einem Fluchtniveau von mehr als 22 m. Österreichisches Institut für Bautechnik, Wien. 2015-03-01

[70]   *OIB-Richtlinie 3:* Hygiene, Gesundheit und Umweltschutz. Österreichisches Institut für Bautechnik, Wien.
         2015-03-01

[71]   *OIB-Richtlinie 4:* Nutzungssicherheit und Barrierefreiheit. Österreichisches Institut für Bautechnik, Wien.
         2015-03-01

[72]   *OIB-Richtlinie 5:* Schallschutz. Österreichisches Institut für Bautechnik, Wien. 2015-03-01

[73]   *OIB-Richtlinie 6:* Energieeinsparung und Wärmeschutz. Österreichisches Institut für Bautechnik, Wien. 2015-03-01

[74]   *OIB-382-010/99:* Leitfaden für die Berechnung von Energiekennzahlen. Österreichisches Institut für Bautechnik,
         Wien. 1999-03-19

[75]   *OIB-382-010/99:* Leitfaden für die Berechnung von Energiekennzahlen. Österreichisches Institut für Bautechnik,
         Wien. 1999-03-19

[76]   *OIB-hwb02h:* Programm für die Berechnung von Energiekennzahlen (HWB02h). Österreichisches Institut für
         Bautechnik, Wien. 2004-01-04

[77]   *OIB-Leitfaden:* Energietechnisches Verhalten von Gebäuden. Österreichisches Institut für Bautechnik, Wien.
         2007-04-25

[78]   *Republik Österreich:* Bundesgesetzblatt 137: Energieausweis-Vorlage-Gesetz (EAVG). 2006-08-03

[79]   *Richtlinie 93/76/EWG des Rates vom 13. September 1993 zur Begrenzung der Kohlendioxidemission durch
         effizientere Energienutzung (SAVE)*

NORMEN

[80]   *ÖNORM B 3800-1:* Brandverhalten von Baustoffen und Bauteilen – Teil 1: Baustoffe: Anforderungen und
         Prüfungen. Österreichisches Normungsinstitut, Wien. 1988-12-01 zurückgezogen

[81]   *ÖNORM B 3800-2:* Brandverhalten von Baustoffen und Bauteilen – Teil 2: Bauteile: Begriffsbestimmungen,
         Anforderungen, Prüfungen. Österreichisches Normungsinstitut, Wien. 1997-03-01 zurückgezogen

[82]   *ÖNORM B 3800-3:* Brandverhalten von Baustoffen und Bauteilen – Teil 3: Sonderbauteile: Begriffsbestimmungen,
         Anforderungen, Prüfungen. Österreichisches Normungsinstitut, Wien. 1995-12-01 zurückgezogen

[83]   *ÖNORM B 3800-4:* Brandverhalten von Baustoffen und Bauteilen – Teil 4: Bauteile: Einreihung in die
         Brandwiderstandsklassen. Österreichisches Normungsinstitut, Wien. 2000-05-01

[84]   *ÖNORM B 3800-5:* Brandverhalten von Baustoffen und Bauteilen – Teil 5: Brandverhalten von Fassaden –
         Anforderungen, Prüfungen und Beurteilungen. Österreichisches Normungsinstitut, Wien. 2004-05-01

[85]   *ÖNORM B 3806:* Anforderungen an das Brandverhalten von Bauprodukten (Baustoffen). Österreichisches
         Normungsinstitut, Wien. 2002-05-01

[86]   *ÖNORM B 3807:* Äquivalenztabellen – Übersetzung europäischer Klassen des Feuerwiderstandes von Bauprodukten
         (Bauteilen) in österr. Brandwiderstandsklassen. Österreichisches Normungsinstitut, Wien. 2002-12-01

[87]   *ÖNORM B 3810:* Brandverhalten von Bodenbelägen. Österreichisches Normungsinstitut, Wien. 1986-11-01
         zurückgezogen

[88]   *ÖNORM B 3836:* Brandverhalten von Bauteilen – Abschottungen von Kabeldurchführungen. Österreichisches
         Normungsinstitut, Wien. 1984-12-01

[89]   *ÖNORM B 6015-2:* Bestimmung der Wärmeleitfähigkeit mit dem Plattengerät – Teil 2: Ermittlung der
         baustoffspezifischen Wärmeleitfähigkeit und der Referenz-Wärmeleitfähigkeit für homogene Baustoffe.
         Österreichisches Normungsinstitut, Wien. 2002-12-01

[90]   *ÖNORM B 8110-1:* Wärmeschutz im Hochbau – Teil 1: Anforderungen an den Wärmeschutz (Vorschlag).
         Österreichisches Normungsinstitut, Wien. 2004

[91]   *ÖNORM B 8110-1 – Beiblatt 1:* Wärmeschutz im Hochbau – Teil 1: Anforderungen an den Wärmeschutz und
         Nachweisverfahren – Rechenbeispiele. Österreichisches Normungsinstitut, Wien. 2003-04-01

[92]   *ÖNORM B 8110-2 – Beiblatt 2:* Wärmeschutz im Hochbau – Teil 2: Massive Baukonstruktionen – Beispiele zur
         Vermeidung von Oberflächenkondensationen. Österreichisches Normungsinstitut, Wien. 1997-04-01

[93]   *ÖNORM B 8110-2:* Wärmeschutz im Hochbau – Teil 2: Wasserdampfdiffusion und Kondensationsschutz.
         Österreichisches Normungsinstitut, Wien. 2003-07-01

[94]   *ÖNORM B 8110-2 – Beiblatt 1:* Wärmeschutz im Hochbau – Teil 2: Wasserdampfdiffusion und Kondensationsschutz
         – Formblatt für die Temperatur- und Wasserdampfdiffusions-Berechnung. Österreichisches Normungsinstitut,
         Wien. 2003-07-01

[95]   *ÖNORM B 8110-2 – Beiblatt 4:* Wärmeschutz im Hochbau – Teil 2: Wasserdampfdiffusion und Kondensationsschutz
         – Hinweise zur Vermeidung von Feuchtigkeitsschäden durch raumklimatische Einflüsse. Österreichisches
         Normungsinstitut, Wien. 2003-09-01

[96] *ÖNORM B 8110-2 – Beiblatt 3:* Wärmeschutz im Hochbau – Teil 2: Wasserdampfdiffusions- und Kondensationsschutz – Leichte Baukonstruktionen – Beispiele zur Vermeidung von Oberflächenkondensation. Österreichisches Normungsinstitut, Wien. 2003-09-01

[97] *ÖNORM B 8110-3/AC 1:* Wärmeschutz im Hochbau – Teil 3: Wärmespeicherung und Sonneneinflüsse (Berichtigung). Österreichisches Normungsinstitut, Wien. 2001-06-01

[98] *ÖNORM B 8110-3:* Wärmeschutz im Hochbau – Vermeidung sommerlicher Überwärmung – Validierungsbeispiele Österreichisches Normungsinstitut, Wien. 2012-03-15

[99] *ÖNORM B 8110-4:* VORNORM Wärmeschutz im Hochbau – Teil 4: Betriebswirtschaftliche Optimierung des Wärmeschutzes. Österreichisches Normungsinstitut, Wien. 1998-09-01

[100] *ÖNORM B 8110-5:* VORNORM Wärmeschutz im Hochbau – Teil 5: Niedrig- und Niedrigstenergie-Gebäude – Anforderungen und Nachweisverfahren. Österreichisches Normungsinstitut, Wien. 2002-12-01

[101] *ÖNORM B 8110-6:* Wärmeschutz im Hochbau – Teil 6: Nachweisverfahren. Österreichisches Normungsinstitut, Wien. 2004-12-01

[102] *ÖNORM B 8110-7:* Wärmeschutz im Hochbau – Teil 7: Tabellierte wärmeschutztechnische Bemessungswerte. Österreichisches Normungsinstitut, Wien. 2013-03-15

[103] *ÖNORM B 8115-1:* Schallschutz und Raumakustik im Hochbau – Teil 1: Begriffe und Einheiten. Österreichisches Normungsinstitut, Wien. 2003-11-01

[104] *ÖNORM B 8115-2:* Schallschutz und Raumakustik im Hochbau – Teil 2: Anforderungen an den Schallschutz. Österreichisches Normungsinstitut, Wien. 2002-12-01

[105] *ÖNORM B 8115-3:* Schallschutz und Raumakustik im Hochbau – Teil 3: Raumakustik. Österreichisches Normungsinstitut, Wien. 1996-04-01

[106] *ÖNORM B 8115-4:* Schallschutz und Raumakustik im Hochbau – Teil 4: Maßnahmen zur Erfüllung der schalltechnischen Anforderungen. Österreichisches Normungsinstitut, Wien. 2003-09-01

[107] *ÖNORM B 8135:* Vereinfachte Berechnung des zeitbezogenen Wärmeverlustes (Heizlast) von Gebäuden. Österreichisches Normungsinstitut, Wien. 1983-02-01

[108] *ÖNORM B 12524:* Baustoffe und -produkte – Wärme- und feuchteschutztechnische Eigenschaften. Österreichisches Normungsinstitut, Wien. 2000-09-01

[109] *ÖNORM DIN 4102-12:* Brandverhalten von Baustoffen und Bauteilen – Teil 12: Funktionserhalt von elektrischen Kabelanlagen – Anforderungen und Prüfungen. Österreichisches Normungsinstitut, Wien. 2000-02-01

[110] *ÖNORM EN 832:* Wärmetechnisches Verhalten von Gebäuden – Berechnung des Heizenergiebedarfes – Wohngebäude. Österreichisches Normungsinstitut, Wien. 1999-07-01

[111] *ÖNORM EN 832/AC:* Wärmetechnisches Verhalten von Gebäuden – Berechnung des Heizenergiebedarfes Wohngebäude (Berichtigung). Österreichisches Normungsinstitut, Wien. 2002-10-01

[112] *ÖNORM EN 1187-1:* Beanspruchung von Bedachungen durch Feuer von außen – Teil 1: Prüfverfahren mit Beanspruchung durch Flugfeuer, jedoch ohne Wind und zulässige Wärmestrahlung. Österreichisches Normungsinstitut, Wien. 1993-12-01

[113] *ÖNORM EN 1187-2:* Beanspruchung von Bedachungen durch Feuer von außen – Teil 2: Prüfverfahren mit Beanspruchung durch Flugfeuer, mit Wind und zusätzlicher Wärmestrahlung. Österreichisches Normungsinstitut, Wien. 1994-12-01

[114] *ÖNORM EN 1363-1:* Feuerwiderstandsprüfungen – Teil 1: Allgemeine Anforderungen. Österreichisches Normungsinstitut, Wien. 2000-01-01

[115] *ÖNORM EN 1363-2:* Feuerwiderstandsprüfungen – Teil 2: Alternative und ergänzende Verfahren. Österreichisches Normungsinstitut, Wien. 2000-01-01

[116] *ÖNORM EN 1364-1:* Feuerwiderstandsprüfungen für nichttragende Bauteile – Teil 1: Wände. Österreichisches Normungsinstitut, Wien. 2000-04-01

[117] *ÖNORM EN 1364-2:* Feuerwiderstandsprüfungen für nichttragende Bauteile – Teil 2: Unterdecken. Österreichisches Normungsinstitut, Wien. 2000-04-01

[118] *ÖNORM EN 1364-4:* Feuerwiderstandsprüfungen für nichttragende Bauteile – Teil 4: Vorhangfassaden, Teilausführung. Österreichisches Normungsinstitut, Wien. 2002-06-01

[119] *ÖNORM EN 1365-1:* Feuerwiderstandsprüfungen für tragende Bauteile – Teil 1: Wände. Österreichisches Normungsinstitut, Wien. 2000-04-01

[120] *ÖNORM EN 1365-2:* Feuerwiderstandsprüfungen für tragende Bauteile – Teil 2: Decken und Dächer. Österreichisches Normungsinstitut, Wien. 2002-06-01

[121] *ÖNORM EN 1365-3:* Feuerwiderstandsprüfungen für tragende Bauteile – Teil 3: Balken. Österreichisches Normungsinstitut, Wien. 2002-06-01

[122]   *ÖNORM EN 1365-4:* Feuerwiderstandsprüfungen für tragende Bauteile – Teil 4: Stützen. Österreichisches Normungsinstitut, Wien. 2000-04-01

[123]   *ÖNORM EN 1365-5:* Feuerwiderstandsprüfungen für tragende Bauteile – Teil 5: Balkone und Laubengänge. Österreichisches Normungsinstitut, Wien. 2002-06-01

[124]   *ÖNORM EN 1365-6:* Feuerwiderstandsprüfungen für tragende Bauteile – Teil 6: Treppen. Österreichisches Normungsinstitut, Wien. 2002-06-01

[125]   *ÖNORM EN 1366-1:* Feuerwiderstandsprüfungen für Installationen – Teil 1: Leitungen. Österreichisches Normungsinstitut, Wien. 2002-06-01

[126]   *ÖNORM EN 1366-2:* Feuerwiderstandsprüfungen für Installationen – Teil 2: Brandschutzklappen. Österreichisches Normungsinstitut, Wien. 2002-06-01

[127]   *ÖNORM EN 1634-3:* Feuerwiderstandsversuche an Installationen in Gebäuden – Teil 3: Rauchschutzabschlüsse. Österreichisches Normungsinstitut, Wien. 2002-04-01

[128]   *ÖNORM EN 1934:* Wärmetechnisches Verhalten von Gebäuden. Österreichisches Normungsinstitut, Wien. 1998-09-01

[129]   *ÖNORM EN 1007-1:* Wärmetechnisches Verhalten von Fenstern, Türen und Abschlüssen – Berechnung des Wärmedurchgangskoeffizienten – Teil 1: Allgemeines (ISO/FDIS 10077-1:2016). Österreichisches Normungsinstitut, Wien. 2016-12-15

[130]   *ÖNORM EN 1007-2:* Wärmetechnisches Verhalten von Fenstern, Türen und Abschlüssen – Berechnung des Wärmedurchgangskoeffizienten – Teil 2: Numerisches Verfahren für Rahmen. Österreichisches Normungsinstitut, Wien. 2015-08-01

[131]   *ÖNORM EN 12114:* Wärmetechnisches Verhalten von Gebäuden – Luftdurchlässigkeit von Bauteilen – Laborprüfverfahren. Österreichisches Normungsinstitut, Wien. 2000-08-01

[132]   *ÖNORM EN 12354-1:* Bauakustik – Berechnung der akustischen Eigenschaften von Gebäuden aus den Bauteileigenschaften – Teil 1: Luftschalldämmung zwischen Räumen. Österreichisches Normungsinstitut, Wien. 2000-11-01

[133]   *ÖNORM EN 12354-2:* Bauakustik – Berechnung der akustischen Eigenschaften von Gebäuden aus den Bauteileigenschaften – Teil 2: Trittschalldämmung zwischen Räumen. Österreichisches Normungsinstitut, Wien. 2000-11-01

[134]   *ÖNORM EN 12354-3:* Bauakustik – Berechnung der akustischen Eigenschaften von Gebäuden aus den Bauteileigenschaften – Teil 3: Luftschalldämmung von Außenbauteilen gegen Außenlärm. Österreichisches Normungsinstitut, Wien. 2000-11-01

[135]   *ÖNORM EN 12354-4:* Bauakustik – Berechnung der akustischen Eigenschaften von Gebäuden aus den Bauteileigenschaften – Teil 4: Schallübertragung von Räumen ins Freie. Österreichisches Normungsinstitut, Wien. 2001-02-01

[136]   *ÖNORM EN 12354-6:* Bauakustik – Berechnung der akustischen Eigenschaften von Gebäuden aus den Bauteileigenschaften – Teil 6: Schallabsorption in Räumen. Österreichisches Normungsinstitut, Wien. 2002-04-01

[137]   *ÖNORM EN 12412:* Fenster und Türen – Wärmedurchgang – Kalibriertes geschütztes Heizkastenverfahren. Österreichisches Normungsinstitut, Wien. 1996-07-01

[138]   *ÖNORM EN 12412-2:* Wärmetechnisches Verfahren von Fenstern, Türen und Abschlüssen – Bestimmung des Wärmedurchgangskoeffizienten mittels des Heizkastenverfahrens Teil 2: Rahmen. Österreichisches Normungsinstitut, Wien. 2003-10-01

[139]   *ÖNORM EN 12412-4:* Wärmetechnisches Verhalten von Fenstern, Türen und Abschlüssen – Bestimmung des Wärmedurchgangskoeffizienten mittels des Heizkastenverfahrens Teil 4: Rollladenkästen. Österreichisches Normungsinstitut, Wien. 2003-10-01

[140]   *ÖNORM EN 12494:* Bauteile und Bauelemente – Vor-Ort-Messung des Wärmedurchlasswiderstands von Oberfläche zu Oberfläche. Österreichisches Normungsinstitut, Wien. 1996-10-01

[141]   *ÖNORM EN 12524:* Baustoffe und -produkte – Wärme- und feuchteschutztechnische Eigenschaften. Tabellierte Bemessungswerte. Österreichisches Normungsinstitut, Wien. 2000-09-01

[142]   *ÖNORM EN 12664:* Wärmetechnisches Verhalten von Baustoffen und Bauprodukten – Bestimmung des Wärmedurchlasswid. nach dem Verfahren mit dem Platteng. und dem Wärmestrommessplatten-Gerät – niedrige und mittlere Wärmedurchlasswiderstand. Österreichisches Normungsinstitut, Wien. 2001-08-01

[143]   *ÖNORM EN 12667:* Wärmetechnisches Verhalten von Baustoffen und Bauprodukten – Bestimmung des Wärmedurchlasswiderstand nach dem Verfahren mit dem Platteng. und dem Wärmestrommessplatten-Gerät – hohe und mittlere Wärmedurchlasswiderstand. Österreichisches Normungsinstitut, Wien. 2001-08-01

[144]   *ÖNORM EN 12865:* Wärme- und feuchteschutztechnisches Verhalten von Bauteilen – Bestimmung des Widerstandes des Außenwandsystems gegen Schlagregen bei pulsierendem Luftdruck. Österreichisches Normungsinstitut, Wien. 2001-09-01

[145]   *ÖNORM EN 12939:* Wärmetechnisches Verhalten von Baustoffen und Bauprodukten – Bestimmung des
          Wärmedurchlasswiderstandes nach dem Verfahren mit dem Plattengerät und dem Wärmestrommessplatten-Gerät
          – Dicke Produkte mit hohem mittlerem Wärmedurchlasswiderstand. Österreichisches Normungsinstitut, Wien.
          2001-08-01

[146]   *ÖNORM EN 13501-1:* Klassifizierung von Bauprodukten und Bauarten zu ihrem Brandverhalten – Teil 1:
          Klassifizierung mit den Ergebnissen aus den Prüfungen zum Brandverhalten von Bauprodukten. Österreichisches
          Normungsinstitut, Wien. 2007-06-01

[147]   *ÖNORM EN 13501-2:* Klassifizierung von Bauprodukten und Bauarten zu ihrem Brandverhalten – Teil 2:
          Klassifizierung mit den Ergebnissen aus den Feuerwiderstandsprüfungen (mit Ausnahme von Produkten für
          Lüftungsanlagen). Österreichisches Normungsinstitut, Wien. 1999-05-01

[148]   *ÖNORM EN 13501-3:* Klassifizierung von Bauprodukten und Bauarten zu ihrem Brandverhalten – Teil 3:
          Klassifizierung mit den Ergebnissen aus den Feuerwiderstandsprüfungen an Bauteilen von haustechnischen
          Anlagen. Österreichisches Normungsinstitut, Wien. 2002-04-01

[149]   *ÖNORM EN 13501-5:* Klassifizierung von Bauprodukten und Bauarten zu ihrem Brandverhalten – Teil 5:
          Klassifizierung mit den Ergebnissen aus den Dachprüfungen bei Feuer von außen. Österreichisches
          Normungsinstitut, Wien. 2002-04-01

[150]   *ÖNORM EN 13823:* Prüfungen zum Brandverhalten von Bauprodukten – Thermische Beanspruchung durch einen
          einzelnen brennenden Gegenstand für Bauprodukte mit Ausnahme von Bodenbelägen. Österreichisches
          Normungsinstitut, Wien. 2002-06-01

[151]   *ÖNORM EN 15251:* Eingangsparameter für das Raumklima zur Auslegung und Bewertung der Energieeffizienz von
          Gebäuden – Raumluftqualität, Temperatur, Licht und Akustik. Österreichisches Normungsinstitut, Wien.
          2007-09-01

[152]   *ÖNORM EN 13363-1:* Sonnenschutzeinrichtungen in Kombination mit Verglasungen – Berechnung der
          Solarstrahlung und des Lichttransmissionsgrades – Teil 1: Vereinfachtes Verfahren; Deutsche Fassung
          EN 13363-1:2003+A1:2007. Österreichisches Normungsinstitut, Wien. 2007-09-01

[153]   *ÖNORM EN ISO 354/A1:* Akustik – Messung der Schallabsorption im Hallraum – Änderung 1: Montagearten von
          Prüfgegenständen für Schallabsorptionsmessungen (ISO 354:1985/AMD1:1997). Österreichisches Normungsinstitut,
          Wien. 1997-09-01

[154]   *ÖNORM EN ISO 354:* Akustik – Messung der Schallabsorption in Hallräumen (ISO 354:2003). Österreichisches
          Normungsinstitut, Wien. 2003-11-01

[155]   *ÖNORM EN ISO 717-1:* Akustik – Bewertung der Schalldämmung in Gebäuden und von Bauteilen – Teil 1:
          Luftschalldämmung (ISO 717-1:1996). Österreichisches Normungsinstitut, Wien. 1997-07-01

[156]   *ÖNORM EN ISO 717-2:* Akustik – Bewertung der Schalldämmung in Gebäuden und von Bauteilen – Teil 2:
          Trittschalldämmung (ISO 717-2:1996). Österreichisches Normungsinstitut, Wien. 1997-07-01

[157]   *ÖNORM EN ISO 1182:* Prüfungen zum Brandverhalten von Bauprodukten – Nichtbrennbarkeitsprüfung (ISO
          1182:2002). Österreichisches Normungsinstitut, Wien. 2002-06-01

[158]   *ÖNORM EN ISO 1716:* Prüfungen zum Brandverhalten von Bauprodukten – Bestimmung der Verbrennungswärme
          (ISO 1716:2002). Österreichisches Normungsinstitut, Wien. 2002-06-01

[159]   *ÖNORM EN ISO 3382:* Akustik – Messung der Nachhallzeit von Räumen mit Hinweis auf andere akustische
          Parameter (ISO 3382:1997). Österreichisches Normungsinstitut, Wien. 2000-09-01

[160]   *ÖNORM EN ISO 6946:* Bauteile – Wärmedurchlasswiderstand und Wärmedurchgangskoeffizient –
          Berechnungsverfahren (ISO 6946:1996). Österreichisches Normungsinstitut, Wien. 1997-01-01

[161]   *ÖNORM EN ISO 6946/A1:* Bauteile – Wärmedurchlasswiderstand und Wärmedurchgangskoeffizient –
          Berechnungsverfahren (ISO 6946:1996/Amd. 1:2003). Österreichisches Normungsinstitut, Wien. 2003-10-01

[162]   *ÖNORM EN ISO 6946/A2:* Bauteile – Wärmedurchlasswiderstand und Wärmedurchgangskoeffizient –
          Berechnungsverfahren (ISO 6946:1996/DAM 2:2003). Österreichisches Normungsinstitut, Wien. 2003-05-01

[163]   *ÖNORM EN ISO 6946:* Bauteile – Wärmedurchlasswiderstand und Wärmedurchgangskoeffizient –
          Berechnungsverfahren (ISO 6946:2007). Österreichisches Normungsinstitut, Wien. 2008-04-01

[164]   *ÖNORM EN ISO 7345:* Wärmeschutz – Physikalische Größen und Definitionen (ISO 7345: 1987). Österreichisches
          Normungsinstitut, Wien. 1996-05-01

[165]   *ÖNORM EN ISO 7730:* Ergonomie der thermischen Umgebung – Analytische Bestimmung und Interpretation der
          thermischen Behaglichkeit durch Berechnung des PMV- und des PPD-Indexes und Kriterien der lokalen
          thermischen Behaglichkeit (ISO 7730:2005). Österreichisches Normungsinstitut, Wien. 2006-05-01

[166]   *ÖNORM EN ISO 8990:* Wärmeschutz – Bestimmung der Wärmedurchgangskoeffizienten im stationären Zustand –
          Verfahren mit dem kalibrierten und dem geregelten Heizkasten (ISO 8990:1994). Österreichisches
          Normungsinstitut, Wien. 1996-10-01

[167]   *ÖNORM EN ISO 9239-1:* Prüfungen zum Brandverhalten von Bodenbelägen – Teil 1: Bestimmung des Brandverhaltens bei Beanspruchung mit einem Wärmestrahler (ISO 9239-1:2002). Österreichisches Normungsinstitut, Wien. 2002-06-01

[168]   *ÖNORM EN ISO 9251:* Wärmeschutz – Zustände der Wärmeübertragung und Stoffeigenschaften – Begriffe (ISO 9251:1987). Österreichisches Normungsinstitut, Wien. 1996-05-01

[169]   *ÖNORM EN ISO 9288:* Wärmeschutz – Wärmeübertragung durch Strahlung – Physikalische Größen und Definitionen (ISO 9288:1989). Österreichisches Normungsinstitut, Wien. 1996-07-01

[170]   *ÖNORM EN ISO 9346:* Wärmeschutz – Stofftransport – Physikalische Größen und Definitionen (ISO 9346: 1987). Österreichisches Normungsinstitut, Wien. 1996-09-01

[171]   *ÖNORM EN ISO 8497:* Wärmeschutz – Bestimmung der Wärmetransporteigenschaften im stationären Zustand von Wärmedämmungen für Rohrleitungen (ISO 8497:1994). Österreichisches Normungsinstitut, Wien. 1996-10-01

[172]   *ÖNORM EN ISO 10077-1:* Wärmetechnisches Verhalten von Fenstern, Türen und Abschlüssen Berechnung des Wärmedurchgangskoeffizienten – Teil 1: Vereinfachtes Verfahren (ISO 10077-1:2000). Österreichisches Normungsinstitut, Wien. 2001-02-01

[173]   *ÖNORM EN ISO 10077-2:* Wärmetechnisches Verhalten von Fenstern, Türen und Abschlüssen Berechnung des Wärmedurchgangskoeffizienten – Teil 2: Numerisches Verfahren für Rahmen (ISO 10077-2:2003). Österreichisches Normungsinstitut, Wien. 2003-12-01

[174]   *ÖNORM EN ISO 10211-1 / AC:* Wärmebrücken im Hochbau – Berechnung der Wärmeströme und Oberflächentemperaturen Teil 1: Allgemeine Verfahren (ISO 10211-1:1995) (Berichtigung). Österreichisches Normungsinstitut, Wien. 2002-10-01

[175]   *ÖNORM EN ISO 10211:* Wärmebrücken im Hochbau – Wärmeströme und Oberflächentemperaturen – Detaillierte Berechnungen (ISO/DIS 10211:2015). Österreichisches Normungsinstitut, Wien. 2015-06-15

[176]   *ÖNORM EN ISO 10211-1:* Wärmebrücken im Hochbau – Wärmeströme und Oberflächentemperaturen Teil 1: Allgemeine Berechnungsverfahren (ISO 10211-1:1995). Österreichisches Normungsinstitut, Wien. 1996-03-01

[177]   *ÖNORM EN ISO 10211-2:* Wärmebrücken im Hochbau – Berechnung der Wärmeströme und Oberflächentemperaturen Teil 2: Linienförmige Wärmebrücken (ISO 10211-2:2001). Österreichisches Normungsinstitut, Wien. 2001-09-01

[178]   *ÖNORM EN ISO 11925-2:* Prüfungen zum Brandverhalten von Bauprodukten – Teil 2: Entzündbarkeit bei direkter Flammeneinwirkung (ISO 11925-2:2002). Österreichisches Normungsinstitut, Wien. 2002-06-01

[179]   *ÖNORM EN ISO 12567-1:* Wärmetechnisches Verhalten von Fenstern und Türen – Bestimmung des Wärmedurchgangskoeffizienten mittels des Heizkastenverfahrens Teil 1: Komplette Fenster und Türen (ISO 12567-1:2000). Österreichisches Normungsinstitut, Wien. 2001-12-01

[180]   *ÖNORM EN ISO 12567-2:* Wärmetechnisches Verhalten von Fenstern und Türen – Bestimmung des Wärmedurchgangskoeffizienten mittels des Heizkastenverfahrens Teil 2: Dachflächenfenster und andere auskragende Produkte (ISO/DIS 12567-2:2000). Österreichisches Normungsinstitut, Wien. 2001-09-01

[181]   *ÖNORM EN ISO 12572:* Wärme- und feuchtetechnisches Verhalten von Baustoffen und Bauprodukten – Bestimmung der Wasserdampfdurchlässigkeit (ISO 12572:2001). Österreichisches Normungsinstitut, Wien. 2002-01-01

[182]   *ÖNORM EN ISO 12631:* Wärmetechnisches Verhalten von Vorhangfassaden – Berechnung des Wärmedurchgangskoeffizienten (ISO/FDIS 12631:2016). Österreichisches Normungsinstitut, Wien. 2016-12-01

[183]   *ÖNORM EN ISO 13370:* Wärmetechnisches Verhalten von Gebäuden – Wärmeübertragung über das Erdreich – Berechnungsverfahren (ISO 13370:1998). Österreichisches Normungsinstitut, Wien. 1999-07-01

[184]   *ÖNORM EN ISO 13786:* Wärmetechnisches Verhalten von Bauteilen – Dynamisch-thermische Kerngrößen – Berechnungsverfahren (ISO 13786:1999). Österreichisches Normungsinstitut, Wien. 2000-08-01

[185]   *ÖNORM EN ISO 13787:* Wärmedämmstoffe für die Haustechnik und für betriebstechnische Anlagen – Bestimmung des Nennwertes der Wärmeleitfähigkeit (ISO 13787:2003). Österreichisches Normungsinstitut, Wien. 2003-07-01

[186]   *ÖNORM EN ISO 13788:* Wärme- und feuchtetechnisches Verhalten von Bauteilen und Bauelementen – Raumseitige Oberflächentemperatur zur Vermeidung kritischer Oberflächenfeuchte und Tauwasserbildung im Bauteilinneren – Berechnungsverfahren (ISO 13788:2012). Österreichisches Normungsinstitut, Wien. 2013-04-01

[187]   *ÖNORM EN ISO 13789:* Wärmetechnisches Verhalten von Gebäuden – Spezifischer Transmissionswärmeverlustkoeffizient – Berechnungsverfahren (ISO 13789:1999). Österreichisches Normungsinstitut, Wien. 2000-08-01

[188]   *ÖNORM EN ISO 13790:* Energieeffizienz von Gebäuden – Berechnung des Energiebedarfs für Heizung und Kühlung (ISO 13790:2008). Österreichisches Normungsinstitut, Wien. 2008-10-01

[189]   *ÖNORM EN ISO 13943:* Brandsicherheit – Terminologie (ISO 13943:2000). Österreichisches Normungsinstitut, Wien. 2000-10-01

[190] *ÖNORM EN ISO 14683:* Wärmebrücken im Hochbau – Längenbezogener Wärmedurchgangskoeffizient – Vereinfachte Verfahren und Anhaltswerte (ISO 14683:1999). Österreichisches Normungsinstitut, Wien. 2000-01-01

[191] *ÖNORM EN ISO 14683/AC:* Wärmebrücken im Hochbau – Längenbezogener Wärmedurchgangskoeffizient – Vereinfachte Verfahren und Anhaltswerte (ISO 14683:1999) (Berichtigung). Österreichisches Normungsinstitut, Wien. 2000-09-01

[192] *ÖNORM EN ISO 10456:* Baustoffe und -produkte – Verfahren zur Bestimmung der wärmeschutztechnischen Nenn- und Bemessungswerte (ISO 10456:1999). Österreichisches Normungsinstitut, Wien. 2000-09-01

[193] *ÖNORM ENV 1187:* Prüfverfahren zur Beanspruchung von Bedachungen durch Feuer von außen. Österreichisches Normungsinstitut, Wien. 2002-08-01

[194] *ÖNORM ENV 1363-3:* Feuerwiderstandsprüfungen – Teil 3: Nachweis der Ofenleistung. Österreichisches Normungsinstitut, Wien. 1999-11-01

[195] *ÖNORM ENV 13381-1:* Test methods for determining the contribution to the fire resistance of structural members – Teil 1: Horizontal protective membranes. Österreichisches Normungsinstitut, Wien. 2002-01-01

[196] *ÖNORM ENV 13381-2:* Prüfverfahren zur Bestimmung des Beitrages zum Feuerwiderstand von tragenden Bauteilen – Teil 2: Vertikal angeordnete Brandschutzbekleidungen. Österreichisches Normungsinstitut, Wien. 2002-11-01

[197] *ÖNORM ENV 13381-3:* Prüfverfahren zur Bestimmung des Beitrages zum Feuerwiderstand von tragenden Bauteilen – Teil 3: Brandschutzmaßnahmen für Betonbauteile. Österreichisches Normungsinstitut, Wien. 2002-12-01

[198] *ÖNORM ENV 13381-4:* Prüfverfahren zur Bestimmung des Beitrages zum Feuerwiderstand von tragenden Bauteilen – Teil 4: Brandschutzmaßnahmen für Stahlbauteile. Österreichisches Normungsinstitut, Wien. 2002-12-01

[199] *ÖNORM ENV 13381-5:* Prüfverfahren zur Bestimmung des Beitrages zum Feuerwiderstand von tragenden Bauteilen – Teil 5: Brandschutzmaßnahmen für profilierte Stahlblech / Beton Verbundkonstruktionen. Österreichisches Normungsinstitut, Wien. 2002-12-01

[200] *ÖNORM ENV 13381-6:* Prüfverfahren zur Bestimmung des Beitrages zum Feuerwiderstand von tragenden Bauteilen – Teil 6: Brandschutzmaßnahmen für betonverfüllte Stahlverbund-Hohlstützen. Österreichisches Normungsinstitut, Wien. 2002-12-01

[201] *ÖNORM ENV 13381-7:* Prüfverfahren zur Bestimmung des Beitrages zum Feuerwiderstand von tragenden Bauteilen – Teil 7: Brandschutzmaßnahmen für Holzbauteile. Österreichisches Normungsinstitut, Wien. 2002-12-01

[202] *ÖNORM H 5055:* VORNORM Energieausweis für Gebäude – Raumheizung und Warmwassererwärmung. Österreichisches Normungsinstitut, Wien. 2002-11-01

Sachverzeichnis